심산 김창숙 연구

심산 김창숙 연구

초판 1쇄 발행 2007년 9월 20일

지은이　권기훈
펴낸이　윤관백
편　집　김은정
표　지　김지학
펴낸곳　선인

인　쇄　선경그라픽스
제　본　과성제책

등록　제5-77호(1998.11.4)
주소　서울시 마포구 마포동 324-1 곶마루 B/D 1층
전화　02)718-6252 / 6257　팩스　02)718-6253
E-mail　sunin72@chol.com
Homepage　www.suninbook.com

정가 · 13,000원
ISBN　978-89-5933-092-2　93900

· 저자와 협의에 의해 인지 생략.
· 잘못된 책은 바꿔 드립니다.

심산 김창숙 연구

권기훈 지음

책을 내면서

올해로 心山 金昌淑 선생이 타계하신지 45년이 된다. 김창숙 선생은 조선이 개항하고 나서 3년 뒤인 1879년에 태어나 1962년 84세로 숨을 거둘 때까지 한국 근현대사의 온갖 풍상을 겪으며 파란만장한 생을 보냈다.

그는 구한말 애국계몽운동을 시작으로 국권 회복 운동, 항일 민족독립운동, 반분단 통일운동, 반독재 민주 투쟁에 온몸을 바쳤다. 침략과 불의와 독재라는 한국 근현대사의 왜곡된 물줄기에 맞서 그는 평생 실천적 지사 정신으로 일관했다. 강직한 지조와 성품으로 '時義'와 대의명분을 위해 일생을 행동주의로 살아간 것이었다. 때문에 그가 걸어 간 길은 형극의 길이었지만 그는 한국 근현대사에 커다란 발자국을 남겼다.

그는 구한말 국운이 위태로울 때는 대한협회 성주지부를 주도하였고 국채보상운동으로 모금된 자금을 바탕으로 사립 성명학교를 설립하여 자강을 도모하였다. 그리고 국권이 상실된 이후에는 외교적인 활동에서부터 의열 투쟁까지 방향을 과감하게 전환하면서 민족독립운동에 헌신하였다. 그는 파리강화회의에 독립을 청원하는 파리장서 작성을 주도하였고, 1919년 중국으로 망명하여 1927년 체포될 때까지 독립운동 기지 건설과 일제 식민기관을 파괴하는 의열 투쟁을 전개하였다. 나석주 의거는 그가 주도한 투쟁이었다. 옥중 투쟁에서나 병보석으로 가석방되어 나온 이후에도 그는 일제의 창씨개명 강요를 모두 거부하는 등 백절불굴의 투쟁 정신으로 일관하였다.

해방된 이후에도 그는 자기 신념에 따라 반탁 투쟁과 반독재 투쟁을 줄기차게 전개하였다. 해방 정국에서 찬탁 입장에 선 공산당에 대해 매국과 반역 행위라고 질타하였으며, 1950년대를 통하여 세 번 씩이나 이승만의 하야를 요구하며 불굴의 의지로 이승만에게 맞섰다. 『맹자』에 있는, "스스로 반성하여 곧으면 비록 천만 사람이 쳐들어온다 하더라도 내가 마땅히 혼자 가서 싸우겠다"는 기상이었다.

그는 일제에 체포된 후 혹독한 고문으로 두 다리가 마비되어 하반신이 불구가 되었어도 전혀 흔들림 없이 자신의 의리를 실천하였으며, 아들 셋 중 장남과 차남 둘을 독립운동의 제단에 바쳤다. 그는 자신이 지은 호처럼 진실로 산과 같은 마음(心山)으로 초지일관하였다.

필자는 이와 같은 심산 선생의 생애를 마주하면서 그의 일생을 한 번 연구해 보아야겠다는 생각을 석사과정 때 했다. 평소 유학에 관심이 있던 필자는 유학자로서 독립운동과 반독재 투쟁을 그렇게 치열하게 벌일 수 있었던 원동력이 무엇이었을까 하는 의문을 해명해보고 싶었다. 이 책은 그러한 관심의 소산이며, 필자의 박사학위논문이기도 하다.

필자는 박사학위논문 작성 이후 논문 내용의 보완을 계속 생각해 왔지만 사정이 허락하지 않아 최소한의 수정에 그친 채 책으로 간행하게 되었다. 아직 심산 연구가 제대로 진행되지 않고 있는 현재의 연구 상황이 필자로 하여금 책 출간을 결심하게 했다. 이 책이 앞으로의 심산 연구에 최소한의 디딤돌 구실을 할 수 있게 되길 기대한다.

본서를 간행하기까지 많은 사람의 도움을 받았다. 특히 朴永錫 교수님은 학부부터 박사학위과정까지 필자를 학문의 길로 인도하시고 지도 편달을 해주셨으며, 金昌洙·李延馥·劉準基·金基興 교수님은 본 연구 전반에 걸쳐 적극적인 지도와 격려로 시각의 폭을 넓혀 주셨다. 깊이 감사드린다. 또한 공부하는 과정에 가르침을 주신 김광수, 이주영, 최무장, 임희완, 이범직, 故 이영무 교수님에게도 감사를 드린다.

필자의 대담에 쾌히 응해 주신 심산 선생의 며느리이신 손응교 여사와 자료 제공의 편의를 주신 손자 김 위, 김 창 등 유가족에게도 이 자리를 빌어 고마움을 전한다.

개인적으로는 부모님을 비롯한 본가 지인들과 장인·장모님을 비롯한 처가의 가까운 분들이 저의 뒤를 지켜봐 주셨으며, 특히 연전에 99세(白壽)로 타계하신 조모님의 장손자에 대한 애정을 잊을 수 없다. 또한 필자에게 시집와서 고생을 감내한 아내 박진희와 건강하게 자라준 딸 수정, 아들 순룡 남매에게 고맙다는 말을 전하고 싶다.

그리고 이 책을 세상에 내놓을 수 있도록 바쁜 공무에도 불구하고 출간에 도움을 준 국사편찬위원회의 최영묵 박사와 격려와 조언을 해 준 선배 한상도 교수에게 고마움을 전한다. 편집에서 출판에 이르기까지 적극 협조해 주신 도서출판 선인의 윤관백 사장님과 편집부 여러분의 노고에 감사를 드린다.

심산 정신이 그리운, 2007년 가을
양재천변 도곡동 연구실에서
權 奇 勳 謹識

차 례

책을 내면서 ‖ 5
심산 김창숙 화보 ‖ 10

서 론 ·· 19

1. 문제 제기 ‖ 19
2. 연구사의 검토 ‖ 26
3. 연구의 목적과 본서의 구성 ‖ 33

제1장 민족의식과 사상의 형성 과정 ································· 37

1. 성장 환경과 가계 ‖ 38
2. 한주학파와 김창숙 ‖ 44
3. 가학과 독학 ‖ 56

제2장 국권회복운동과 파리장서 활동 ····························· 69

1. 대한협회 성주지부 결성 ‖ 70
2. 사립 성명학교 설립 ‖ 75
3. 파리장서 활동 ‖ 77

제3장 중국 망명 후의 민족독립운동 ……………………………… 101

  1. 임시정부 참여 ∥ 102
  2. 대 중국 외교 활동 ∥ 112
  3. 독립운동기지 건설 계획 ∥ 118
  4. 의열투쟁 활동의 전개 ∥ 135
  5. 피체와 옥중 투쟁 ∥ 140

제4장 8·15 해방 후의 활동 ………………………………………… 149

  1. 건국동맹과 김창숙 ∥ 150
  2. 반탁운동과 임시정부 봉대 활동 ∥ 154
  3. 반분단 활동과 50년대 반독재 투쟁 ∥ 174
  4. 유도회의 결성 경위와 그 활동 ∥ 183

결 론 ……………………………………………………………………… 191

심산 김창숙 연보 ……………………………………………………… 203
참고문헌 ………………………………………………………………… 211
찾아보기 ………………………………………………………………… 219

김창숙 초상

김창숙 동상(서울 성균관대 소재)

▲ 김창숙 초상

▲ 김창숙(중국복장)

▶ 김창숙
(성균관대 총장 시절)

김창숙(성균관대 총장 시절)

김창숙(성균관대 총장 직무실)

김창숙(성균관대 총장 시절)

김창숙과 백범 김구

김창숙 초상
(건국공로훈장 중장 수상당시, 1962년)

김창숙 가족사진(1962년)

▶ 김창숙 묘(서울 수유리 소재)

◀ 심산기념관(경북 성주군 소재)

▲ 청천서당(성주 김창숙 생가 옆)

심산 김창숙 연구

서 론
제1장 민족의식과 사상의 형성 과정
제2장 국권회복운동과 파리장서 활동
제3장 중국 망명 후의 민족독립운동
제4장 8·15 해방 후의 활동
결 론

서 론

1. 문제 제기

19세기 중반 이후 전개된 한국 근현대사는 반봉건·반제국주의의 과제 달성을 통한 근대 민족국가 건설의 지난한 과정이었다. 개항에서 대한제국의 멸망에 이르는 시기의 근대화운동, 국권회복운동, 일제 강점기의 민족독립운동, 해방 이후의 민족통일, 민주화운동 등으로 이어지는 일련의 민족주의운동은 자주적인 민족국가를 건설하기 위한 대역정과도 같았다.

이러한 일련의 민족국가 건설 운동은 크게 해방 이전과 해방 이후의 과정으로 나누어 살펴볼 수 있다. 한말에서 일제 강점기에 이르는 시기의 민족운동은 반봉건과 반제의 과제를 떠안으면서도, 일제침략과 민족운동의 상황변화에 따라 해결과제의 우선순위를 달리하기도 하였다. 물론 근본적으로는 정치체제의 변혁을 통한 사회변혁을 달성하지 않으면 안되었으나, 개항 이후 전개된 우리의 근대사는 대체로

1894년을 하나의 분기점으로 하였으며, 특히 1905년의 반식민지화를 전후로 한 국권회복운동에 초점이 맞추어졌다. 이 시기 국권회복운동의 흐름은 봉건체제의 극복을 위한 다양한 사상과 운동론의 직접적인 영향 하에 일제 식민지 전 시기를 통하여 분화, 발전해 갔다. 1920년대 이후 전개된 민족주의운동과 사회주의운동, 그리고 협동전선운동은 이러한 일련의 다양한 흐름이 재분화·집약되는 과정이었다. 해방 이후 민족국가 수립 과정에서 제기된 자본주의국가 체제를 상정한 민족주의(우익) 진영의 입장과 사회주의국가 건설을 지향한 사회주의(좌익) 진영의 입장, 그리고 때로 수정자본주의 내지 사회민주주의 입장을 취하면서 계급 협조와 통일민주국가 수립을 주장한 각종 중간파의 입장 등은 이러한 일련의 민족운동의 흐름을 상징적으로 보여주고 있다. 아울러 분단정부 수립 이후 전개된 민족통일운동과 민주화운동 역시 기본적으로는 이러한 흐름에서 파생된 사상과 운동론의 분화, 재편과정으로 파악할 수 있다.[1]

그런데 한국 근현대 사상사와 민족운동사 연구에서 기본과제가 되는 것은 이러한 각 정치노선의 사상적·인식론적 기반, 민족현실과 외세에 대한 인식, 국가건설론 등을 검토하고, 각 노선 간의 사상적 대립점 및 연합가능성, 그리고 그 정치·경제적 본질을 해명함으로써 해방 후 분단형성의 민족사회 내적 측면을 밝히고,[2] 민족통일과 민주

---

[1] 한국근현대사의 일련의 민족국가 건설운동을 사상과 운동론의 입장에서 논구한 거시적인 연구로는 다음의 연구성과가 참조된다. 강만길, 『한국민족운동사론』, 한길사, 1985; 김용섭, 『한국근현대농업사연구』, 일조각, 1992; 김도형, 『대한제국기의 정치사상연구』, 지식산업사, 1994; 박찬승, 『한국근대 정치사상사연구』, 역사비평사, 방기중, 『한국근현대사상사연구』, 역사비평사, 1992; 김기승, 『한국근현대사회사상사』, 신서원, 1994; 서중석, 『한국현대민족운동연구』, 역사비평사, 1991.

[2] 방기중, 위의 책, 3쪽, 1992 참조.

화를 전망하는 데 있다고 볼 수 있다. 이 때 우리가 주목해야 할 것이 조선왕조의 지배이념이었던 儒敎가 근대 이후에도 전통적 사상체계의 하나로서 여전히 한국사회에 깊이 뿌리를 내리면서 민족운동상의 사상과 운동론에 적지 않은 영향을 미치고 있었다는 사실이다.

19세기 말 20세기 초의 한국 근대사상사는 전통적인 유교사상이 새로이 유입되는 서양사상과의 상호 관련 하에서 다양한 전개 양상을 띠었다. 유교의 서양사상 수용 문제는 20세기 초 국권 수호를 위한 근대문명화론의 측면에서 공개적으로 논의되기 시작하였다. 그리하여 당시 지식인들 사이에서는 이른바 '신학'과 '구학'의 논쟁이 전개되었고, 이를 통해 유교에 대한 부정론과 긍정론, 유교개혁론 등 다양한 견해가 제시되었다.3 유교를 신봉하고 개혁을 주장한 사상가는 물론, 비판한 사상가의 경우라 하더라도 유교는 그들의 사상 형성 문제를 이해하는 데 중요한 요소가 된다. 사상의 형성이란 기왕의 지식체계에 근거하거나 그것을 비판하거나 간에, 기존의 지식을 통해 이루어질 수밖에 없기 때문이다.4

이렇게 근현대의 사상사와 민족운동사에서 유교가 가지는 구체적인 의미는 민족주의운동과 사회주의운동의 대표적인 인물이라고 할 수 있는 신채호(1880~1936)와 백남운(1894~1979)을 통해 발견할 수 있다. 즉, 신채호의 경우는 유교적 소양을 쌓은 뒤 개화자강사상가로 변모한 유교지식인이었다는 점에서 일단 개신유학파로 분류할 수 있다. 그러나 그 자신의 새로운 사상 형성은 과거의 유교적 전통을 비판적으로 극복하면서 서양 근대사상을 선별적으로 수용하는 방법

---

3 李光麟, 「舊韓末 新學과 舊學과의 論爭」, 『東方學志』 23·24합집, 1~16쪽, 1980.
4 金基承, 「韓末 儒敎知識人의 思想轉換과 그 論理-石洲 李相龍의 경우」, 『민족문화』 4집, 한성대 민족문화연구소, 141쪽, 1989.

을 통해 이루어졌다. 그의 사상 형성과정에서는 유교가 긍정적이든 부정적이든 일생 동안 관련되고 있었던 것이다.5

 백남운 역시 7세에서 14세에 이르기까지 어려운 경제 형편과 전형적인 예학적 분위기 속에서 부친 백낙규의 사숙을 통해 엄격한 주자가례 교육과 한문 수업을 받으며 성장하였다. 이 유년기의 교육환경이 극히 절제된 성격과 행동 양식을 형성하는 데 주요한 배경이 되었다. 그리고 봉건적 의식세계에 제약된 것이라 하더라도, 백남운은 부친으로부터 일정하게 민족적 현실에 대한 비판의식과 배일의식을 체득하였다. 그는 그 후 주자학을 봉건적 이데올로기, 반동사상으로 철저하게 비판하였지만, 역설적으로 그 특유의 강렬한 민족의식과 행동양식의 맹아는 부친의 봉건적 배일사상으로부터 형성되었다고 하겠다.6

 이와 같이 한국 근현대의 사상사와 민족운동사에서, 유교가 다양한 형태로 중요한 관련을 맺고 있었다고 할 경우, 유교가 국가의 지배이데올로기로서의 역할을 상실하고 있던 구한말 이래 근현대사의 전개과정에서 유교 지식인이 여하히 유교를 이해하고 시대변천에 대응해 갔는가를 살펴보는 작업은 매우 필요하고도 유용할 것으로 생각된다. 또한 이러한 시도는 유교 지식인의 사상과 행동을 통해 기존의 유교적 전통이 어떻게 재해석되고, 새로운 민족주의운동의 사상적 기반으로 수렴되어 갔는가를 이해할 수 있는 좋은 단서가 될 수 있을 것이다.

 金昌淑은 1879년 7월 10일(음) 경북 星州에서 출생하여 1962년 5

---

5 金基承, 「丹齋의 思想的 變化와 儒敎-丹齋思想 形成의 儒敎的 基礎」, 『大東文化硏究』 29집, 성균관대 대동문화연구원, 274쪽, 1994 참조.
6 방기중, 앞의 책, 36쪽, 1992 참조.

월 10일 서울 중앙의료원에서 84세를 일기로 생을 마쳤다. 그는 일생을 통하여 민족의 독립과 통일, 민주주의의 실현을 위해 고난에 찬 투쟁을 전개한 대표적인 유학자이다. 그의 생애는 대개 다음의 다섯 시기로 나눌 수 있다.7

제1기(1879~1905년 : 1~27세)—성장 및 1차 학습기. 이 시기는 김창숙이 성주에서 태어나 李震相의 寒洲學派의 여러 학자들에게 유학을 배우고 부친의 훈도를 들으면서, 당시의 유학자 및 현실에 대한 자기의식을 갖추어간 1차 학습기라고 할 수 있다.

제2기(1905~1919년 : 27~41세)—초기 활동 및 2차 학습기. 김창숙은 이 시기 일제의 식민지로 전락하고 있던 현실을 목도하고, 망국의 현실 앞에 절망하면서 고통 속에 자학의 세월을 보내기도 하였다. 그리고 이 자학의 세월을 거치면서 새롭게 자기의 사상을 가다듬는 깊은 자기성숙의 과정을 거쳤다. 그는 을사늑약 때 스승인 韓溪 李承熙와 함께 상경하여 '請斬五賊疏'를 올렸고, 그 뒤 일진회의 매국도당들이 한일합병론을 제창할 때에는 동지를 규합하여 중추원에 성토의 글을 보냈다. 한편 大韓協會 星州支部를 조직하여 계급타파를 부르짖고 斷烟會 기금으로 사립 星明學校를 세워 이 지역에 신교육사상을

---

7 지금까지 김창숙의 생애를 나눌 때는 주로 李佑成의 5시기 구분에 따르는 경우가 대부분이었다(李佑成, 「解題」, 『國譯 心山遺稿』, 1979 ;「心山의 儒學思想과 行動主義」, 心山思想硏究會 編, 『心山 金昌淑의 思想과 行動』, 성균관대학교 대동문화연구원, 12~14쪽, 1986). 李佑成은 김창숙의 생애를 제1기(1905년~1910년), 제2기(1910년~1918년), 제3기(1919년~1927년), 제4기(1927년~1945년), 제5기(1945년~1962년)로 나누어 전 생애를 일목요연하게 파악하고 있다. 그러나 이우성의 5시기 구분의 한 가지 약점은 김창숙의 '성장 및 제1차 학습기'에 해당하는 1879년(1세)에서 1905년(27세)까지의 시기가 포괄되어 있지 않은 점이다. 필자는 이것을 고려하여 같은 5시기로 나누되, 김창숙의 초기 사상의 형성과정에서 중요한 의미를 가지고 있는 '성장 및 제1차 학습기'를 새로 삽입하고, 1919년까지의 시기를 '초기 활동 및 제2차 학습기'로 구별하여 시기구분을 약간 달리하였다.

고취하였다. 그러나 그는 개인적인 이유(모친의 병)를 내세워 스승 이승희를 따라 중국으로 망명하지 않고 국내에 잔류 중, 결국 국권 피탈의 비운을 겪게 되었다. 그는 이후 3년여 동안 음주와 佯狂의 나날을 보내다가, 모친의 깨우침에 힘입어 두문불출하고 4~5년 동안 집안의 장서, 그 중에서도 경서와 제자백가서를 탐독하면서 깊은 자기 성찰의 기회를 맞이하였다. 심산의 학문적 축적과 한문 문장의 창달은 이 시기에 이루어졌다고 하겠다.

제3기(1919~1927년 : 41~49세)―독립운동기. 이 시기는 김창숙이 1919년의 3·1운동을 계기로 본격적인 독립운동을 펼쳐나가는 기간이다. 김창숙은 3·1운동이 발발하자, 전국 유림을 규합하여 파리 강화회의에 제출할 130여명의 연명으로 된 長書를 휴대하고 출국하여, 장서의 내용을 각국에 알리는 역할을 담당하였다(제1차 유림단 사건). 이후 중국에 머물며 대한민국임시정부의 수립과 초기 임정 활동에 참여하였다. 아울러 그는 유학과 한문학의 교양을 바탕으로 손문을 비롯한 중국 국민당 인사들과 활발히 교류하면서, 그들로 하여금 '한국독립후원회'(광동)와 '中韓互助會'(상해)를 만들게 하였다. 그리고 1925~26년에는 내몽고 중부지방에 새로운 독립운동기지를 건설하기 위한 자금 모집을 목적으로 국내에 직접 잠입하여 활동하였다(제2차 유림단 사건). 출국 후에는 의열투쟁에 의한 독립운동노선에 공감하여, 1926년 일제 식민지기관인 동척과 식산은행에 폭탄을 던지고 일본인을 사살한 '나석주 의거'를 주도하였다. 이 시기는 김창숙이 초기의 대 중국 외교활동에서 의열투쟁으로 독립운동의 방략 전환을 모색하던 과정으로 파악할 수 있다.

제4기(1927년~1945년 : 49~67세)―옥중투쟁 및 활동모색기. 김창숙은 '제2차 유림단 사건' 혐의로 1927년 상해 公共租界의 영국인

병원에서 일본 형사에게 체포되어 본국으로 압송되었다. 이후 대구경찰서에서 1년여의 갖은 고문을 치르고 14년형을 언도받았으나, 그 사이 그는 일본의 법률 자체를 부정하는 불굴의 옥중투쟁을 전개하였고, 일제의 가혹한 고문 때문에 두 다리가 마비되었으며 사경에 이르기까지 하였다. 1934년 건강 악화로 인한 형 집행정지로 출옥한 그는 대구와 울산 백양사 등지에서 요양한 다음, 불구의 몸으로 성주 옛집으로 돌아왔다. 이 기간에도 심산은 일제의 창씨개명 강요를 준열히 거부하고, 1943년 겨울에는 차남 燦基를 중경 임시정부에 파견하는 한편, 국내에서의 활동 재개를 모색하며 치열한 독립정신으로 일관하였다.

제5기(1945~1962년 : 67~84세)—해방 후 정치 및 교육활동기. 이 시기는 김창숙이 해방을 맞이하여 고령에도 불구하고 민족의 자주통일과 민주주의 및 민족교육을 위해 활동한 기간이다. 김창숙은 1945년 8월 7일 일제의 예비검속으로 구속되었다가, 왜관경찰서에서 해방을 맞이하였다. 해방 직후에는 無名會에 가입하기도 하였고 미군정의 자문기관인 民主議院의 의원을 역임하기도 하였지만, 미군정 기간 동안 일관되게 대한민국임시정부와 김구의 활동을 보조하면서 임시정부 봉대운동에 진력하였다. 그는 또 분단정부의 수립을 위한 5·10 총선거에 불참하고 남북정치협상운동에 참가하는 등 통일민족국가 수립 운동을 전개하였다. 남북협상운동이 실패하고 김구가 암살된 이후에는 민족진영강화위원회를 통하여 중도파·한독당 세력과 일시 연합하기도 하였다. 그는 50년대를 일관하여 반이승만 활동을 전개하면서 야당세력을 후원하는 입장에 있었다. 1951년 이승만 대통령에게 보낸 '하야 경고문'을 시작으로 1960년의 '이대통령 사퇴 권고'에 이르기까지 그의 반독재 투쟁은 그칠 줄을 몰랐다. 한편 같은 시기 그는 儒林을 재조직하고 이를 발판으로 성균관·성균관대학을 설립하여 유교이념에 입각한 근대적 시민교육의 실시에 힘을 기울임으로써, 그의 일관된 구국교육사상을 실천하는 커다란 업적을 남겼다. 그는 1957년 성균관·성균관대학 운영에서 물러난 이후, 집 한 칸도 없이 궁핍한 생활 속에서 여관과 병원을 전전하던 끝에, 1962년 온 국민의 애도 속에 숨을 거두었다.

2. 연구사의 검토

김창숙에 대한 기록은 그의 사후인 1965년에 발간된 『躄翁一代記』[8]가 최초이다. 그러나 이 책은 제목이 암시하고 있는 것처럼 체계적인 자료 수집과 분석에 입각한 연구성과는 아니기 때문에 1차 자료로서의 역할에는 일정한 한계를 가지고 있다. 김창숙에 대한 연구는 이후 1973년에 국사편찬위원회가 『心山遺稿』[9]를 간행하고, 1978년에 성균관대학교 내에 심산사상연구회가 조직되는 한편, 1979년 대동문화연구원에서 『國譯 心山遺稿』[10]를 발간하면서 본격적으로 이루어졌다. 지금까지의 김창숙에 대한 연구는 심산사상연구회에서 기획공동연구를 통한 연구발표회를 계기로 이루어진 것이 특징인데, 김창숙 탄생 100주년을 맞은 1979년[11]과 1981년,[12] 그리고 1984년[13]의 연구성과

---

8 心山記念事業準備委員會, 『躄翁一代記-心山金昌淑先生鬪爭史』, 서울: 태을출판사, 1965.
9 國史編纂委員會, 『心山遺稿』(韓國史料叢書 第18輯), 1973.
10 國譯心山遺稿刊行委員會, 『國譯心山遺稿』, 성균관대학교 대동문화연구원, 1979.
11 李佑成, 「心山의 民族獨立運動」; 張乙炳, 「心山의 改革思想」; 이호형 「心山과 韓國儒林」; 崔珍源, 「心山의 선비정신」; 丁範鎭, 「心山의 愛國的 抵抗文學」. 이상은, 『창작

가 그것이다. 이들 연구는 1986년『심산 김창숙의 사상과 행동』14으로 집대성되었다. 따라서 1980년대 중반까지의 연구는 이 한 권의 책으로 일단 결산되었다고 할 수 있다.15

이후 김창숙에 대한 연구는 석사학위논문으로서 몇 편의 글16이 나온 것을 제외하면 오랫동안 성과가 나오지 않았다.17 1999년에는 김

과 비평』, 1979년 겨울호에 게재됨.
12 李佑成,「心山의 儒學思想과 行動主義」; 張乙炳,「心山의 民主主義 理念」; 李雲九,「心山의 敎育理念과 大學設立」; 金喆洙「心山의 文學과 生活底邊」; 李英浩「心山의 民族統一理念」. 이상은,『成均』제39호, 1981에 게재됨.
13 丁範鎭,「心山 金昌淑先生 年譜」; 宋恒龍,「心山과 儒學精神」; 김시업,「心山의 交友관계를 통해 본 民族運動의 方向」. 이상은,『大東文化硏究』제19집(성균관대학교 大東文化硏究院, 1985)에 게재됨.
14 心山思想硏究會 編,『心山 金昌淑의 思想과 行動』, 成均館大學校 大東文化硏究院, 1986. 이 책은 기존에 발표된 12편의 논문으로 구성되어 있으며, '心山 金昌淑先生 年譜'(丁範鎭)가 부록으로 실려 있다.
15 心山思想硏究會에서 발표된 논문 이외에 김창숙에 대한 글로는 송건호와 김재명의 글이 있다(송건호,「난세를 儒敎的 대의로 산 金昌淑」,『마당』12월호, 1982; 金在明,「强骨의 野人정신 心山 金昌淑」,『政經文化』8월호, 경향신문사, 1985). 그러나 이 글은 인물의 성격과 대의에 초점을 맞춘 것으로 기왕의 연구성과에 전적으로 의지하고 있다는 점에서 본격적인 학술논문으로 보기는 어렵다. 다만 김창숙의 항일 및 반독재투쟁과 관련하여 그의 삶의 歷程을 이해하는 데는 매우 귀중한 성과라고 할 수 있다. 특히 김재명의 글은 1950년대 김창숙의 반독재투쟁을 이해하는 데 매우 도움이 된다.
16 權奇勳,「心山 金昌淑의 民族獨立運動」건국대학교 대학원 석사학위논문, 1989; 權奇勳,「金昌淑의 民族獨立運動에 관한 硏究」,『建大史學』9집, 1997 ; 申一之,「金昌淑의 思想과 獨立運動에 관한 硏究」영남대학교 교육대학원 석사학위논문, 1993: 李大珪,「日帝下 金昌淑의 民族運動에 관한 연구」, 수원대학교 교육대학원 석사학위 논문, 2000: 林海植,「心山 金昌淑의 敎育思想」경성대학교 교육대학원 석사학위논문, 2003.
17 1995년에 정범진이『백번 꺾어도 꺾이지 않은 민족의 자존 : 김창숙의 생애와 선비 정신』(성균관대출판부)을 간행하였다. 그러나 저자 스스로 밝히고 있듯 이 이 책은 본격적인 연구서라기보다는「벽옹 73년 회상기」를 풀어 쓴 것이다.

창숙이 '5월의 문화인물'로 선정된 것을 계기로 학술회의가 열려, 두 편의 논문이 발표되기에 이르렀다.18 그러나 이들 또한 기존의 연구 수준을 크게 넘어서지는 못하였으며, 문제제기에 한정된 감이 있다. 따라서 김창숙에 대한 기존 연구의 검토는 일단 김창숙에 대한 연구 성과를 집대성하고 있다고 보여지는 『심산 김창숙의 사상와 행동』을 중심으로 하지 않을 수 없다.

지금까지 김창숙에 대한 연구는 주로 그의 유학정신, 독립정신, 반독재투쟁을 관통하는 사상과 의식의 측면 및 성격적 특성(personality), 독립운동, 그리고 해방 이후의 정치 활동 및 교육 활동을 중심으로 이루어져 왔다. 물론 그가 남긴 詩를 중심으로 그의 문학에 대해서도 검토가 이루어졌지만, 이 역시 위의 범주 내에서 논의되는 것이었다.

먼저 그의 사상·의식 및 인격적 특성에 대해 중요한 지적을 한 연구업적으로는 이우성의 연구를 들 수 있다. 그는 김창숙의 유학사상과 행동의 특성을 '時義와 行動主義'로 요약하고 있다.19 그에 따르면 김창숙의 행동주의가 나타난 것은 "객관적 규범에 속한 유교적 의식 절차에 구애되지 않고 마음의 올바른 자세에 의해 행위를 결정"했기 때문이며, 그의 義理는 "유교의 전통적 원칙 그것의 교조주의적 파악이 아니라", "전통적 원칙에 입각하면서 시대적 타당성이 보증되어야 하"는 '時義'라고 말하고 있다. 즉 "'마음'에 의한 행동주의, 그러나 '時義'에 의한 대의명분론으로 무장된 심산의 사고"가 "그의 생애를

---

18 趙東杰, 「心山 金昌淑의 獨立運動과 遺志」, 1999; 姜萬吉, 「心山 金昌淑의 解放後 政治活動」이상 『心山 金昌淑先生의 선비정신과 民族運動』(성균관대학교 대동문화연구원 주최 5월의 문화인물 김창숙선생 기념 학술대회 자료집. 1999년 5월 14일 세종문화회관 대회의실), 1999.

19 李佑成, 「心山의 儒學思想과 行動主義」, 『심산 김창숙의 사상과 행동』, 23쪽, 1986 참조

일관한 백절불굴의 정신의 원천이었다"[20]고 평가하였다. 이러한 이우성의 평가는 이후 연구의 기본바탕이 되고 있는 듯하다.

송항룡 역시 김창숙의 삶의 전체를 일관하고 있는 한 가지 정신을 '독립정신'과 '지사정신'으로 규정하면서, "심산에게 있어서 유학의 이해는 전적으로 생활신념과 함께, 그 신념의 실천학으로서의 유학정신에 있었"다고 말하였다. 그는 "심산의 독립운동과 현실 투쟁의 행동주의는 義理의 바탕 위에서 나왔"[21]다고 하면서, 의식과 현실관으로서 유학의 '憂患意識'과 '否定的 現實觀'을 들고 있다.

최진원의 경우는 김창숙의 "선비정신의 핵심을 節義"[22]로 규정하였다. 이로 볼 때 김창숙의 사상과 의식, 인격적 특성은 대체로 '의리명분'에 입각하되, '時義'에 맞춰 行動主義로써 자신의 생을 一以貫之한 데에 있는 것으로 파악되었다.[23]

둘째로, 김창숙에 대한 연구는 그의 독립운동에 초점이 맞춰지고 있다. 이와 관련해서는 이우성과 김시업의 연구가 대표적이다. 이우성은 김창숙의 독립운동을 초년의 '선전·섭외활동'과 중년 이후의 '실력·파괴활동'으로 나누어 주로 『心山遺稿』의 내용을 바탕으로 그의 활동을 재구성하였다.[24] 여기에서 말하는 선전·섭외활동은 파리장서 운동과 중국 망명 후의 국민당 인사들과의 교류 및 외교활동을

---

20 李佑成, 위의 논문, 23쪽, 1886.
21 宋恒龍, 「심산과 유학정신」, 『심산 김창숙의 사상과 행동』, 34쪽, 1886.
22 최진원, 「心山의 선비精神」, 『심산 김창숙의 사상과 행동』, 48쪽, 1986. 최진원은 이 글에서 심산의 선비정신을 '一以貫之' '節操' '集義' '名分' '誠'의 내용을 가졌다고 설명하였다.
23 김창숙은 이것을 두고 "홀로 정절을 지킴이 처녀와 같다"고 술회하기도 하였다. 『國譯 心山遺稿』, 「謝脅迫者詩」, 154쪽.
24 이우성, 「心山의 民族獨立運動」, 『심산 김창숙의 사상과 행동』, 1986.

의미하며, '실력·파괴활동'은 '나석주 의거'를 의미한다.

김시업의 경우는 조금 독특하게 김창숙의 교우 관계를 통해 그가 추구한 민족운동의 방향 전환 내지 특성을 도출해 내고 있다. 특히 그는 단재 신채호 및 의열단과의 관계를 통해 김창숙의 민족운동이 '민족혁명투쟁'으로 크게 진전된 점을 지적하는 한편, 해방 이전 金振宇를 통해 건국동맹과 관계를 맺고 여운형과 합작하게 된 배경을 밝히기도 하였다.25 김창숙의 독립운동에 대한 연구는 이 김시업의 연구에 의해 그 폭이 확대되고, 그의 독립운동 노선 전환이 갖는 의미를 탐구할 수 있는 계기가 마련되었다고 할 수 있다.

셋째로, 김창숙의 해방 후 정치활동 및 교육활동에 대한 연구가 있다. 김창숙의 해방 후 정치활동에 대한 연구는 매우 소략한데, 대표적인 것으로는 이영호와 장을병, 강만길의 연구가 있다. 이영호의 연구26는 해방 후 정치활동 자체를 대상으로 연구한 것은 아니지만, 통일·민족주의이념을 강조하는 가운데 그의 남북협상운동을 '소개'하였다. 장을병 또한 김창숙의 민주주의이념을 강조하면서, 특히 50년대의 반이승만·반독재투쟁을 다루었다.27 그러나 이 두 연구는 엄밀히 말하면 해방 후 김창숙의 정치활동을 직접적인 대상으로 한 것이 아니기 때문에, 이를 통해 김창숙의 해방 후 정치활동의 전모를 파악하기에는 많은 한계를 안고 있는 것이 사실이다.

이에 비해 강만길의 연구28는 해방 후 김창숙의 정치활동을 본격

---

25 김시업,「心山의 交友관계를 통해 본 민족운동의 방향」,『심산 김창숙의 사상과 행동』, 1986.
26 이영호,「心山의 민족통일이념-자주적 민족주의이념을 중심으로」,『심산 김창숙의 사상과 행동』, 1986.
27 장을병,「심산의 민주주의이념」,『심산 김창숙의 사상과 행동』, 1986.
28 강만길, 앞의 논문, 1999.

적으로 다루고 있는 유일한 예에 속한다. 그는 해방 후 김창숙의 건국준비위원회(이하 '건준'으로 줄임)와 정당정치에 대한 인식, 임정과의 관계, 신탁통치 문제, 1948년의 남북협상, 50년대 이승만 독재정권과의 관계 등 중요사항을 모두 언급하였다. 그러나 그의 연구는 『벽옹일대기』와 『심산유고』에 거의 전적으로 의지하고 있기 때문에, 매우 개략적인 내용으로 시종하고 있어 문제제기에 그친 감이 짙다. 한편 해방 후 김창숙의 교육활동에 대해서는 이운구의 연구[29]가 있어 참고할 만하다. 이 밖에도 대중용으로 발간된 것[30]도 있어 참고가 된다.

이상에서 살펴 본 바와 같이, 김창숙에 대한 지금까지의 연구는 사상·의식 및 인격적 특성, 독립운동, 해방 후의 정치활동과 교육활동에 걸쳐 다양하게 진행되었다. 그러나 이상의 연구는 몇 가지 점에서 한계를 내포하고 있다. 그것은 다음의 점에서 특히 그러하다.

첫째, 김창숙의 사상의 형성과정과 그 변화의 양상에 대한 계통적이고 체계적인 연구가 미흡하였다. 기존의 연구에서는 김창숙의 '時義'와 行動主義 思想이 그의 일생을 통해 '一以貫之'한 것으로 설명하는 공통점을 보이고 있다. 하지만 역사적인 인물에 대한 연구가 한 개인의 사상을 그 자체로서만 평가하는 데 머물 수는 없다. 보다 객관적인 인물사 연구가 그 인물의 사상과 행동을 통해 그 시대의 역사상을 명확히 하는 데 있다고 한다면, 기존의 연구는 정태적인 한계를 지니고 있다고 보아야 할 것이다.

둘째, 위의 문제와 관련되는 것으로서, 김창숙의 독립운동을 조명

---

29 李雲九, 「심산의 교육이념과 대학설립」, 『심산 김창숙의 사상과 행동』, 1986
30 心山思想硏究會編, 『金昌淑』 한길사, 1981 ; (社)심산김창숙선생추모사업회, 『민족정기-애국지사 심산 김창숙선생의 생애』 同事業會, 1990 ; 心山思想硏究會編, 『金昌淑文存』, 성균관대 대동문화연구원, 1994.

하는 데 있어 그의 독립운동 방략이 외교노선(섭외·선전활동)에서 의열투쟁으로 변화하는 과정에 대한 심도있는 논의가 부족하다는 점이다. 김창숙의 교우 관계를 통한 김시업의 연구에 의해 연구의 단초가 열리기는 했지만, 1920년대 중반을 전후하여 김창숙이 노선을 전환하게 되는 이유를 보다 명확히 할 필요가 있을 것이다.

셋째, 기왕의 연구에서 두드러진 한계의 하나는 해방 이후의 정치활동 관계가 매우 소략하고 부실하다는 점이다. 일제시기까지의 김창숙의 활동 내용에 대해서는 기본적인 사실관계가 비교적 밝혀져 있으나, 해방 후 김창숙의 정치활동 내용은 기본적인 사실의 재구성조차 제대로 되어 있지 않은 상태이다. 이는 김창숙의 전 생애 가운데 말년의 18년에 해당하는 시기로서, 미소 냉전체제와 분단시대를 배경으로 한 그의 통일민족국가 건설 운동에 대해서는 보다 적극적인 연구의 필요성이 제기된다.

마지막으로 자료의 부족 문제를 들 수 있다. 사실 이상의 세 가지 문제가 발생한 본원적인 요인은 자료의 부족에서 연유한다고도 할 수 있다. 김창숙은 자서전격에 해당되는 『심산유고』를 남겼지만, 그 내용은 대단히 소략하여 그의 전생애를 아우를 수 있는 정도에는 미치지 못한다. 그런데 기존의 연구에서는 대부분 이 소략한 『심산유고』에 거의 전적으로 의지하여 연구를 진행함으로써, 그의 전생애는 물론이고 사상과 의식, 독립운동, 해방 후 정치활동 부분에서 많은 결락을 초래하였다. 때문에 김창숙에 대한 앞으로의 연구의 관건은 김창숙 개인의 자료와 함께 주변의 방증자료를 얼마나 확보하는가에 달려 있다고 해도 과언이 아니다.[31]

---

[31] 자료 문제와 관련하여 『心山遺稿』 자체에도 적지 않은 문제점이 있는 것으로 알려져 있다. 『心山遺稿』의 핵심 부분에 해당하는 「躃翁七十三年回想記」는 1952년

3. 연구의 목적과 본서의 구성

이상에서 살펴 본 것처럼, 지금까지 김창숙에 대한 연구는 그의 초지일관한 사상 내지 의식의 측면이 지적되었고, 독립운동에 관한 부분에서 많은 진전이 있었으며, 해방 이후의 정치활동과 교육활동에 대해서도 점차 해명되고 있는 상황이다. 그러나 기존 연구의 한계에서 지적했듯이, 김창숙의 전 생애를 일관되게 재구성하고 이를 통해 그의 사상과 활동을 평가하기에는 아직 미흡한 상태에 있다. 따라서 필자는 기존 연구의 한계를 다소라도 보완하려는 의식 하에서, 본서에서 추구하는 목표를 제시하고자 한다.

첫째, 김창숙의 민족의식과 사상 형성 과정에 주목하고자 한다. 기존의 연구에서는 1919년에 이르러 김창숙이 본격적으로 활동을 시작하기까지의 그의 사상 형성 과정이 소략하게 다루어졌다. 1919년의 시점에서 그의 나이가 이미 41세에 달하고 있다는 매우 평범한 사실을 놓고 보더라도 이미 그의 의식과 사상은 모두 1919년 이전의 시

1·4후퇴 이후의 부산 피난 시절에 집필이 시작되었다고 한다. 그런데 당시는 이승만 정권이 반공을 정치적 무기로 악용하여 분단 감정을 극대화시켰고, 실제로 전쟁을 치루면서 국민의 공산주의에 대한 적대감도 팽배해 있었던 만큼 독립 투쟁 과정에서 있었던 다양한 성향의 인물과 사상 경향을 서술하는 데 다소 제약을 받았을 것임이 지적되고 있다. 또한 『心山遺稿』의 편찬과정에서 심산이 남긴 자료와 문맥을 모두 그대로 실은 것은 아니었다고 한다.
즉 국사편찬위원회의 의뢰로 遺稿를 정리한 重齋 金榥(1896~1978)이 서부 경남의 향리에서 전통적인 儒生의 생활·사고를 그대로 지켜 온 전근대적인 시각을 가진 儒者였다는 점에서, 그의 입장이 『心山遺稿』에 적잖이 반영되었으리라는 것이다. 실제 후손들이 전하는 바에 의하면, 당시의 분위기 때문에 과격한 표현이나 구체적인 사실들을 산삭하기도 하고, 혹 특정 인물에 대한 心山의 가차 없는 지적이나 비판 등은 손질하거나 빼지 않을 수 없었다고 한다. 이상 김시업, 앞의 논문, 82~83쪽, 1986 참조.

기에 이루어졌다고 볼 수 있다. 필자는 이 점에 주목하여 기존의 연구에서 소홀히 하였던 부분을 보완하면서, 이 시기에 그의 사상과 행동의 원형이 형성되는 과정을 해명하고자 한다.

둘째, 김창숙의 독립운동 과정은 지금까지의 연구를 통하여 상당한 정도까지 해명이 되고 있는 부분이다. 그러나 기왕의 연구에서는 그의 독립운동 방략이 외교노선에서 의열투쟁 노선으로 전환된 사실을 언급하면서도, 그것이 어떻게 가능하였는가의 문제에 대해서는 분석이 소홀하였다. 필자는 이 점에 주목하면서, 그의 노선 전환이 어떠한 경위로 가능하였는지를 해명하고자 한다.

셋째, 김창숙에 대한 기존의 연구에서 가장 소홀히 취급되었던 분야는 해방 이후 정치활동 부분이다. 이 시기는 김창숙의 말년에 해당되지만 그가 비교적 고령에도 불구하고 매우 활발하게 활동하였다는 점에서 김창숙의 사상과 행동을 이해하는 데 있어 빼놓을 수 없는 부분이다. 따라서 필자는 이 해방 후의 시기에 주목하면서 그의 사상과 의식의 궤적을 추적하고, 그것이 갖는 의미를 파악하는 데 주력하고자 한다.

이상의 목표에서 본서는 다음과 같이 구성된다.

먼저 제1장에서는 김창숙의 사상의 형성과정을 살핀다. 김창숙의 사상이 형성되는 과정은 대체로 세 갈래에서 연유한다고 할 수 있다. 그것은 첫째 성주 지방에서 독특한 학풍으로 전수되고 있던 한주 이진상에서 비롯하는 한주학파의 사상, 둘째 그의 13대조인 동강 김우옹으로부터 이어지는 가학적인 전통과 부친의 영향, 셋째 1910년 경술국치 이후 자신이 독학으로 정립한 유학사상이다. 필자는 이러한 세 갈래에서 이루어지는 그의 사상의 형성과정과 현실 인식을 다루고자 한다.

제2장에서는 국권 피탈 이전 시기의 국권회복운동과 3·1운동 이후의 파리장서 활동을 살핀다. 그가 전개한 국권회복운동은 상소 활동과 대한협회 성주지부 설립 및 사립 성명학교 설치 등으로 이루어진다. 필자는 김창숙의 국권회복운동 검토를 통하여 그가 어떠한 현실인식을 가지고 어떤 방향하에서 국권회복운동을 전개하였고 그 한계는 무엇이었는가를 고찰하고자 한다. 아울러 1919년 파리장서 활동에 대한 검토를 통해서도 그의 역할과 시대 인식의 일면을 살펴보고자 한다.

제3장에서는 김창숙이 중국으로 망명한 후에 전개한 민족독립운동 전반을 살핀다. 그는 1919년 중국으로 망명한 후 1927년 피체될 때까지 임시정부 참여와 대 중국 외교활동을 벌였으며, 내몽고 중부지대에 독립운동기지 건설 계획을 세우고, 국내에 들어와 자금모집 활동을 전개하였다. 또한 국내에서 모금된 자금을 바탕으로 나석주 의거를 주도하고, 이를 통해 새로운 반일민족운동의 방향을 모색하려 하였다. 이곳에서는 그의 외교활동이 의열투쟁 활동으로 변화해가는 과정과 계기에 주목하였다.

제4장에서는 해방 후 김창숙의 정치 및 교육활동을 살핀다. 여기에서는 해방 후 정치활동에 대한 체계적인 파악에 주력함으로써, 미소 냉전체제 하 국가건설 운동 과정에서 그의 정치활동이 갖는 의미와 한계를 살펴보고자 한다.

마지막으로 결론에서는 이제까지의 논의를 총괄하고, 김창숙이 한국 근현대사에서 가졌던 위상과 의의를 고찰하고자 한다.

제1장　민족의식과 사상의 형성 과정

　김창숙의 사상 형성은 그가 성주에서 태어나 1919년 파리장서운동을 주도하기까지의 기간(41세)에 이루어졌다고 볼 수 있다. 그의 사상의 형성은 그 당시의 儒者로서는 비교적 서서히 이루어졌으며 뒤늦게 자신의 세계관을 정립하였다. 김창숙의 사상이 형성되는 과정은 대체로 세 가지의 갈래에서 연유하는 것이었다. 그것은 첫째 성주지방에서 독특한 학풍으로 전수되고 있던 한주 이진상에서 비롯하는 한주학파의 유학사상, 둘째 그의 13대조인 동강 김우옹으로부터 이어지는 가학적인 전통과 부친 金護林의 사상, 셋째 1910년 경술국치 이후 자신이 독학으로 정립한 유학사상으로 이루어지는 것이었다. 물론 이 과정에는 그가 태어난 1879년 이후 전개되고 있던 개항의 여파와 1894년의 갑오농민전쟁과 청일전쟁, 1905년의 반식민지화, 1910년의 식민지로의 전락이라는 현실의 급격한 변화 과정에 대한 그의 현실인식이 개재하고 있었다. 따라서 여기에서는 개항을 전후한 시기부터 성주지방에서 전개되고 있던 사회경제적, 정치적 변화와 더불어 김창숙의 사상을 형성시키는 중요 요인이 된 위의 요소를 검토하고자 한다.

1. 성장 환경과 가계

김창숙은 조선왕조가 자본주의 세계체제에 편입되는 계기가 되는 개항 3년 후인 1879년 7월 10일(陰) 慶尙北道 星州郡 大家面 七峯洞에서 父 下岡 金護林32과 母 仁同張氏 사이에서 1남 4녀 중 장남으로 태어났다.33 본관은 義城이며 字는 文佐, 號는 直岡, 心山이다.34 直岡은 부친인 김호림이 동리 앞산 직준봉을 가리키며 항상 직강불요하기를 가르치며 지어준 호이고, 心山은 그 나이 사십 되던 해에 맹자의 四十不動心이란 말에 깊이 느낀 바 있어 스스로 지은 것이다. 그는 '愚'라는 별명으로 불리워지기를 자청하였는데 이는 국권을 강탈당한 피지배 민족으로서의 역사적 현실 앞에 자신을 자책한 탓이다. 또한, 후일 피체 후 일제의 모진 고문으로 인해 하체의 불구를 얻게 되어 '躄翁'이라는 別號를 사용하였다.35

김창숙의 가계는 신라 경순왕의 四子인 의성군 錫을 시조로 하고 18대조인 참의공 宗師가 처음 성주에 정착하면서 대대로 성주를 기반으로 하게 되었다. 특히 김창숙의 13대조인 東岡 金宇顒은 조선 선조 때의 유명한 정치가이자 유학자로서 명망 있는 인물이다. 그는 남

---

32 지금까지의 모든 연구에서는 부친의 이름을 金護林으로 표기하고 있으나 족보로 볼 때 金護林이 정확한 이름이다.
33 許善道,「金昌淑」,『韓國近代人物百人選』,『新東亞』 1월호 부록, 192쪽, 1970.
34 「躄翁七十三年回想記 上篇」,『心山遺稿』(國史編纂委員會, 1973), 300쪽.
35 心山記念事業準備委員會,『躄翁一代記-心山金昌淑先生鬪爭史』 太乙文化社, 47쪽, 1965.

명 조식의 문하에서 수학하였고 후에는 퇴계 이황을 스승으로 모셔 학문에 조예가 깊었으며, 문학면에서도 탁월한 천분을 발휘하였다. 김우옹은 과거에 급제하여 여러 관직을 거쳐 이조참판, 대사성에 이르렀고 학자로서도 역량을 발휘하여 율곡 이이, 한강 정구 등의 명사들과 교분이 깊었다. 그는 사후 文貞公이란 시호를 받아 성주의 晴川書院에 배향되었다.36

그러나 김창숙의 가계는 김우옹, 특히 8대조 南粹 이후 이렇다 할 현신을 배출해 내지 못한 것으로 보인다. 특히 17·18세기 이후 전개되고 있던 영남 성주에서의 사회적인 변화 속에서 그의 집안은 점차 한미해져 간 것으로 생각된다. 비록 명문 사족으로서의 명망은 높았지만 그의 부친 김호림의 대에 와서 경제적인 면에서는 중소지주의 기반을 겨우 유지하거나 일반 농민과 크게 다름없이 변해 간 것으로 보인다. 이것은 김창숙이 〈先君子下岡府君遺事〉 속에서 月岡 南粹 이후 "자주 대가 끊어졌다가 이어지니 모두 일찍 죽고 크게 출세를 못하였다"는 표현, 김호림 대에 "집이 가난해서 혹 조석끼니를 못잇는 일이 있었"37다는 내용에서 짐작할 수 있다. 또한 김호림이 1894년 갑오농민전쟁 당시나 그 직후에 농민들의 반봉건투쟁에 일정 부분 동조하거나 계급과 신분제의 부정 의식을 보이고 있는 것은 이러한 사정에서 연유했을 가능성이 높다. 이렇게 김창숙의 가계와 성장 환경은 18세기 이후, 특히 19세기 중반 이후 전개된 성주지방에서의 사회적인 변화와 밀접하게 관련되어 있었다.

---

36 「義城金氏先祖世蹟」, 『義城金氏世系譜』, 83쪽. 조선 후기 성주의 士族들이 師表로 삼은 인물은 寒岡 鄭逑와 東岡 金宇顒이었다. 寒岡은 檜淵書院에, 東岡은 晴川書院에 모셔져 있었는데, 사족들의 주요 회합이나 경전강회를 주로 이 양 書院에서 가졌다.

37 『國譯 心山遺稿』, 671~672쪽.

김창숙이 태어난 성주 지방에서는 18세기 말 이래 19세기 중엽에 이르면서 한편에서는 농민층 분화가 진행되고 다른 한편에서는 봉건적 지배와 수탈에 대한 농민층의 저항이 한층 격렬하게 발전하였다. 신분상승으로 신분제가 동요하였고, 봉건지주의 인신적 전호농민 지배는 약화되어 갔으며 부세제도도 동요하였다. 이러한 가운데 개별적인 신분상승을 허용하면서도 총액제 수탈방식을 고수했던 부세제도는 부농의 성장에 희생되어 몰락하고 있던 소빈농층에게 치명적인 타격을 안겨주면서 가장 심각하고 주요한 사회모순으로 부각되었다. 대규모 유망이 상징하듯이 19세기 중엽 그 모순은 마침내 소빈농층뿐만 아니라 부농층, 나아가 지주들까지도 더이상 감내하기 어려운 상태에 이르게 된다. 반면 구래의 지배체제는 이러한 변화과정 속에서 크게 동요하였고, 士族의 신분제적 통제력도 약화되고 있었다.[38]

원래 조선 후기 성주의 유력 사족가문으로는 義城金氏·星州都氏·星州裵氏·冶城宋氏·順川朴氏·星州呂氏·京山李氏·碧珍李氏·星山李氏·星州李氏·全州李氏·玉山張氏·淸州鄭氏·永川崔氏 가문을 들 수 있다. 이 가문들은 혼인이나 학연 혹은 鄕案 重修 등의 방법으로 서로간의 결속을 공고히 하였으며, 신분적 특권을 폐쇄적으로 유지하고자 노력하였다. 이들은 鄕廳을 장악하고 있었고, 성주의 주요 농경지를 분할 점거하고 그 근거지에 동족부락을 형성해 인근 일대에 지배권을 행사하였다. 또한 一族 內 결속과 화목을 공고히 할 목적으로 族契를 설치하였고, 근거지 일대에서 신분제적 지배를 확립할 목적으로 洞契·洞約 등을 실시하였으며, 조상숭배 교육 및 族內 결속과 공동의사 수렴, 나아가 族外 평천민에 대한 지배를 목적으로 院

---

38 李潤甲, 「19세기 후반 慶尙道 星州地方의 농민운동」, 『손보기박사 정년기념 한국사학논총』, 지식산업사, 641~642쪽, 1988 참조.

祠를 건립, 운영하였다. 이러한 지배체제가 확립된 것은 17세기 후반이었다.

그러나 이러한 지배체제는 채 반세기를 넘기지 못하고 동요하기 시작하였다. 그 원인은 우선 17세기 말 이 지역 남인들이 당쟁에서 패배해 몰락과 분해의 길을 걷기 시작한 점이다. 18세기 이후 관직 진출이 불가능해지면서 이 지방 사족들은 급속히 몰락하기 시작하였다. 생계 유지를 위해 직접 농경에 종사해야 하는 자들이 속출하고 심지어 소작농으로 전락하는 자도 있었다. 경제적 분화와 족내에서의 지주전호관계 발전은 평천민 지배의 담보가 되었던 족내 결속을 크게 저해하였다. 이러한 몰락과 분화로 19세기에 이르면 일족 내에서조차도 유교적 도덕과 질서가 유지되기 어렵게 된다.

한편 노론정권의 남인 탄압책도 재지사족의 지배력을 약화시키는 데 한몫을 하였다. 노론정권은 당색이 다른 이 지방의 사족들을 견제하기 위해 숙종 말년에 송시열의 영정을 봉안한 老江幀堂을 건립하였다. 이인좌란(영조 4년, 1728)을 계기로 사족 반란을 염려해 군현 지배에서 재지사족의 영향력을 축소하고 수령권을 강화하는 정책에 더욱 박차를 가했고, 이 정책으로 성주에서도 향청은 수령권에 점차 더 종속되어 갔다. 이러한 상황 속에서 활발히 전개된 피지배 농민층의 신분상승운동은 구래 사족 중심의 신분제적 향촌지배체제를 동요시키는 결정적인 요인으로 작용하였다. 이제 인근의 부락들이 점차 유력 동족부락의 지배에서 자립하고자 했으며, 상승하는 농민들도 경제적 이익을 위해 사족들이 꺼리는 面里任職을 적극 장악하면서 사족의 지배력을 약화시키고 대신 자신들의 이해관계에 맞추어 부락질서를 새롭게 재편하고자 노력하였다. 이제 향촌지배체제의 변화는 19세기 중엽 이미 상당 정도 진행되고 있었던 것이다.[39] 이러한 사회변동 속에서 성주 지방에서는 1862년의 임술항쟁과 1883년의 계미항쟁, 그리고 1894년의 갑오농민전쟁이라는 대규모 농민봉기가 일어났다.

　어쨌든 이러한 성주지방의 극심한 사회변동의 분위기 속에서 김창숙은 상당정도 영락한 가문의 사회경제적인 기반 위에서 부친의 영향을 받게 된다. 김창숙의 부친 金護林(1842~1896)은 경상북도 봉화군 봉화면 해저리(바래미) 김씨의 문중에서 김창숙의 조부인 道永에게 양자로 들어왔다.[40] 그는 학문이나 업적의 면에서는 별로 드러난 것이 없었으나 김창숙이 기록한 바에 의하면, 당대에 있어서 일반 양반층과 같이 완고하지 않았으며 시국에 대하여도 한 걸음 앞을 내다보는 선견지명이 있었다.[41] 김창숙이 18세 되던 1896년 세상을 떠났으나 그는 김창숙으로 하여금 계급 타파와 새로운 문물 습득에 앞장설 것을 계도하였다. 김창숙이 유교에 바탕을 두면서도 새로운 문물과 시대 사조에 민감하게 대응할 수 있었던 것은 이러한 부친의 영향이 적지 않게 작용하였다.[42]

　김창숙은 슬하에 3남 2녀를 두었는데 장남과 차남은 모두 독립운동 과정에서 희생되었다. 장남 煥基(1909~1927)는 김창숙이 북경에 망명 중일 때 그를 따라 중국으로 건너갔으나 자금 사정으로 곧 귀국하였다가 체포되어 일제의 고문과 병이 겹쳐 사망하고 말았다.[43] 차

---

39 이상은 李潤甲, 위의 논문, 636~641쪽, 1988 참조.
40 심산김창숙선생추모사업회, 『민족정기-애국지사 심산 김창숙 선생의 생애』, 12쪽.
41 『國譯 心山遺稿』, 682쪽.
42 상세한 것은 본장 3절에서 다루고자 한다.
43 그는 1925년 봄 경북지방에서 군자금을 모집한 후 중국으로 가 부친 김창숙에게 전달하였으며, 1925년 7월 다시 귀국하여 군자금 모집에 힘쓰던 중 1927년 2월에 피체되었다. 그는 이 件으로 수 개월간의 고문을 받은 결과 병을 얻게 되자 가출옥하여 가료 중 1927년 12월 20일 사망하였다. 『독립유공자공훈록』 9권(국가보훈처, 1991), 139쪽; 金在明, 「强骨의 野人精神 心山 金昌淑」, 『政經文化』 8월호,

남 燦基(1915~1945)는 1928년 1월 17일 진주고보의 맹휴를 주도하여 1929년 11월 징역 1년 6개월의 형을 받아 옥고를 치르다가 1931년 5월 출옥하고, 출옥 후 왜관으로 옮겨 청년연합의 독립운동을 전개하다가 1939년 2월 이른바 '왜관사건'에 대한 혐의로 다시 체포되어 1941년 가석방되었다. 그는 1943년 일경의 감시가 소홀한 틈을 이용하여 부친의 주선으로 중경 임시정부로 망명하였다. 그는 대한민국 임시정부에서 활동하다가 해방 이후 환국을 앞두고 1945년 10월에 사망하였다.[44]

김창숙은 사돈관계 역시 독립운동 지사와 맺어, 둘째 딸을 李在洛[45]의 며느리로 출가시켰으며, 孫厚翼[46]의 딸을 둘째 며느리로 맞이하였다.[47]

316쪽, 1985 참조.
44 『독립유공자공훈록』 5권(국가보훈처, 1985), 530~531쪽.
45 李在洛(1886~1960)은 1919년 고종의 인산에 참여하기 위하여 상경하였다가 3·1운동이 일어나자 독립만세 시위운동에 참가한 후 독립선언서를 가지고 고향인 울산으로 돌아와, 4월 8일 남창리 장날을 기해 독립만세 시위운동을 주도하였다. 그 후 1926년 김창숙의 군자금 모집 활동 때 적극적으로 참가하였으며, 이 일로 체포되어 1927년 3월 29일 징역 1년에 집행유예 2년형을 언도받았다. 1982년에 정부로부터 대통령표창을 받았다. 『독립유공자공훈록』 6권(국가보훈처, 1988), 657~658쪽.
46 孫厚翼(1888~1953)은 1905년 을사늑약 폐기상소에 연명으로 참가하였으며 1912년 이후 구국운동에 참가하였다. 그는 1923년 김창숙으로부터 군자금 모집의 권유를 받고 군자금 모집 활동을 벌였으며, 1926년 김창숙이 국내에서 군자금 모집 활동을 벌일 때 여러 동지들과 함께 활동했다. 그는 이 일로 피체되어 1927년 3월 29일 징역 1년 6개월, 집행유예 3년을 언도받았다. 1977년에 정부로부터 대통령표창을 받았다. 『독립유공자공훈록』 7권(국가보훈처, 1990), 484~485쪽.
47 김창숙의 家系를 도표로 표시하면 다음과 같다.
　　金宇顒 (號 東岡, 文貞公, 吏曹參判)→孝可(號 捽亭, 監察) → 項(號 沙月堂, 持平) → 庭碩(號 沙村) → 世臣(號 松亭) → 南粹(號 月岡) → 壽海 → 大成 → 宗燮 → 壎 → 馨稙(號 沙棲) → 道永(號 七一軒) → 護林(號 下岡) → 昌淑(號 心山, 臨政議政院副議長,

2. 한주학파와 김창숙

김창숙이 학문을 접하고 처음으로 '感發'을 받게 되는 것은 한주학파의 사상을 통해서였다. 김창숙 자신의 기록에 의하면, 그는 여섯 살에 글을 배우기 시작했고 종일토록 책을 펴보지 않아도 능히 오래도록 기억하였으며, 여덟살 때 소학을 읽었으나 오직 나가 놀기만 힘쓰고 灑掃應對의 일은 귀찮게 여겼다고 한다. 할 수 없이 부친이 그가 열살 되던 해에 동리의 鄭恩錫이라는 어른에게 나아가 가르침을 받게 하였으나 그는 여기에서도 항상 방탕한 아이들을 따라다니며 놀았다고 한다.[48] 이로 인해 그는 스승으로부터 꾸지람을 듣기도 하였으나 공부에 열심을 내지는 않았던 듯하다. 열 서너살 때에 비로소 사서를 통독하였으나 이 때에도 학문하는 의미는 그다지 파악하지 못했다.[49] 이에 김호림은 자식의 앞날을 염려하여 평소 친하게 지내던 大溪 이승희에게 각별한 지도를 부탁하였으나, 김창숙 자신이 경전에 대한 공부와 성리학설에 별로 관심이 없었기 때문에 결국 이승희 문하에 들어가지 못했다.[50]

그러나 김창숙은 열여덟이 되는 1896년에 부친 김호림이 세상을 떠나고 상기를 마치면서, 어머니의 훈계를 계기로 그 자신 상제의 예

成大總長, 大韓民國章, '62年) → 煥基(抗日運動, 愛族章, '90年) 燦基(臨政活動, 大統領表彰, '77年, 愛族章 '90年) 炯基 福基(張世洞) 德基(李東立) 「義城金氏世系譜」. 金昌淑의 손자 金曄로부터 도움을 받음. 煥基는 無子이고 燦基의 외아들 曄가 대를 이음. 『大韓民國獨立有功人物錄』(국가보훈처, 1992) 참조.

48 『國譯 心山遺稿』, 680~681쪽.
49 『國譯 心山遺稿』, 681쪽. 이것을 김창숙은 "爲己之學이 어떤 것인지는 오히려 알지 못했다"고 말하고 있다.
50 『國譯 心山遺稿』, 681쪽.

법을 어기고 방탕한 세월을 보낸 것을 뉘우치게 된다. 이에 그는 널리 배움을 구하여 견문을 넓힐 뜻을 세우고 당세의 大儒인 李鍾杞, 郭鍾錫, 李承熙, 張錫英 등의 문하를 두루 찾아보고 경서의 뜻을 물어 감발을 받게 된다. 김창숙 자신의 회고에 의하면 "특히 李大溪선생에게는 충심에서 나온 기쁨으로 정성껏 복종하였다"[51]고 한다. 이 때 김창숙은 위의 한주학파 사상의 영향을 받아 "世俗 학자가 한갓 性理의 깊은 뜻을 말할 뿐, 나라를 구제하는 시급한 일은 강구하지 않음을 병통으로 여기"게 된다.[52] 그는 당시의 현실을 탄식하면서 "성인의 글을 읽고도, 세상을 구제하던 성인의 뜻에 깨우침이 없으면 이것은 거짓 선비(僞儒)이다. 지금 나랏일을 의논하는 데에는 반드시 이런류의 거짓 선비를 없앤 다음이라야 비로소 나라를 다스리고 천하를 평화롭게 하는 방법을 논하는 데에 참여할 수가 있다"[53]고 하였다.

이렇게 김창숙의 사상 형성 과정에서 하나의 커다란 계기이자 전환점이 된 것은 한주학파와의 만남이었다. 김창숙은 스무 살을 전후하여 한주학파와의 만남을 통해 비로소 세상에 대한 견문과 자각을 얻게 되었고, 이 한주학파와의 인연으로 그의 사상과 행동반경이 일정하게 정해지면서 이후의 활동을 펼치게 된다. 따라서 여기에서는 한주학파의 사상과 현실인식 및 대응방법을 살피고, 그것이 어떻게

---

51 『國譯 心山遺稿』, 683쪽.
52 물론 당시에 儒學이 실제의 문제를 강구하지 않음으로써 허학화하고 있었던 현실에 대한 비판은 한주학파만의 고유한 것은 아니었다. 그러나 이후에 보게 되듯이 김창숙의 유학사상과 현실에 대한 인식 및 행동방식의 상당 부분은 한주학파 사상의 영향 속에서 이루어진 것이었다. 예를 들면 곽종석의 경우, "오늘날 같은 현실의 시작은 우리들이 虛談만을 숭상하고 實物을 추구하지 않아 元氣가 虛乏하여지면서 밖의 사악한 것이 기회를 노린 것"이라는 인식을 보이고 있었다. 『俛宇先生文集』 권74, 「答河叔亨」 貳, 481쪽.
53 『國譯 心山遺稿』, 683쪽.

김창숙의 사상 형성에 영향을 미쳤는가를 알아 볼 필요가 있다.54

寒洲 李震相(1818~1886)은 대내외적으로 전환기를 맞고 있었던 조선조 말기에 주자학을 존중하고 독자적인 主理的 性理學을 전개하여 한말 한주학파의 종장이 된 인물이다. 寒洲의 객관적이며 냉철한 비판정신은 그의 문인들에게 이어져 보다 진취적이며 개방성을 띤 하나의 학통으로 발전, 정립되었다. 俛宇 郭鍾錫, 后山 許愈, 紫東 李正模, 膠宇 尹胄夏, 勿川 金鎭祜, 韓溪 李承熙(아들), 晦堂 張錫英, 弘窩 李斗勳 등은 洲門八賢으로 꼽히는 인물들이다.55

당시 유림들은 조선후기 이래의 이른바 영남학파와 기호학파의 학문적 전통 위에서 각각 대표적인 몇 개의 학군이 있었다.56 이 계열에 따라 현실을 인식하는 논리, 그 대응논리 등에 차이가 있었다. 특히 현실적인 여러 문제에 대해 일정한 논리와 대응을 나타내었던 학파는 대략 6개였다. 즉 ① 李恒老(호 華西, 1792~1868)를 연원으로 한 金平默(1819~1891), 柳重敎(1832~1893), 崔益鉉(1833~1906), 柳麟錫(1842~ 1915) 등의 華西學派, ② 奇正鎭(호 蘆沙, 1793~1879)을 연원으로 전남지역을 중심으로 활동하였던 奇宇萬(1846~1916) 등의 蘆沙學派, ③ 洪直弼, 任憲晦의 학문을 계승한 田愚(호 艮齋, 1841~1922)를 중심으로, 충남·전북 일원에서 활동하였던 艮齋學派, ④ 宋

---

54 한말 일제초 당시 유생층의 현실인식과 대응에 관한 연구성과로는 金度亨의 업적이 많은 참고가 된다. 필자는 아래의 논문에서 많은 참고를 받았다. 金度亨,「한국 근대 재야지배세력의 민족문제 인식과 대응」, 한국역사연구회,『역사와 현실』창간호(한울), 1989;「한말·일제초기의 변혁운동과 성주지방 지배층의 동향」, 계명대 한국학연구소,『韓國學論集』18집, 1991;「개항 이후 보수유림의 정치·사상적 동향」, 한국역사연구회,『1894년 농민전쟁연구3-농민전쟁의 정치·사상적 배경』, 역사비평사, 1993.

55 琴章泰·高光稙,『儒學近百年』, 박영사, 460~461쪽, 1984.

56 琴章泰·高光稙, 위의 책, 4~6, 561~564쪽, 1984.

時烈의 직계손이었던 宋秉璿(호 淵齋, 1836~1905)과 宋秉珣(1839~1912) 형제를 중심으로 충남지역에서 활동하였던 淵齋學派, ⑤ 柳致明(호 定齋, 1777~1861)을 통하여 퇴계학통의 정맥을 이었던 안동 중심의 定齋學派, ⑥ 李震相(호 寒洲, 1818~1886)의 학문을 계승하고, 星州를 중심으로 경상도 서부지역에서 활동하였던 郭鍾錫(1846~1919), 李承熙(1847~1916) 등의 寒洲學派 등이었다.

이 가운데 당시 척사론적인 여론을 주도하고 학문적 차원에서 체계화하여 이를 적극적으로 표명했던 세력은 이항로와 기정진을 필두로 하는 화서학파와 노사학파였다. 그러나 이러한 척사론적인 흐름 속에서도 서양문화에 대한 객관적인 인식을 강조하면서, 후일 의병전쟁의 무력항쟁이 무모하다고 판단하고, 오히려 만국공법과 국제열강과의 외교 관계를 거론하는 일부의 세력이 대두하였다. 이들 세력이 다름 아닌 안동과 성주를 중심으로 하였던 일군의 영남학파 유생들이었다.

한주학파의 종장 이진상은 성주지방의 '兩岡(한강 정구와 동강 김우옹)의 학문적 분위기에서 숙부였던 凝窩 李源祚의 학문을 계승하였다. 그러면서도 20세 때는 도산서원을 참배하여 퇴계의 학문을 계승한다고 천명하였으며, 30세 때에는 자신의 서재를 '祖雲憲陶齋'라 이름하여 雲谷(朱子)과 陶山(退溪)을 학문의 기준으로 밝히고 있다. 또한 35세 때에는 안동으로 가서 퇴계학파의 정맥인 定齋 柳致明을 찾아뵙고 성리설에 관한 토론을 하면서 가르침을 받기도 했다. 이처럼 이진상은 퇴계의 학통에 깊이 연결되고 있으나, 그의 학설이 지닌 독자적 성격에 따라 그 자신이 한말 영남에서 성주지역을 중심으로 독립된 학통을 열었으며, 안동지역을 중심으로 한 定齋(柳致明)→西山(金興洛)의 학맥과 뚜렷한 구분을 짓게 되었다.[57]

이진상의 성리학적 입장은 한마디로 心卽理說을 표방한 철저한 主理論이라고 할 수 있다. 그는 23세 때의 「異端說」에서 이미 異端은 主氣說을 공통으로 하고 있음을 지적하고 서화담 이래로 기호학파가 주기설에 빠지고 있음을 경계하면서 자신의 주리론적 입장을 명확히 밝히고 있다. 그의 이러한 주장은 그의 제자였던 이승희, 장석영, 곽종석에 의해 계승되었다. 그러나 이러한 이진상의 학설은 안동지역을 중심으로 하는 정재 유치명, 서산 김흥락의 학문적 입장과는 견해를 달리하는 것이었다. 이로 인해 1897년 3월 『寒洲文集』1秩을 도산서원에 보냈던 것이 그 해 8월에 성주향교로 반송되어 오고, 이진상이 주자와 퇴계의 理發氣發說이 근본에서 두 갈래로 보는 것이라 비판하여 퇴계와는 상반된다고 배척하는 牌子까지 보내 왔다. 도산서원과 상주의 도남서원에서 이진상을 배척하는 통문이 나오고, 1902년에는 林海齡 등이 상주향교에서 『寒洲文集』을 불태우는 사건까지 일어나기에 이르렀다.58

이와 같이 독특한 학풍을 형성하고 있던 한주학파가 개항 이후의 현실인식과 대응에서 어떠한 자세를 보였는가 하는 문제는 주목을 요하는 대상이 되지 않을 수 없다. 먼저 당시 한주학파를 위시한 보수적 유생층은 개항 전후 시기부터 전개되어 온 제국주의 침략에 대해서는 철저하게 반대하였다. 이러한 반대의 논리적 근거는 물론 유교의 華夷論과 '闢異端 崇正學'의 입장이었다. 한주학파 역시 이와 같은 현실인식에 근거하고 있었다. 이진상은 일찍이 1867년 회연서원에

---

57 琴章泰·高光稙, 위의 책, 453쪽, 1984.
58 이 분쟁은 1916년 도산서원에서 三峯書堂으로 해명서한을 보내고 通文을 거두어 들일 때까지 20년간 계속되었다. 琴章泰, 『韓國近代의 儒教思想』, 서울대학교 출판부, 222쪽, 1990.

서 행해진 『大學』 講會에 참여하면서 당시 만연하고 있던 천주교를 '無君 無父'한 것으로 규정하여 『대학』 속에 담긴 斥邪의 근본을 강조하였으며,59 1882년 『조선책략』을 반대하는 영남만인소에도 그의 아우(이운상)와 제자들로 하여금 적극적으로 참여하도록 독려하기도 하였다.60 이승희 역시 이 때 「請斥洋邪疏」를 통해 『조선책략』을 전체적으로 비판하였다.61 당시의 유생층이 가장 격렬하게 반대하였던 점은 『조선책략』에서 천주교와 기독교를 주자와 육상산으로 비유한 것이었다.

한편 당시 활발하게 전개되고 있었던 농민층의 항쟁에 대한 지배층의 대응은 봉건국가를 상대로 한 상소를 통하여 주로 조세제도 개혁을 통한 농민층 안정이라는 점을 제시하였고, 직접적으로는 성주지방에서의 구체적인 활동을 통하여 향촌사회에서의 지배층의 지배권을 강화하기도 하였다. 당시 국가를 상대로 한 상소운동은 한편으로 제국주의 침략에 대한 내정 개혁의 방안으로 제시된 것이기도 하였다.

이승희는 병인양요 이듬해에 대원군에게 聖學, 戶籍, 田制, 選擧, 制兵 등 5조목의 개혁안을 건의하였다.62 이 가운데에는 특히 농민층의 몰락과 관련된 중요한 점들도 제기되었다. 토지 겸병과 이에 따르는 농민층의 몰락을 지적하고, 이를 해결하기 위한 양전을 실시하고, 또한 한전법으로의 개혁과 이에 기초한 조세제도의 개정을 주장하였다.63 이런 그의 주장은 그 뒤 1905년에도 제기되었다.64 '內修外攘'

---

59 『寒洲先生文集』 부록 권3, 「年譜」 二, 305~306쪽.
60 『寒洲先生文集』 부록 권2, 「年譜」 二, 380쪽.
61 『大溪先生文集』 권4 「請斥洋邪疏」 辛巳.
62 『大溪先生文集』 권5 「上興宣大院君」 丁卯.

의 입장에서 '私利를 버리고 民業을 안정시킬 것'을 들었던 것이다. 이것은 당시의 '弱肉强呑'하는 현실에서 각국이 모두 통상을 통해서 나라의 公利를 추구하고 있는데, 우리나라는 개인의 이익만 추구하고 있다는 인식에서 제기한 것이었다. 그는 이를 해결하기 위해서 기강의 확립, 무명잡세의 폐지, 전세의 1/10세, 상평창의 설치 등을 주장하였으며, 나아가서는 토지의 겸병이 심화된 문제를 해결하기 위해서는 빨리 양전을 실시하고, 田主는 지대를 3/10 이상이 되지 않도록 하여야 하며, 限民名田制는 井田制의 조짐이 되므로 이를 가능한 한 시행해야 한다고 주장하였다. 특히 이 限田法은 신분에 따르는 불균등한 토지분배론이었지만, 농민층의 안정을 토지개혁에서 구하고 있었던 점에서는 주목되는 것이라고 할 수 있다.[65]

곽종석 역시 민심수습에 의한 服民心을 강조하여 內修論을 주장하였다. 그는 崇正學, 結民心, 軍制, 節財用의 4조목을 제시하였으며, 結民心의 방법으로 사창제도의 실시, 屯田의 廣設, 무명잡세의 폐지, 양전의 실시와 田分·年分法의 수립, 1/10세의 실시 등을 주장하였다.[66]

한편, 同族 집단 내의 결속 강화와 가부장적인 봉건윤리를 확립하고, 당시의 농민항쟁을 방어하고 봉건적인 질서, 신분제적인 질서를 지켜 향촌사회 내에서 사족들의 지배권을 계속 유지하기 위한 방안

---

63 金度亨, 앞의 논문, 60쪽, 1991.
64 『大溪先生文集』 권5, 「陳時事疏」乙巳.
65 金度亨, 앞의 논문, 60쪽, 1991. 李潤甲은 이 시기 李承熙가 "사회모순을 사실적으로 인식하고 그 해결책을 유교경전의 재해석을 통해 모색하는 다분히 실학적 자세가 강했다"고 말하고 있다. 그는 이승희가 "같은 시기에 개진된 부친 寒洲의 개혁론을 따르지 않았으며, 寒洲의 개혁론이 철저히 지주계급의 이익을 옹호하고 있음에 비해 그의 개혁론은 민중 특히 소빈농집단의 요구를 강하게 반영하였다"고 평가하고 있다. 李潤甲, 앞의 논문, 647쪽의 註 57, 1988 참고.
66 『俛宇先生文集』 卷首 「應命進言箚子」(壹, 19~21쪽).

으로 흔히 향약, 계 등이 실시되었다. 1891년 이승희가 성산향약을 실시한 것은 그 예이다. 그러나 이러한 향약의 실시로 농민층의 불만을 해결할 수 없었다. 1894년 성주지방에서 농민전쟁이 일어났을 때 초전면의 송준필(1869~1943)은 농민군에게 붙잡혀 입당하도록 위협을 받았고, 이를 거부하여 욕을 당하기도 하였다.[67] 이승희는 농민전쟁이 일어나자 「通諭東學徒文」을 지어 東學이 正道에 어긋나고 西學을 배척하면서도 실제로 유사해지는 점을 지적하였으며, 거창으로 피난하였다.[68]

그러나 농민전쟁과 청일전쟁을 거치면서 보수적인 유생들 사이에서도 華夷觀을 중심으로 한 그들의 현실 문제에 대한 인식에서 일정한 변화가 나타나고 있었다. 특히 제국주의의 침략을 단순한 유교적인 차원에서 파악한 것이 아니라 국권의 문제로, 혹은 만국공법이라는 국제적인 관계의 문제로 파악하는 경향도 나타나게 되었다. 물론 이 당시의 유생들의 기본적인 대응책은 여전히 봉건 군주의 결단을 촉구하는 것이었다.

그런데 이 시기에 들어와 성주지방의 유생들은 여전히 유교적인 입장을 철저하게 견지하면서도 서양의 사상을 인식하는 데 있어서는 매우 융통성을 발휘하고 있었다. 이런 변화를 단적으로 보이고 있던 사람이 곽종석과 이승희였다. 이런 변화는 그들의 스승이었던 이진상의 영향으로 가능하였다. 이진상은 1880년 부산에 있던 일본관을 찾아가 이웃나라와의 상호교린은 신의를 앞세워야 한다고 충고하였으며, 화륜선을 타보고 탄식하는 시를 짓기도 하여[69] 서양을 가능한 한

---

67 琴章泰·高光稙, 앞의 책, 522쪽, 1984. 恭山 宋浚弼(星州 生)은 퇴계 이후 영남학파의 성리설을 수렴하여 종합하고 체계화했던 인물이다.
68 琴章泰, 「韓溪 李承熙의 生涯와 思想(I)」, 『大東文化硏究』 19, 11쪽, 1985.

객관적으로 인식하려고 노력하였던 것이다.

곽종석도 이런 영향 하에서 더욱 적극적으로 변화되었다. 주로는 1905년 이후 국권 상실이라는 현실에서 그러하였다. 그는 "서양의 종교는 不明하지만 오히려 愛民으로 정치를 하고, 敎民으로 일을 삼고, 富强으로 業을 삼기 때문에 無政, 無敎, 無文, 無武의 우리나라와 중국이 서양에게 유린되지 않을 수 없다"고 하여 서양의 정치에 보이던 '愛民'을 강조하였다. 이런 차원에서 그는 유교의 보존을 위해서도 서양의 학문, 특히 외교 및 기술문명과 관련된 부문 등은 교육해야 한다고 주장하였다. 다음의 글은 이러한 곽종석의 생각을 분명히 보여주고 있다.

> 오늘날 같은 현실의 시작은 우리들이 虛談만을 숭상하고 實物을 추구하지 않아 元氣가 虛乏하여지면서 밖의 사악한 것이 기회를 노린 것이다. 공자나 맹자로 하여금 오늘날에 있게 하더라도 반드시 隨遇變通하고 因物制宜하여 內修外攘의 道를 행하였을 것이다. 이에 우리들이 도모하고자 하는 것도 역시 憲政, 交際, 物理, 兵制 기타 農工技藝와 같은 종류는 마땅함과 재료에 따라 교육함으로써 다른 날에 스스로 떨치는 것을 기다려야 한다.[70]

이런 인식에서 곽종석 등은 제국주의 침략에 대한 대응으로 만국공법을 강조하고 서양의 여러 나라에 대한 외교적인 활동을 전개하게 되었다. 물론 그가 강조하던 公法은 서양에서 통용되던 블룬추리(步倫冠魁)의 『公法會通』을 유교적인 입장에서 수용한 것이었다.[71] 따라서 그는 의병전쟁과 같은 무력적인 항쟁에 대해서는 반대하였다.

---

69 『寒洲先生文集』 부록 권1, 「年譜」(二, 379쪽).
70 『俛宇先生文集』 권74, 「答河叔亨」乙巳(貳, 481쪽).
71 金度亨, 앞의 논문, 64쪽, 1991.

일찌기 1895년 안동지방에서 기의한 權世淵 부대의 亞將으로 추대되었으나 '不可輕起'의 입장에서 사양하였고, 이 부대의 패배 후에 다시 金道和가 재기병하였을 때에도 亞將으로 임명되었으나 역시 응하지 않았다. 1896년에도 이승희를 비롯한 여러 문인들이 거의하고자 하였을 때에도 '無可爲之勢'라는 이유로 반대하였다.72

곽종석은 오히려 1896년 이승희, 이두훈 등의 동문들과 각국의 공사관에 보낸 「布告天下文」에서 일본의 침략을 만국공법에 의거하여 규탄하기도 하였다.73 1905년을 전후하여 그의 이러한 대응책은 더욱 강조되었다. 그는 일본에 대해 원수를 갚는 방법은 교린을 통하는 것이 가장 효과적이라고 생각하였던 것이다. 의리에 밝고 辭辨을 잘 하는 사람을 골라 일본정부에 照會하여 大義를 깨우치고 대세를 확실하게 증명하면 병력을 사용하지 않고도 원수를 討復하는 뜻을 펼 수 있다는 것이었다.74 그는 또한 여기에서 한 단계 더 나아가 외세에 의존하는 방법을 다시는 하지 않도록 우리나라를 국외중립으로 해야 한다고 주장하였으며, 정부가 이를 실시하지 못하자 여러 유생들과 더불어 각국 공관에 담판을 시도하기도 하였다.75

이승희의 경우도 마찬가지였다. 물론 무력적인 거의를 생각하지 않은 것은 아니지만, 곽종석의 반대로 무산되고 난 뒤에는 그도 철저하게 외교적인 방안을 구상하였다. 그는 을미사변 후 일본공사관에 통문을 보내 민비를 살해한 죄를 천하의 공법에 비추어 일본을 토죄

---

72 「俛宇先生年譜」 권1(『俛宇集』 四, 625~627쪽).
73 「布告天下文」, 『독립운동사자료집』 1, 102쪽.
74 『俛宇先生文集』, 卷首 「沃川途中疏」(壹, 16~17쪽); 「密進箚子」(壹, 22쪽).
75 「俛宇先生年譜」 권1, 719쪽. 1919년 3·1운동 후 儒林에서 파리의 강화회의에 독립을 청원하는 서명을 주도하는 사람이 곽종석이었던 사실은 이런 대응책으로 볼 때 매우 당연한 결과라고도 할 수 있다.

할 것을 호소하는 글을 姜龜相, 尹冑夏, 張完相, 李斗勳 등과 연명하여 각국 공사관에 보냈으며, 1905년 을사늑약이 체결되자 장석영, 이두훈과 함께 오적을 토죄하고 조약을 파기해야 한다는 상소를 하면서 '천하의 사람들에게 大韓 사람이 을사조약을 반대하였다는 것과 일본이 강제로 조약을 맺은 죄를 알리자'고 하였다. 그는 헤이그에서 평화회의가 열린다는 소식을 듣고는 「與和蘭國牙萬國平和會中書」, 「以海牙辨誣事 通告萬國政府文」, 「與英國留學生書」를 통하여 일본의 침략을 국제사회에 알리려 하였다.76

그런데 이러한 이승희의 입장은 비단 이 시기에 와서 갑자기 형성된 것이 아니라 1880년대부터 그 맹아가 보이고 있었다. 그는 일찍이 서양기술 가운데 "설사 부득이하여 取用할 것이 있다면 서서히 便否를 살펴서 거취를 헤아려야 하고, 요적을 급히 좇아서는 안된다"77는 견해를 보이고 있었다. 또한 그는 1891년에 만든 星山鄕約 속에서 부모에 대한 효, 임금에 대한 충, 스승에 대한 존경, 형제간의 우애, 친족 간의 화목을 제시하는 한편으로, 특히 '能明經學', '能通術業', '能練技藝' 등도 포함시킴으로써78 경학과 동시에 기술학과 기예를 통달해야 한다는 점을 지적하기도 하였다.

그의 이러한 외교적인 방법과 만국공법의 강조는 당시 유생층의 서양사상에 대한 이해를 넓혀 주었고 그들의 변화를 가능하게 해주었다. 김창숙을 위시한 성주지방의 유생들이 이후 문화계몽운동의 지방지회에 적극적으로 참여할 수 있었던 기반은 바로 이러한 학통과

---

76 琴章泰, 앞의 논문, 13~15쪽, 1985. 그는 이러한 차원에서 '萬國大同議院'이라는 국제조직을 구상하기도 하였다.
77 『大溪先生文集』 권4 「請斥洋邪疏」.
78 『大溪先生文集』 권30 「星山鄕約」.

현실인식 태도의 영향에서 연유하는 것이었다.

이상과 같이 성주지방에서 전개되고 있었던 한주학파의 사상과 활동은 김창숙에게 깊은 영향을 주게 되었다. 즉 김창숙은 같은 성주지방의 한주학파, 특히 곽종석과 이승희와의 직접적인 만남을 통해 유교적인 입장을 명확히 견지하면서도, 그 속에서 서양문물과 만국공법을 수용하고, 외교적인 方略을 통해 국권을 회복시킬 수 있는 사상과 방도를 갖춰나갈 수 있었던 것이다. 그리고 1919년 파리장서 활동 때까지 그는 스승 이승희와 곽종석의 지도를 받으면서 그의 외교활동을 지속시키게 되는 것이다.

그러나 이러한 한주학파와의 만남이 그의 사상체계 형성에 영향을 준 전부는 아니었으며, 김창숙 자신이 한주학파의 사상을 모두 그대로 수용한 것도 아니었다. 그는 먼저 한주학파 사상의 중요한 특징이라고 볼 수 있는 心卽理 이론을 성리학의 난해한 체계 속에서 밀도 있게 수용하지는 않았다.[79] 또한 한주학파가 제시하고 있는 토지문제와 조세제도 등에 대한 제반의 강구책에 깊은 관심을 드러내는 경우도 별로 없었다.[80] 김창숙은 그의 스승들이 재지사족의 입장에서 당시 제도의 제반 모순점을 신분제적인 제약 안에서 유교 경전의 재해

---

79 김창숙 자신이 "經典에 대한 공부와 性理說에 관심이 없었기 때문에 결국 李承熙 門下에 들어가지 못했다"고 표현한 부분은 이러한 사정을 단적으로 말해준다(『國譯 心山遺稿』, 681쪽). 김창숙은 이후 유학을 언급하는 가운데 心을 강조하기는 하지만, 李震相으로부터 이어지는 心卽理 이론에 입각해 자기 이론을 전개하지는 않는다. 김창숙의 心에 대한 意識은 한주학파의 영향이라기보다는 오히려 南冥學派와 연계되는 家學의 전통 속에서 나온 것으로 여겨진다.
80 김창숙의 스승인 이승희와 곽종석의 경우, 앞에서 서술한 것처럼 당시 토지제도나 조세제도의 모순에 대해 여러가지 해결책을 제시하고 있었다. 이에 반해 김창숙의 경우는 이러한 것이 거의 눈에 띄지 않는다. 이 점은 김창숙의 사상을 논할 때 매우 주목되는 점이라고 하지 않을 수 없다.

석을 통해 해결하려고 시도하고 있었던 데 반해, 그의 부친의 영향 속에서 신분적인 제약을 훨씬 벗어나 좀더 자유로운 입장에서 자기 나름의 현실 인식을 바탕으로 해결책을 모색해 간 것으로 보인다. 김창숙의 사상의 형성 과정을 살핌에 있어 한주학파의 영향과 더불어 그의 가학적인 전통과 부친의 영향을 중시할 필요성이 보다 절실해지는 이유는 여기에 있다.

3. 가학과 독학

위에서 살펴 본 것처럼 김창숙의 유교적인 입장의 견지, 서양문물과 만국공법의 수용, 그리고 국권회복운동에 있어 외교적인 방략의 모색이 한주학파의 영향에 의한 것이라면, 그가 강직한 지조와 성품으로 '時義'와 大義名分의 원칙에 의해 일생을 행동주의로 일관한 것, 그리고 신분제적인 제약을 탈피하여 현실인식을 심화시켜 간 것, 성리학의 이론에 깊이 얽매이지 않고 실질을 중시하는 실학적 학풍을 지녔던 것은 그의 가학적 전통과 부친의 영향, 그리고 망국 후의 독학과 자기 침잠 및 사색에서 연유했다고 할 수 있다.

김창숙은 "어릴 적부터 성질이 거세어 결코 남에게 지려 들지 않았기 때문에 동무들이 모두 꺼려하고 피했다"[81]고 한다. 그의 이러한 강직한 품성과 '구속받기 싫어하는 기질'[82]은 13대조 동강 김우옹 및 그의 스승인 남명 조식의 그것과 흡사하며, 그의 일생을 통하여 바뀌지 않고 지속되게 된다.

---

81 『國譯 心山遺稿』, 680쪽.
82 『國譯 心山遺稿』, 681쪽. 그의 '구속받기 싫어하는 기질'은 독립운동과 해방 후 정치 활동 과정에서 정당 가입을 기피하는 이유의 하나가 되기도 한다.

김창숙은 학맥으로 볼 때 한주학파를 계승했지만, 한편으로 남명 조식의 학통도 이어받았다. 그의 13대조인 동강 김우옹(1540~1603)은 바로 조식의 高弟子이자 外孫婿이며, 김창숙 자신도 남명을 높여 '山海夫子'라고 하였다. 뿐만 아니라 김창숙 자신이 남명학파 계통의 학자들과도 교분이 적지 않았으며, 특히 그가 '義'를 소중히 여긴 것은 남명 학통의 영향으로 볼 수 있다.[83]

남명 조식(1501~1572)은 주지하듯이 퇴계 이황(1501~1571)과 함께 영남학파의 2대 산맥을 형성한 학자였다. 그의 사상과 학문을 계승한 문도들은 임진왜란 중에는 창의 토적의 대열에 서서 국난 극복의 일익을 담당하였고, 남북 분당에서 인조반정까지는 大北을 주도하는 하나의 정치세력으로 존재하였다. 조식은 이황과 대조적으로 '程朱後 學者不必著述'이라는 태도를 견지하여 讀書箚記인 『學記類編』과 약간의 詩文을 남겼을 뿐이다.[84]

그는 대쪽같은 성품으로 壁立直行하는 처신을 한 데다가 '不輕許人'·'不妄交'하여 교우관계가 넓지 못하였다. 그는 敬義와 反躬實踐을 爲學之道로 삼았다. 따라서 그는 知行과 言行이 일치하지 않는 학자들을 '盜名·欺世'하는 자라 하여 매도하였다. 그는 일생을 초야에서 보냈지만 결코 현실을 망각한 은둔자는 아니었다. 그는 수 차의 상소에서 척족정치의 폐단을 시정하고 世道를 만회해야 한다고 시종 솔직하고 과격한 언사로써 直諫하였다. 그의 이러한 '尙義·主氣'的인 기상과 학풍은 곧 그의 문도들에게 전승되어 퇴계학파와는 대조적인

---

83 『心山遺稿』, 88, 128, 172쪽; 權仁浩, 「東岡 金宇顒의 學問과 思想 研究-生涯와 經世思想을 중심으로」, 南冥學研究院, 『南冥學研究論叢』, 제2집, 433쪽, 1992 참조
84 李樹健, 「南冥 曺植과 南冥學派」, 영남대 민족문화연구소, 『民族文化論叢』, 제2·3집, 187쪽, 1982.

남명학파의 기풍을 형성했던 것이다.[85]

그는 '敬'을 爲學의 '成始成終'이라 하면서, 학자가 진실로 이 主敬工夫를 견지하겠다는 마음을 수렴하여 끝내 잃지 않는다면 群邪가 自息하고 萬理가 自通할 것이라고 말하였다. 그런데 조식은 성리학에 침잠하면서도 '程朱後 學者不必著書'라는 입장을 견지하였다. 그는 〈答金宇顒書〉에서 "송학이 발전하기 전까지는 聖學에 대한 주해와 저술이 필요했지만 정주 이후부터는 그것을 강론하는 절차와 방법이 日星처럼 소상하니 초학자도 開卷만 하면 그 의미를 洞見할 수 있다. 이는 마치 孟子 당시에 孟子를 제치고 다른 스승을 찾을 필요가 없듯이 程朱 후에 학자들이 다시 중언부언할 이유가 없다. 단지 후대의 학자들이 程朱의 학문체계를 성의껏 탐구하지 않는 데 문제가 있을 뿐"[86]이라고 하였다.

또한 조식은 당시 사림 사회에서 학자들의 '盜名' '欺世'하는 행위를 가장 못마땅하게 여겼다. 학문은 모름지기 反躬實踐에 그 궁극적 가치를 두어야 하는데 당시 선비들은 너무 관념적인 유희에 흐를 뿐만 아니라 出世와 利祿을 목적으로 세상을 속이고 자기를 내세우려는 賣名 행위를 자행하고 있다는 것이다. 그는 학문자세로서 '敬義'를 전제한 反躬實踐에 궁극적 목표를 두었고, 日用動作에서 시작하여 사서·근사록·성리대전 및 심경을 기본교재로 사용하였다. 그는 교육의 실제에 있어서도 성명·천리와 같은 '상학'보다는 일상동작과 같은 '하학'적인 면에 치중하였다. 그는 사람의 품성과 소질에 따라 교육하되 스스로 체득하여 실천하도록 유도하였다. 그는 당시 사림들이 현실을 떠난 지나친 관념론과 고원한 차원에서 고담준론하여 欺世盜

---

[85] 李樹健, 위의 논문, 188쪽, 1982.
[86] 『南冥集』 권2, 「答金宇顒書」. 李樹健, 위의 논문, 203, 1982에서 재인용.

名하는 언동을 가장 싫어하였다.87

 이와 같은 기질, 사상과 경세관을 가진 조식으로부터 학문을 전수 받은 김우옹은 그의 스승의 사상적인 영향을 받지 않을 수 없었다.88 동강은 남명의 영향을 받아 역시 '敬義'를 중시하고 敬義를 心을 바르게 하는 요체로 파악하였다. 또한 남명의 '敬義' 중시는 바로 實踐躬行에 나타나는 것이기 때문에 동강은 사변적인 천리와 인성에 대한 구구한 논의보다는 敬義思想을 바탕으로 바로 유학 본래의 '수기치인' 문제로 들어갔다. 김우옹은 실천행위의 주체인 인간의 心을 敬義로 가다듬고 이것을 토대로 군왕의 구체적인 정치행위를 논의하였던 것이다.89

 金宇顒은 또한 남명과 마찬가지로 "학문의 도는 고원한 것을 담론하는 데와 문자의 사이나 기억하고 암송하는 데에 있지 않다. 오직 爲己之學에 힘쓰고 가까운 데서 착공할 따름이니, 그 일의 지극히 가까운 것을 말하는, 즉 일용지사의 것이어야 한다"는 경세사상을 표명

---

87 曺植의 학풍은 정통성리학을 고수한 이황과는 다른 점이 많았다. 그의 爲學 자세와 講學 修練에 있어 『參同契』를 喜讀하였고, 講論보다는 體驗과 心得을 중시하며 靜坐黙想하는 태도는 당세인의 지적처럼 老莊, 禪學과 陽明學의 특징을 다분히 갖고 있었다. 李樹健, 위의 논문, 204~205쪽, 1982 참조.
88 東岡은 南冥의 高弟인 德溪 吳健(1521~1574)이 星州 교수로 부임하자 그 문하에서 가르침을 받았으며, 이 때 후일 남명의 제자가 된 寒岡 鄭逑(1593~1620)와 같이 배웠다. 또한 동강은 남명의 외손녀와 결혼하여 남명의 제자 곽재우와는 동서 사이가 된다. 동강은 남명의 학문이 완숙기에 처하여 山川齋에서 강학을 시작한 61세 이후 약 9년간 남명 문하에 수시로 출입하며 학문을 배웠다. 한상규, 「동강 김우옹」, 『한국인물유학사2』, 한길사, 826~828쪽, 1996 참조.
89 東岡은 "敬 한 자는 一心의 主宰이며 萬事의 根底이니 모름지기 이로써 體를 세우고 事物에 接하여 이로써 활용하여 쓰지 않는 것이 없다. 이것은 무릇 학자는 물론이요 君王에게는 더욱 중요한 것이니, 후세의 君主들이 無道한 것은 오직 이 敬에 어둡기 때문이다"라고 강조하였다. 權仁浩, 앞의 논문, 463~464, 465쪽, 1992 참조.

하고 있다. 그리고 "대저 帝王之學은 구구한 문자의 이치나 모으는 것이 아니라 반드시 수신의 실체와 실용을 베푸는 것에 있다"고 하여 당시 이기심성에 매달린 학풍이나 문장이나 읊조리는 자들을 唾罵하고 유학의 근본사상에 접근하였다.90

또 한 가지 김창숙의 생애에 미친 영향으로서 김우옹에게서 주목되는 것은 그의 學制論이다. 김우옹은 그의 나이 44세 때 성균관 대사성(정 3품)에 임명되어 네 번이나 사직 상소를 올린 끝에 불허되자, 이에 취임하여 學制 7조를 제정하였다. 그는 「成均館學制七條啓」에서 "국가의 治亂은 人材로 말미암는데 인재의 성쇠는 학교에 달려 있다. 학교라는 것은 선비들이 모이는 바 교화가 이로 말미암는 것이다"라고 하고, 이어서 "선비가 義를 알고 行을 숭상하면 風化된 행동과 풍속이 아름다울 것이며, 어진 인재가 많이 모여들면 정치는 이루는 바가 있을 것이다"고 하여 교육의 중요성을 강조하였다. 그리고 "지금의 학교가 붕당에 이용되고 학생들이 태만하여 출석점수만 챙기고 강습에는 뜻이 없고, 교수(祭酒)가 명륜당에 올라와서 강의를 개설해도 망연히 바람소리 듣는 것처럼 하고 厭避하는 자가 많다"고 하여 그 폐해를 지적하고 구체적인 학제를 말하고 있다. 그것은 學令, 讀法, 置經行, 擇師儒, 選生徒, 貢士, 取士에 관한 것이었다.91 김창숙이 해방 후에 성균관대학을 새롭게 건립하여 유교이념에 입각한 교육을 추구하는 것은 이와 전혀 무관하지만은 않을 것이다.

이렇게 김창숙의 13대조인 김우옹으로부터 내려오는 성주지방의 학문적 전통 속에서92 직접 직계 조상의 학문적 분위기를 접하는 한

---

90 權仁浩, 위의 논문, 476~477쪽, 1992 참조.
91 權仁浩, 위의 논문, 498쪽, 1992 참조. 성균관 학제의 내용은 한상규, 앞의 논문, 842~848쪽, 1996이 참조가 된다.

편, 그 자신이 남명을 '山海夫子'로 부르고 남명학파의 학자들과도 교분이 적지 않았던 사실을 볼 때, 김창숙의 사상 형성에 끼친 남명학파 및 김우옹의 영향은 결코 적다고 볼 수 없을 것이다. 김창숙은 이러한 남명학파와 김우옹의 사상적 영향 하에서 사변적인 천리와 인성에 대한 구구한 논의보다는 敬義思想을 바탕으로 바로 유학 본래의 '수기치인' 문제로 들어가 형이상학보다는 형이하학의 '일용지사'를 중시하였다.

이러한 김창숙의 사상은, 비록 해방 후 노년에 이루어진 것이지만 다음과 같은 그 자신의 말 속에서 명확히 파악할 수 있다. 아래의 글은 그가 해방 후 유도회 총본부 위원장으로 추대되고 나서 할 말이다. 조금 길지만 그의 사상을 알 수 있는 얼마 안 되는 글이기에 전문을 인용한다.

<u>吾道가 時中의 道임은 贅言할 여지도 없는 것이다. 시간과 공간을 따라 핵심의 소재가 이동되고 있는 것이다.</u> 堯時의 決瀆은 殷周의 사업이 되지 못하고 宋人의 章甫는 越人의 禮服이 되지 못함은 前輩들이 備言한 바이다. 만약 殷周의 시대에 決瀆을 말하면 殷周人의 大笑를 면치 못할 것이요, 越人에게 章甫를 强着케 하면 越人은 大怒할 것이다. 非先王之法服이면 不敢言이라 하니 우리의 '한글'은 五帝의 法言이 아니다. 漢人은 孔子를 '쿵즈'라 하나 우리는 '공자'라 한다. <u>貴한 것은 孔子의 姓名보담은 孔子의 心法이다. 이것이 즉 인류를 지배할 원동력인 時中의 大道이다.</u> 잡으면 있고 놓으면 없어지며 行하면 興하고 反하면 亡하는 것이다. 我國의 儒學史를 고찰하면 기원은 距今 약 천육백년 전이다. 制度 儀式은 宋學이 발흥된 麗末 이후이다. 그 시대의 我國 정세는 小乘佛敎의 폐습을 교정코저 하는 관계상 形式主義도 불가피하였으며 자체가 유치

---

92 앞에서 지적하였듯이 조선 후기 성주지방의 사족들이 사표로 삼은 인물은 寒岡 鄭逑와 東岡 金宇顒이었다. 또한 김창숙은 망국 이후 집안에 보관되어 있던 천여 권의 家藏書를 얼마간 이용하고 있다.

하였음으로 事大主義도 부득이하였던 것이다. 임란과 병란과 같은 國辱을 당하여도 하등의 각성이 없었고 시대에 낙후된 虛殼만을 고수하다가 미래에는 庚戌之變과 같은 大痛恨事를 誘致하였음은 우리 儒者가 그 죄과를 逃免치 못할 것이다. 그러나 道의 죄가 아니고 人의 죄이다. 瞽萬이 白晝大途에서 행로를 迷失하여 顚之倒之하는 것은 태양이 밝지 못한 까닭이 아님과 같다.

그러면 우리로 하여금 이상과 같은 罪過에 陷入케 한 것은 무엇이었던가.
(1) 大道의 實質을 파악치 못하고 虛文의 형식에만 拘泥하였던 것이며
(2) 事大思想은 의뢰심을 增長하여 自立의 精神이 消沈하였으며
(3) 文弱에 젖은 惰性은 비록 다소간 進就心이 있을 지라도 實行할 용기가 결핍하였으며
(4) 瞽俗에 固滯하여 大局을 窺察치 못하고 맹목적 自尊心이 강함으로 원만히 團結치 못하였다.

이상의 四項은 실로 吾道의 大蟊賊이었던 것을 명기하여 둔다.
목하 세계의 思潮는 인류 흥망의 기로에서 奔盪하고 있으며 우리는 그 첨단에 서있다. 一步를 差錯하면 不測한 深淵과 巨壑에 추락되어 再起치 못할 것이다. 그럼으로 우리는 明目張膽 백%의 精力을 鼓動하여 無用한 形式을 정리하고 事大思想을 청산하고 용기를 분발하고 團合을 견고케 하여 時中의 소재를 정확히 파악하여 재기를 도모치 않으면 안될 것이다(밑줄 필자).[93]

위의 글에서 김창숙은 먼저 시간과 공간에 따라서 핵심의 소재가 이동하고 있는 時中의 개념에 입각하여 그 時中의 大道를 파악할 것을 제기하고, 경술년 국망의 원인을 儒者의 잘못에서 찾고 있다. 그러나 그는 국망의 원인이 儒敎 자체에 있는 것이 아니라 유교의 실질을 파악하지 못하고 虛學에 빠졌던 儒者에게 있다고 하여 그 원인을 유교의 形式主義化에 돌리고 있다. 이에서 김창숙이 유교의 근본대의에

---

93 心山記念事業準備委員會編, 앞의 책, 287~288쪽, 1965.

대해서는 추호도 의심하지 않으면서 인류 발전의 원동력으로 파악하는 모습을 볼 수 있으며, 남명학파와 김우옹이 말하는 허학에 비판의 화살을 돌리고 있는 것을 볼 수 있다. 즉 말년의 이 글을 통하여 우리는 김창숙의 유교에 대한 근본입장과 인식을 살펴 볼 수 있는 것이다.

이와 같이 남명학파와 김우옹의 영향으로 성리학 이론에 깊이 얽매이지 않고 실질을 중시하는 실학적 학풍을 지니게 되는 김창숙의 사상에 있어 또 하나 중요한 영향 미치게 되는 것은 부친 김호림의 의식과 사상이다. 김창숙에게 끼친 김호림의 영향은 위의 한주학파와 남명학파 및 김우옹의 영향과 더불어 매우 중요한 의미를 가진다고 할 수 있다. 이러한 점은 김창숙이 부친의 계급과 문벌 타파에 대한 선견지명을 깨닫고 "마음 속으로 내가 아버님을 배우지 않고 누구를 배우겠는가 하고 소리쳤다"는 그 자신의 말 속에 단적으로 나타나 있다.

김창숙에 대해 부친 김호림이 준 사상적인 영향은 크게 두 가지로 나누어 볼 수 있다. 그것은 첫째 계급과 문벌 타파에 대한 사상이며, 둘째는 실질을 중시하는 실학적인 기풍이다.

김호림(1842~1896)은 김우옹가라는 명문사족의 후손 집안에 양자로 들어왔으나, 19세기에 들어 와 이미 경제적으로는 상당히 영락한 집안 형편[94] 속에서 당시 성주의 일반적 명문사족의 입장보다 더욱 진보적인 사상을 갖게 된다. 그는 기품은 맑았으나 체질이 약하여 나이 20세가 되도록 읽은 책이라고는 小微史 2책과 小學書 3편뿐이었다고 한다. 김창숙이 쓴 「先君子下岡府君遺事」에 의하면, 그는 그 이후에도 주로 "『小學』과 『論語』와 같은 책을 가지고 익히 읽고 깊이 생각하여 반드시 일상 언어와 행동 사이에 체험을 하고 공부에 힘썼

---

94 金護林 집안은 "집이 가난해서 혹 조석끼니를 못잇는 일이 있었"다고 한다. 『國譯心山遺稿』, 672쪽.

다"95고 한다.

이로 볼 때 당시 명문사족의 후손으로서 김호림은 많은 책을 통하여 이론 정립에 힘쓰기보다는 일상생활에 유용한 핵심되는 경서를 중심으로 실생활을 영위하였음을 추측할 수 있다. 김호림의 이와 같은 유학에 대한 태도는 그의 관심이 당시 급격히 변동하고 있던 성주지방의 사회·정치적인 면에 있었기 때문이었다.

그는 당시 진행되고 있던 성주지방의 농민운동에 대해 깊은 관심을 보이고 일정하게 동조하고 있었던 것으로 보인다. 그것은 1894년 성주지방에서 갑오농민전쟁이 일어났을 때 농민군이 "서로 일러 말하기를 여기는 김하강의 마을이다. 조심하여 범하지 말라"고 하였던 데에서 알 수 있다. 즉 그는 당시 진행되고 있었던 농민운동에 동조하고 있었고, 스스로 신분제를 부정하는 등 진보적인 입장을 가지고 있었던 것이다.96 그의 이러한 계급과 문벌 타파에 대한 생각은 곧바로 아들 김창숙에 대한 교육으로 이어진다. 1894년 당시 김호림은 김창숙 등 학동들을 불러 세우고 "너희들은 한갓 글을 읽는다는 것을 빙자하여 다만 부모 밑에서 입고 먹는 것이 편안하고 즐거운 줄만 알 뿐이다. 그러니 시대와 세상이 어떻게 변천되고 있고 농사하는 어려움이 어떤 것인지를 어떻게 알 수 있겠느냐. 방금 온 나라가 멸망의 위기에 처해 있어 편안히 높은 집에 살며 하인들을 호령하여 앉아서 입고 먹기를 꾀할 때가 아니다. 너희들은 오늘 농사꾼들의 뒤를 따라 한번 농가의 고생하는 맛이 어떤 것인가를 맛보라"고 하고, 또 "오늘

---

95 『國譯 心山遺稿』, 672쪽. 김호림은 젊었을 때 성격이 豪邁하여 한 때 입신양명의 뜻을 두었던 적도 있었다고 한다. 같은 책, 676쪽.
96 이러한 김호림의 사상은 김창숙의 스승 이승희가 농민군을 피해 居昌으로 피난한 것과 좋은 대조를 이룬다.

은 너희들도 다 같은 농부이다. 응당 나이의 노소만을 따질 것이지 누가 귀하고 천한가를 물을 것이 없다"고 하여 농민들의 실생활에 대한 이해와 신분의 귀천에 대한 생각을 교육하였다.

그리고 이어서 "지금 세상이 크게 변해가는 즈음인데, 너희들이 周易을 읽고도 변혁의 이치를 몰라서야 되겠느냐. 너희들은 다른 날에 마땅히 노부의 말을 생각해서 처세 입명하는 방도를 강구해야 할 것이다"[97]라고 하여 세상의 변화에 대한 이해를 촉구하였다. 물론 이 때에는 김창숙이 아직 나이가 어렸기 때문에 이해하지 못했으나, 후에 실제로 문벌이 타파되고 노비를 해방하는 정책이 실시되자 김창숙은 비로소 "내가 아버님을 배우지 않고 누구를 배우겠는가" 하고 김호림의 선견지명을 깨닫게 된다. 김창숙이 김호림으로부터 영향을 받아 문벌과 계급 타파에 대한 사상을 견지하게 된 것은 1908년 그가 대한협회 성주지부를 설치하고 "우리들이 이 會를 설치한 것은 장차 조국을 구원하려는 것이다. 조국을 구원하고자 한다면 옛 인습을 개혁하는 것부터 시작함이 마땅하다. 옛 인습을 개혁하고자 한다면 계급을 타파하는 것부터 시작함이 마땅"[98]하다고 한 그의 말에서 여실히 확인된다.

이와 같이 신분과 계급 타파에 대한 신념을 가지고 있었던 김호림은 1895년의 을미사변과 단발령에 저항하여 "이놈들을 없애지 못하면 우리들이 반드시 식민지의 노예가 될 것이다"하고 의병을 일으킬 것을 꾀하기도 하였다.

또한 김호림은 1868~1871년 사이에 양가의 부모를 모두 잃고 상

---

[97] 『國譯 心山遺稿』, 「先君子下岡府君遺事」, 681~682쪽; 心山思想研究會編, 『金昌淑文存』 성균관대학교 대동문화연구원, 170~171쪽, 1994.
[98] 『國譯 心山遺稿』, 684~685쪽.

을 마치자 서울로 '文憲公 性齋 許先生'을 찾아갔다.99 이 허선생은 許傳을 말하는 것으로, 許傳은 退溪 淵源이 近畿지방에서 실학파의 학풍을 일으켰던 星湖 李瀷→順菴 安鼎福→下廬 黃德吉로 이어진 성호학파의 학통을 계승한 인물이다.100 그가 어떻게 해서 性齋 許傳을 알고 있었고 상을 마치자마자 왜 맨처음 서울로 그를 찾아갔는지는 확실하지 않다. 다만 적어도 그가 이전부터 許傳을 알고 있었고, 그의 사상과 현실인식의 일정 부분이 이러한 실학파의 전통에서 연유했을 가능성은 충분히 짐작해 볼 수 있다.

어쨌든 김창숙은 이러한 부친의 사상과 현실인식 태도로부터 신분과 계급 타파, 그리고 허학이 아닌 실질을 중시하는 실학적 태도, 시대와 현실에 대한 변혁적 태도를 형성할 수 있었다. 이러한 과정에서 김창숙은 1900년(22세) 경에 당시 '세속학자들이 한갓 성리의 오묘한 뜻만 高談할 뿐, 구국의 시급한 일을 강구하지 않음을 병폐로 생각하고 탄식하여', "성인의 글을 읽고도 세상을 구제하던 성인의 뜻에 깨우침이 없으면 이것은 거짓 선비이다. 지금 나랏일을 의논하는 데에는 반드시 이런 류의 거짓 선비를 없앤 다음이라야 비로소 나라를 다스리고 천하를 평화롭게 하는 방법을 논하는 데에 참여할 수 있다"라고 말하여 주위를 떠들썩하게 만들기도 하였다.101

그러나 김창숙이 자신의 일생을 통하여 관철해 나가는 확고부동한 사상을 마련하는 데에는 한 차례의 고비가 있었다. 亡國이 그것이다. 김창숙은 1905년에 스승 이승희를 따라 을사오적을 목벨 것을 상소하는 것을 시작으로 이후 대한협회 성주지회를 설치하고 사립 성명

---

99 『國譯 心山遺稿』, 673쪽.
100 琴章泰·高光稙, 앞의 책, 526쪽, 1984.
101 『國譯 心山遺稿』, 683쪽.

학교를 설립하는 한편, 1909년 일진회의 매국행위를 성토하기도 하는 등 국권회복운동을 전개하였다. 그러나 망국의 비운은 그에게 한없는 절망감을 안겨다 주었고 그는 자포자기의 심정으로 술로 세월을 지샜다. 약 3년간의 방황을 거쳐 모친의 따뜻한 훈도로 마음을 잡은 김창숙은 예전부터 있었던 집안의 장서를 이용하여 자기 성찰과 사색, 침잠의 기회를 갖는다.

그는 이 때 "먼저 경서를 가져다가 그 깊은 뜻을 탐구하여 귀착되는 취지를 알고 다음 百家의 글에서 그 다스려짐과 어지럽게 됨을 상고해서 바름과 간사함을 분별하였다. 의심됨이 있으면 눈을 감고 깊이 생각하였고 깨달음이 있으면 燭을 밝히고 바삐 읽었다"고 한다. 이리하여 그는 4~5년 동안 '세상일을 묻지 않고' 독서와 사색으로 침잠하였는데, 이 때 비로소 "인욕을 막아서 천리를 보존함이 학문하는 진수이며, 사물을 연구해서 지식을 명확하게 하며, 뜻을 정성되게 하고 마음을 바르게 하며, 몸을 닦고 집안을 엄숙하게 하며, 나라를 다스리고 천하를 평화롭게 하는 방도도 모두 여기에서 벗어나서 딴 데에 구할 수 없음을 믿게 되었다".102 김창숙의 학문의 得力은 바로 이 과정을 통해 이루어진 것이다.103

그런데 김창숙이 3·1운동을 계기로 이후 독립운동에 적극 가담하고 있는 것을 볼 때, 그는 이와 같은 독서와 자기 사색에 깊이 들어가 있으면서도 이전부터 자신이 영향을 받았던 한주학파와 남명학파, 그리고 부친의 사상을 토대로 구국의 방략 또한 생각하고 있었을 것이다. 다만 그는 당시 이웃 안동의 이상룡이나 유인식과 같이 서양사상

---

102 『國譯 心山遺稿』, 697쪽.
103 김창숙이 經書를 통해 전통적인 유학정신을 배우고 그것을 구현해나가는 내용에 대해서는 이호형, 앞의 논문, 50~53쪽, 1986이 참조된다.

을 접할 수 있는 기회가 거의 없었고 계속 지방에서 생활했기 때문에 급격하게 자신의 사상을 변화시킬 수 있는 계기는 상대적으로 적었다고 할 수 있다. 그가 이후 독립운동이나 해방 이후의 정치활동 과정에서 정당이나 단체에 몸을 담지 않고 개인적인 활동에 치중하게 되는 것은 이미 이 때에 그 원형이 형성되었다고 할 수 있다.

제2장 국권회복운동과 파리장서 활동

    1905년 을사늑약으로 인해 나라가 사실상 식민지로 전락하자 민족적인 문제가 전면에 부각되면서 국권회복운동이 전개되었다. 이 시기에는 농민층을 중심으로 한 의병전쟁이 전개되었고, 다른 한편으로는 개화파의 입장을 계승한 문화계몽운동이 전개되었다. 이 때 유생층들은 우선 의병항쟁에 참여하기도 하였고, 혹은 종래와 같은 상소운동을 행하기도 하였다. 그러나 성주지방의 유생층들은 이와는 구별되는 활동을 전개하였다.
    김창숙은 1905년을 전후한 시기부터 본격적으로 국권회복운동에 참가하면서 그가 학통 및 가학의 전통 속에서 배운 바를 실천에 옮기고자 하였으며, 의병전쟁을 주도한 유생층과는 다른 국권 회복 방략을 모색, 실천하는 방향으로 나아갔다. 그리고 일제의 완전식민지로 전락된 1910년 이후에는 자신의 실천을 비판적으로 계승하지 못하고 한 때 좌절하기도 하였다. 그러나 그는 곧 자신의 경험을 새롭게 정리하는 가운데, 1919년의 3·1운동을 계기로 파리장서 활동을 통하여 외교적인 방략에 입각한 유림의 구국운동을 실천하였다. 이에 본 장에서는 김창숙이 국외로 망명하기까지 김창숙의 초기 활동을 국권회복운동과 파리장서 활동을 통해 살피고자 한다.

1. 대한협회 성주지부 결성

1905년 을사늑약으로 인한 식민지화, 특히 1910년의 일제의 강점은 당시 유생층이 민족문제를 국권 침탈 문제로 인식할 수 있는 직접적인 계기가 되었다. 특히 유교적인 화이론과 신분제를 부정하고 제국주의 침략으로 인한 민족과 국가의 멸망을 강조하는 인식에 서있는 유생층의 경우는 이에 대해 매우 민감하게 반응할 수밖에 없었다. 김창숙은 앞장에서 살펴 본 바와 같이 곽종석과 이승희에게서 배웠고, 또한 부친 김호림의 영향으로 이러한 인식을 갖게 되었다.

당시 김창숙은 스승 곽종석과 이승희의 인식과 실천 방략에 따라 그들과 호흡을 같이 하면서 일제의 국권 침탈에 대응해 갔다. 곽종석과 이승희는 의병전쟁에 대해 '勢不足'이라는 이유로 부정적 인식을 가지고 있었다. 그들이 국권 상실이라는 현실에서 취할 수 있었던 것은 결국 봉건적인 국왕의 결단이 전제되고, 세계 열강에 일본의 침략상을 고발하는 외교적인 방법일 수밖에 없었다. 이것은 화이관의 변화와 관련된 만국공법의 강조라는 인식과 부합되는 것이었다.[1]

곽종석은 1896년 이승희, 윤주훈, 이두훈 등의 동문들과 각국의 공사관에 보낸「布告天下文」에서 일본의 침략을 만국공법에 의하여 규탄하였는데,[2] 1905년을 전후하여 그의 이러한 대응책은 더욱 강조되

---

[1] 金度亨,「한국근대 재야지배세력의 민족문제 인식과 대응」,『역사와 현실』창간호, 77~78쪽, 1989 참조.

었다. 이승희 역시 1905년 을사늑약이 체결되자 장석영·이두훈·김창숙과 함께 五賊을 討罪하고 조약을 파기해야 한다는 상소를 하면서, "천하의 사람들에게 大韓 사람이 을사조약을 반대하였다는 것과 일본이 강제로 조약을 맺은 죄를 알리자"고 하였다. 그는 또 헤이그에서 평화회의가 열린다는 소식을 듣고는 일본의 침략을 국제사회에 알리기도 하였다.3 또한 일본에 대해서는 「投日本司令部文」을 지어 "지금 우리 한국의 신자는 모두 마땅히 일본을 원수로 삼게 되었다"고 하면서 일본의 침략적 죄상을 질책하였다.4

이와 같이 국권 침탈이라는 과제가 최우선으로 강조되면서, 또한 화이관의 부분적 변화를 통해서 그들은 국권회복을 위한 새로운 방안을 모색하게 되었으며, 외교론의 강조라는 측면에서 쉽게 종래까지 적대시하였던 개화파의 문명개화운동에 참여하게 되었다. 개화파는 이 때 계몽운동을 전개하면서 교육과 식산흥업을 통한 실력양성을 주장하였는데, 그전과는 달리 지방에서의 지지층을 확보하려고 노력하였다. 이에 보수적인 유생층도 '국권 회복'이라는 측면에서 이 운동에 동참하게 되었던 것이다. 그리고 이러한 경향은 대개 도시지역보다는 농촌지역이, 또 종래의 유생층의 지지기반이 확고한 지역이 그러하였다. 이의 대표적인 지역이 경상도의 성주와 안동지방이었다.5

김창숙은 이와 같은 상황 속에서 먼저 스승 이승희를 따라 1905년에 을사오적의 처단과 조약의 폐기를 주장하는 「請誅賊臣罷勒約疏」

---

2 「布告天下文」, 『독립운동사자료집』 1, 102쪽.
3 琴章泰, 「韓溪 李承熙의 生涯와 思想(I)」, 『大東文化研究』 19, 13~15쪽, 1985.
4 琴章泰, 위의 논문, 13쪽, 1985.
5 김도형, 「한말·일제초기의 변혁운동과 성주지방 지배층의 동향」, 『한국학논집』 18(계명대 한국학연구소), 66~67쪽, 1991 ; 金度亨(1989), 앞의 논문, 82쪽 참조

를 상소하였으나, 회답을 듣지 못하고 고향으로 돌아오고 말았다.6

이후 국운이 더욱 기울어가자 김창숙은 1908년 12월 8일 李德厚, 朴儀東, 金元熙, 李晉錫, 都甲模, 李恒柱, 崔羽東, 裵相洛 등과 함께 성주군 鄕射堂에서 대한협회 성주지부를 조직하였다. 이 때 회장에 박의동, 부회장에 이덕후, 총무에 도갑모가 선임되었고, 김창숙은 평의원에 추천되었다.7

김창숙은 이후 총무로 선임되어 성주지부를 실질적으로 주도해 나갔다. 그는 당시를 탄식하면서 "나라가 곧 망하겠다. 지금 문을 닫고 글만 읽을 때가 아니다"고 하고, "우리들이 이 會를 설치한 것은 장차 조국을 구원하려는 것이다. 조국을 구원하고자 한다면 옛 인습을 개혁하는 것부터 시작함이 마땅하다. 옛 인습을 개혁하고자 한다면 계급을 타파하는 것부터 시작함이 마땅하며, 계급을 타파하고자 한다면 우리 會로부터 시작함이 마땅하다"라고 천명하였다.8 김창숙은 여기에서 국가를 구하기 위한 실천방안으로 구습의 개혁과 계급의 타파를 우선적으로 실천할 것을 주창하고 있다. 이것은 그의 혁신적 사고의 일면을 단적으로 보여주는 좋은 예라고 할 수 있다. 요컨대 이와 같은 계몽운동은 유생의 자신에 대한 자기 모순의 극복으로 가능한 것이었다.

---

6 『國譯 心山遺稿』, 684쪽. 이후 1908년 그의 스승 李承熙는 동래에서 선편으로 노령 블라디보스톡으로 망명하였다. 이 때 金昌淑은 모친의 병환으로 함께 떠나지 못하였다(李承熙, 「韓溪先生年譜」, 앞의 책, 549쪽). 망명 후 이승희의 활동에 대해서는 유준기, 「韓溪 李承熙의 民族意識과 獨立運動」, 『윤병석교수화갑기념 한국근대사논총』, 1990 ; 『한국근대유교개혁운동사』(도서출판 삼문) 1994 ; 금장태, 『韓國近代의 儒敎思想』(서울대출판부) 제6장, 1990이 참조된다.

7 『大韓協會會報』 제9호, 69쪽.

8 『國譯 心山遺稿』, 684쪽;『心山遺稿』, 302쪽. "日吾等之設此會 將以救宗國也 欲救宗國 當自革舊習始 欲革舊習 當自破階級始 欲破階級 當自吾會始."

그렇지만 또한 이 활동이 개화파의 계몽운동의 이념과 완전히 일치하는 것도 아니었다. 당시 서울의 대한협회가 사실상 정치적인 문제를 포기하고 있었던 데 반해, 지방의 성주지부나 안동지부의 경우는 명확히 대한협회의 친일적인 경향을 비판하고 적극적으로 국권회복운동에 참가하였다. 김창숙이 1909년 일진회가 한일합방론을 주창하였을 때 '일진회성토건의서'를 작성하여 서명작업을 전개한 것이나, 안동지부의 李相龍이 정당으로서 政務의 연습, 학교 등에서의 군사교육의 실시, 외교관계의 廣備 등을 지부의 의무조항으로 하고 있었던 것은 이것의 단적인 예이다.9 한편 봉건적인 신분제의 부정과 국권회복운동 과정을 거치면서 이후 김창숙은 수구파 유생들과 의견을 달리하고 대립하게 되었다.

1909년 일진회의 송병준, 이용구 등이 伊藤博文의 사주를 받아 韓日合邦論을 주창하였다. 이에 최정규, 이원달 등의 앞잡이들은 신문 등에 이를 선전하고, 일제는 "이것은 조선 인민의 소원이다"라고 선전을 하였다. 김창숙은 "이런 역적을 치지 않는 사람은 또한 역적이다"10라는 격문을 발표하고「一進會聲討建議書」를 초안하여 서명 작업을 전개하였다. 김창숙은 향교에서 모임에 참석한 70여명에게 "국가의 위급함을 판단하는 일은 비록 벼슬 없는 선비라도 말할 의리가 있는데, 이것은 주자의 가르침이다. 우리들이 의리상 일진회 역적들과는 한 하늘 밑에 있을 수 없으니, 이것을 성토하지 않으면 나라에 사람이 있다고 이를 수 있겠는가. 우리들은 백면서생으로서 손에 한 치되는 병기도 없으니 비록 놈들의 살을 씹고 가죽을 깔고 싶어도 실상 행할 수 없는 형편이다. 하물며 근래 조정에서는 유생들이 상소해

---

9 『石洲遺稿』 권2, 「與大韓協會本會」; 「書大韓協會會館」.
10 『心山遺稿』, 302쪽. "日不討此逆者 亦逆也."

서 국사를 말하는 것을 허가하지 않는다. 지금 역적을 성토하는 방도는 오직 중추원에 건의하는 한가지 길 뿐인데 여러분의 의도는 과연 어떠한가?"라고 하였다. 이에 대해 회중이 찬성하자 김창숙은 이미 마련해 두었던 건의서 초안을 제시했다.

그런데 그 내용이 너무 과격하다 하여 서명하기를 꺼리고 김원희, 이진석, 최우동 세 사람만이 서명했다. 김창숙은 세 사람의 손을 잡고 탄식하면서 "일흔 명이 넘는 사람 중에 오직 그대들 세 사람만이 함께 일하기를 허락하니, 화복에 임해서 능히 흔들리지 않는 일이 과연 이와 같이 어려운가. 이 일은 내가 먼저 앞장 선 것인 만큼 만약 큰 화가 있더라도 내가 반드시 감당할 터이니 그대들은 마음 놓음이 마땅하다"[11]고 하였다. 이러한 사실이 알려지자 일본 헌병 성주분견소에서는 김창숙을 구속하여 건의서를 취소하도록 위협하였다. 결국 이 사건으로 인하여 김창숙은 성주분견소에서 8개월의 구금 생활을 하였다.

이때의 김창숙의 의식은 이미 수구적인 충군의식에서 많이 벗어나 있었다. 구속 당시 일본헌병 성주분견소장과의 일문일답은 김창숙의 의식을 잘 나타내주고 있다.

"황제폐하가 만약 합방을 허가한다면 당신은 어떻게 처신할 것인가?"라는 물음에 그는, "우리 황제께서 나라를 팔아넘기는 역신의 말로 인해 허가하지는 않을 것이다. 설령 허가하더라도 이는 어지러운 명령이니 결코 따르지 않겠다" 하였다. 이어 "황명은 따르지 않으면 이것이 역이다"고 하자, "사직은 중하고 임금은 가벼운데, 亂命에 따르지 않음이 忠이다"라고 하였다.[12]

---

11 『國譯 心山遺稿』, 686~687쪽.
12 『國譯 心山遺稿』, 688~689쪽 ; 『心山遺稿』, 304쪽. "翁曰社稷爲重 君爲輕 不從亂命

위의 문답은 그의 사상이 이미 국가와 정부를 구별하고 국가를 수호하기 위해서는 현실적인 통치기관인 정부에 대해서 거역할 수 있다는 이론을 갖추고 있음을 알 수 있다.13

2. 사립 성명학교 설립

1907년 徐相敦, 金光濟 등이 大邱 廣文社를 중심으로 국채보상운동을 발기하여 각지에 공함을 발송하자, 이 운동은 전국적인 규모로 확대되기 시작했다. 이 운동은 을사늑약을 전후해서 일본이 한국 정부에 강제로 떠맡긴 국채 1,300만 원을 보상하자는 것으로, 국권을 수호하고 일제의 경제적 침략을 저지하기 위한 애국적인 민족경제 수호 운동의 성격을 띤 것이었다. 당시 서울에서도 대한매일신보를 비롯한 언론기관들이 이에 호응함으로써 사회 각계 각층으로부터 큰 반응을 불러 일으켰다. 뜻있는 남성들은 단연·단주를 결행하는가 하면 여성들도 脫環會, 減饌會를 조직하여 성금을 모아 국권회복운동에 앞장섰다. 일제 통감부는 이 운동을 배일운동으로 단정하고, 국채보상기성회의 양기탁을 보상금 횡령이란 누명을 씌워 구속하고 말았다. 결국 무죄로 석방은 되었지만, 국채보상운동은 더 진전하지 못하고 좌절되고 말았다.14

이 때 성주지방의 유생들도 국채보상운동에 적극 참여하였다. 곽종석은 자기의 田園을 팔아서 그 돈을 서울로 보냈고,15 이승희도 이

是乃所以爲忠也."

13 張乙炳,「心山의 民主主義理念」심산사상연구회, 앞의 책, 118쪽.
14 愼鏞廈,『韓國民族獨立運動史』乙酉文化社, 154~157쪽, 1985.
15 金度亨,「韓末啓蒙運動의 地方支會」『손보기선생 정년기념 한국사학논총』, 800~801쪽, 1988.

운동에 호응하여 성주지방에 통문을 내었으며 경남지방의 호소 통문을 짓고 회의조직을 규정하는 일에 참여하였다. 또한 그는 「通諭國債義務會人民文」을 지어 전국에 호소하였고, 경남지방 국채보상회의 회장으로 추대되었다. 그 자신 회갑연을 사양하고, 그 비용을 출연하였으며 집안의 부녀자들을 모아 은반지를 출연하게 하고, '銀指環說'을 지어 그 뜻을 드러내기도 하였다.16

이 무렵 김창숙은 금연을 통해 모은 돈으로 국채를 상환하자는 「斷煙同盟會」를 결성하였다. 1910년 전국단연동맹회가 단연금 처리를 놓고 서울에서 모임을 개최하자, 김창숙은 성주대표로 이 회의에 참석했는데, 일진회 대표인 김상범이 전국에서 모금한 돈을 중앙에 모아 각 정당의 감독을 거쳐서 처리하는 방안을 제시했다. 김창숙은 이에 반대하면서, "이 금액을 모두 중앙에다 모아서 정당의 관리를 거친다는 것이 위험한데 하물며 일진회 매국역당에게 맡길 것이랴. 능히 국채를 상환하지 못할 바에는 교육기관에 투자해서 인재를 양성함만 같지 못하다. 내가 시골에 돌아가면 본군에서 모금해 둔 전액을 사립학교 기금에다 충당하겠다"17고 하고 곧 낙향하여 김원희, 도갑모 등과 학교의 설립을 추진하였다. 그러나 모금액이 학교건물을 신축하기에는 부족하여, 기존의 시설로서 그의 선조인 동강 김우옹을 배향하고 있던 청천서원에 사립 성명학교를 설립하였다.

이에, "김창숙이 나고 청천이 망하고 말았다"며 신교육을 반대하는 완고한 유림들은 김창숙을 비난했으나 그는, "누가 무어라고 욕해도 좋다. 내가 어찌 내 선조를 잊으며 유림을 저버릴 수 있겠는가?

---

16 琴章泰, 앞의 책, 225쪽, 1990.
17 『國譯 心山遺稿』, 691쪽; 『心山遺稿』, 305쪽. "與其不能償國債 不如投之於敎育機關 養成人材也 吾於歸鄕之後 當以本郡募置之全額 充於私立學校之基金也."

그러니 한때 유림의 뜻을 거슬리더라도 사방에서 배움에 목말라 모 여드는 젊은이들을 거절치는 못하겠다. 그리하여 신진을 새로 양성함 으로써 앞날의 훌륭한 통유를 길러 내게 되면 언젠가는 나의 뜻을 알 게 될 것이다."라고 자위하고 그의 의도가 진정으로 이해되기를 바랐 다.[18]

그러나 1910년 8월 일제에게 국권이 완전히 강탈당하게 됨에 따라 개교를 앞두고 김창숙은 성명학교의 운영기금 장부인 단연금원장을 일제에 탈취당했다. 그는 강하게 반발하였으나 국채를 갚기 위해 모 금한 것이니 국고에 돌림이 마땅하다는 일본경찰의 말에 더 이상 성 명학교에 관여하지 않았다.[19]

1910년 나라가 망하자 김창숙은 깊은 좌절에 쌓여 술과 방랑의 황 폐한 삶으로 나라 잃은 울분을 대신하였다. 3년여의 방황 끝에 1913 년 김창숙은 모친의 훈도[20]로 마음을 잡고 학문에 정진한다. 평생의 그의 학문은 바로 이때에 쌓인 것이다. 김창숙이 학문에 정진하기를 4~5년, 국망 후 독립운동의 전환점이 된 3·1운동을 맞게 된다.

3. 파리장서 활동

1919년 3·1운동 이후 전개된 파리장서 운동은 영남 유림의 지도

---

18 『國譯 心山遺稿』, 691쪽; 『心山遺稿』 306쪽. 金昌淑出而晴川亡矣 盖晴川 卽先祖東岡 先生俎豆之祠院 而鄕道儒林所同依歸之所也 翁之設此校 不先告于鄕道儒林者 寔以告之 則必不成故也 其見斥於儒林 良有以也 翁曰是無傷也 吾豈忘吾祖而負儒林者哉 與其順 一時儒林之意 而絶四方來學之士 無寧養成新進之英材 庶有待於異時之通儒也.
19 『國譯 心山遺稿』, 694쪽.
20 『國譯 心山遺稿』, 696쪽. "네가 아직 젊다. 능히 학문을 쌓고 천천히 광복을 도모 하면서 시기를 보아 움직이면 이것이 네가 실행할 사업이다."

자인 곽종석과 호서지방의 유림 지도자인 김복한 등 137인의 유림 대표가 연서하여, 파리강화회의에 독립을 청원하는 유림의 열망을 세계에 알린 운동이었다. 흔히 '제1차 유림단 의거'로 불리우는 파리장서 운동은 주도인물들이 구한말 이래의 유림 세력이었으며, 당시 그들이 척사적 입장을 표방하고 있었기 때문에 3·1운동 전후의 배경 속에서 파악되어야 한다. 구한말 국권 피탈 과정에서 순절과 의병부대 기병 등을 통해 근왕사상의 수호자를 자처하였던 유림세력은 국권 피탈 이후 그 기반과 세력이 급속하게 동요·약화되었다. 척사위정과 충군애국의 大義를 절규하는 '격렬파'는 존재 기반을 확보하기 어려웠고, 은둔이나 불굴의 행동양식을 통해 '聖人의 道'를 고수하려는 '온건파'가 유림의 주류를 형성하고 있었다. 그리고 이들의 충군애국사상이 3·1운동의 발발을 계기로 행동화한 것이 '파리장서 운동'이었다고 평가할 수 있을 것이다.[21]

여기에서는 3·1운동을 주도한 33인과 유림과의 관계를 통해 '파리장서'의 작성 과정을 살펴보고, 아울러 그 시대적 배경을 이해하고자 한다.

종래의 연구에서는 33인 측이 유림 측에 독립선언서의 서명을 위해 사전에 통지했지만 유림 측이 이를 거부했거나 미온적으로 받아들였다는 설이 정설로 되어 있다.[22] 그러나 유림 측은 33인 측으로부터 사전에 연락을 받은 사실이 없으며, 연락을 받았다 하더라도 '왕조 복고'에 대한 언급이 없는 33인의 독립선언서에 유림 측이 동의하

---

21 許善道, 「3·1운동과 유교계」, 『3·1운동 50주년기념논문집』 동아일보사, 284쪽, 1969.
22 國史編纂委員會, 『韓國獨立運動史』 제2권, 152, 169쪽, 1966 ; 趙芝薰, 『韓國 民族運動史』 高麗大學校 民族文化硏究所, 647쪽, 1964.

제2장 국권회복운동과 파리장서 활동 79

지 않았을 것이라는 주장이 제기된 바 있다.23 이러한 주장들은 당시의 관련 자료 등이 충분히 밝혀지지 않았기 때문에 논란의 여지가 있다. 아울러 당시 유교계의 조직 체계 등이 미비했음을 미루어 볼 때, 찬부의 결정 여부와 사전 통지 및 전달 방법 등에 일관성이 없다는 점도 문제로 지적되고 있다.24

33인 측이 유림 측에 사전 통보했다는 근거로 1946년 2월에 발간된 김상덕의 『朝鮮獨立運動史』의 기록에서는, 당시 유림 대표로 김창숙이 연서하려 했으나 3월 1일까지 상경하지 못해 누락되었다고 하였다. 유림 대표로 곽종석의 문인인 김창숙을 선정하고 그에게 사전 통보하였다는 것이다.25 여기에 대해서는 김창숙도 「벽옹 73년 회상기」에서, 자신은 서울의 동지 成泰英으로부터 미리 서신연락을 받았으나 자친의 병세가 위급하여 겨우 2월 25일에야 상경함으로써 독립선언서에 연서할 시기를 놓치고 말았다는 것이다.26

---

23 許善道, 앞의 논문, 285쪽, 1969; 南富熙, 「유교계의 파리장서사건과 3·1운동」 『한국의 철학』 12, 경북대학교 퇴계연구소, 114쪽, 1984.
24 사전교섭설의 근거의 하나로서, 1946년 3월, 金法麟이 1919년 2월 28일 밤중에 한용운으로부터 직접 들었다는 이야기가 있다. 김법린은 "儒敎側의 대표를 전간재 선생으로 할까 곽종석선생으로 할까가 문제이었으나, 나는 곽선생을 미타 하였다. 선생은 대관의 경력을 가졌으니 우리들 가운데에서 이채적 존재로 여기던 까닭이다. 곽선생을 거창 댁으로 방문하니 선생은 비록 고령이시면서도 쾌락하셨으나, 家事에 관한 것을 장자(潭)와 협의한 후 최후결정을 회답하겠다고 하므로, 기다렸으나 소식이 없어 귀경하였는데, 그 후 곽선생으로부터 허락의 回報가 있었으나 인쇄물이 완료되었으므로 서명하지 못하였다"고 들었다 하였다. 이를 근거로 이후 사전연락이 있었던 것으로 이해되어 왔다. 金法麟, 「3·1運動과 佛敎」, 『新天地』 제1권 2호, 75~76쪽, 1946.
25 33인측과 유림세력과의 사전접촉을 뒷받침하는 연구성과로 愼鏞廈는 崔麟이 金允植·尹用求와 접촉한 사실, 한용운이 곽종석으로 대표되는 지방유림과 접촉한 사실을 근거로 주장하였다. 愼鏞廈, 「3·1독립운동 발발의 경위」, 『한국근대사론Ⅱ』 지식산업사, 79~81쪽, 1977.

그러나 곽종석 측의 기록에서는 한용운 혹은 33인의 누구와도 접촉하였다는 내용을 찾아 볼 수 없다. 당시 곽종석은 2월 19일에서야 서울에서 온 윤충하의 방문을 받았을 뿐이다. 윤충하는 곽종석의 제자로서 그러한 사명을 띠고 있지 않았다. 그리고 곽종석을 직접 보좌하였고 이 일로 후일 서울을 왕래하였으며, 파리장서의 초고까지 작성하였던 김황은 "한용운의 방문은 기억나지 않을 뿐더러, 곽종석의 승려와의 접촉은 상상키 어렵다"고 하였다. 또 김창숙이 일찍이 김황에게 "기미독립선언서의 모의에 있어 그 운동자들이 유림과 상의하려고 사람을 자신에게 보내어 곽종석의 연서를 청해 왔으나, 모친의 병환으로 인해 郭鍾錫에게 출발하지 못하였고, 기일이 촉박하여 이루어질 수 없었다"[27]는 뜻을 밝힌 바 있었으나, 김황은 이 역시 믿기 어렵다고 하였다. 김창숙이 전하는 말이 사실일 지라도, 도중에 지체되어 곽종석에게까지 전달되지 못하였음이 확실하다 하겠다.

김창숙도 3·1독립선언문에 유림이 빠져 있음을 통탄하다가, 김정호에게 이르기를 "지금 유교인으로서 서울에 모인 사람이 거의 수 십만명이니 내가 자네와 함께 그들을 단결하도록 바삐 도모하는 것이 옳을 것이다. 진실로 단결만 한다면 유교를 어찌 진작시키지 못하겠는가. 지금 손병희 등이 이미 선언문을 발표해서 국민을 고취했으나 다만 국제에 운동하는 기관이 있다는 것은 듣지 못했다. 손병희 등과 더불어 서로 호응하여 파리평화회의에 대표를 파견함으로써, 열국 대표에게 소청하여 공의를 크게 떨쳐서 우리의 독립을 인정토록 한다면, 우리들 유림도 광복운동의 선구가 됨에 부끄러움이 없을 것이다"[28]라고 말하고 있다.

---

26 『國譯 心山遺稿』, 697~698쪽.
27 許善道, 앞의 논문, 286쪽.

이를 통해서도 모순점이 드러나는데, 그가 33인의 독립선언서를 읽고 통탄했다는 것은 33인의 거사 사실을 긍정적으로 받아들였음을 뜻하지만, 이는 그가 사전에 이러한 중대사를 모르고 있었음을 반증한다. 그는 또 33인측의 해외세력과의 연결 시도조차 모르고 있었다. 때문에 "33인은 국내 운동만 전개하고 있다"면서, 유림이 국제 운동에 앞장설 것을 제의하고 있다.

이는 33인 측과 유림이 아무런 사전교섭을 갖지 않았음을 의미한다. 김창숙이 받았다는 서신의 '독립선언서에 연서하라'는 내용도 유림과의 직접적인 연계라기보다는 간접적이거나 애매한 상태에서 이루어진 결과일 것이다. 유림 대표로 김창숙이 부상하였다는 것도 이해하기 힘든 사실일 뿐만 아니라, 설사 그가 지목됐다 하더라도 그것은 곽종석과의 중간 역할에 불과하였을 것으로 생각된다.29

2월 19일 곽종석에게 처음으로 고종 사망 및 파리강화회의를 둘러싼 서울의 일련의 움직임을 전하고, 곽종석에게 항일독립운동의 지도적 역할을 청한 인물은 윤충하였다. 그는 곽종석의 문도였다.

그 주된 요지는, "파리강화회의를 앞두고 前日의 賣國賊臣들이, 우리 민족은 일본에의 倂屬을 자원하며 현재의 사태에 만족하여 독립을 원하지 않는다는 거짓 민의를 조작하고 있는데, 그 중에는 儒林을 대표한 金允植도 들어 있으니, 다른 방면은 고사하고라도 적어도 儒林의 의사를 이와 같이 거짓으로 왜곡할 수는 없다. 그러므로 서울에서 儒林들이 모여 따로 강화회의에 書를 보내어 우리의 진정한 뜻을 전하고자 하니 선생께서, 그 대표를 맡아 달라"는 것이었다.

---

28 『國譯 心山遺稿』, 698쪽.
29 國史編纂委員會, 앞의 책, 1016~1017, 1052~1053쪽. 33인은 3월 1일 독립선언서와 탄원서를 미국 대통령과 파리강화회의에 발송했다.

이는 파리장서의 기폭제가 된 소위 '독립불원서 사건'을 가리키는데, "3·1운동 직전 일제가 파리강화회의에 있을 독립청원에 대비하여 사건을 조작하였고, 특히 김윤식이 유림 대표로서 한국의 독립을 원하지 않는다는 서명을 하였다"[30]는 소문이 전국에 유포되면서 유림에 큰 충격을 주었다. 김윤식 자신도 이 소문에 충격을 받아 일본 정부에 '독립청원서'[31]를 제출하기에 이르렀다.

이상의 사실로 보아, 33인 측이나 한용운이 기미독립선언을 위해 유림 측에 통고했다는 견해는 설득력이 떨어진다고 하겠다. 김창숙과 유림이 33인의 독립선언서를 긍정적으로 수용하였고, 이에 대한 동참 차원에서 '파리장서 운동'을 구체화하였음을 보더라도, 사전에 33인과 연락 내지 교섭이 있었다면 독립선언에 참여하지 않을 이유가 없었다고 하겠다. 이러한 추정은 장서의 준비 과정에서 유림측이 손병희 등에게 제휴를 제의한 사실에서도 뒷받침된다.

이처럼 '파리장서 운동'은 3·1운동과 독립불원서 사건을 계기로 촉발되었다. 특히 독립불원서에 유림 대표가 들어있음을 좌시할 수 없다는 데서 시작되었다.

1) 작성 과정

1919년 2월 김창숙은 서울에 있는 碧棲 成泰英으로부터 급히 상경하라는 연락을 받았다. 3월 2일 고종 장례식을 계기로 국내 인사들이 모종의 거사를 준비 중이라는 것이다. 그러나 김창숙은 모친의 병환

---

30 金允植의 날인설은 이미 광무황제 독살설과 함께 국민대회의 이름으로 포고되는 격문으로 구체화되면서 전국에 유포된다. 대한민국 국회도서관편, 『韓國民族運動史料』, 3·1運動篇III, 20쪽, 1979; 김정명 편, 『朝鮮獨立運動』 I(東京: 原書房), 305~308쪽, 1967.

31 金允植, 「對日本長書」 『續陰晴史』 下 참조.

으로 2월 말에 이르러서야 겨우 상경할 수 있었고, 이때는 독립선언서의 인쇄가 완료되어 참여 기회를 놓치고 말았다.

김창숙은 1919년 3월 1일 발표된 독립선언서를 읽고, "우리 한국은 유교의 나라이다. 유교가 먼저 망하자 나라도 따라 망한 것이다. 지금 광복운동을 인도하는 데에 오직 세 교파가 주장하고 유교는 한 사람도 참여하지 않았다. 세상에 유교를 꾸짖는 자는 '쓸 데 없는 유사, 썩은 유사는 더불어 일하기에 부족하다' 할 것이다. 우리가 이런 나쁜 명목을 덮어 썼으니, 무엇이 이보다 더 부끄럽겠는가"[32]하고 통곡하였다.

김창숙은 이미 33인 등이 독립선언문을 발표하여 민심을 고동시켜 국내적으로 민족독립운동의 큰 전기를 마련하였으니, 국제사회에 한민족의 독립을 호소하고 독립의 국제적 환경을 동시에 조성하는 데에 유교계가 단결하여 선두에 서기를 주장하였다. 그리고 구체적인 방안으로서 1919년 5월 파리에서 개최되는 강화회의에 대표 파견을 제안하였다. 그는 국제적 활동이 실패하더라도, 한민족의 민족독립에 대한 염원을 세계에 알릴 수 있는 계기가 되는 것이며, 일제에게 발각되는 경우에는 깊은 안일에 빠져 있는 유림을 각성시킬 수 있다고 보았다. 이러한 의도에서 구체적인 논의와 운영계획을 세워 실천에 옮긴 것이 '파리장서'[33]였다.

김창숙은 "이 일은 반드시 대중의 인망이 있는 유림 종장이 나서서 주장해야 전국을 움직일 수 있다. 거창으로 급히 사람을 보내 곽종석의 지휘를 받아 실행해야 한다. 이 일은 극비에 부쳐서 평소에 친밀

---

32 心山記念事業準備委員會, 앞의 책, 65쪽.
33 心山記念事業準備委員會, 위의 책, 67~69쪽. 원래 명칭은 '儒敎徒程巴黎和會書'이다. 한국 독립을 청원한 긴 편지라는 뜻으로 해방 후에 '巴里長書'라고 부르고 있다.

〈표 1〉 파리장서운동 자금모금을
주도한 인물과 지역

담당자	지역
尹中洙	함경남도·함경북도
兪鎭泰	평안남도·평안북도
成泰英	경기도·황해도
李中業	강원도·충청북도
金丁鎬	충청남도·충청북도
柳濬根	전라남도·전라북도
金昌淑	경상남도·경상북도

하게 사귀던 사람과 시작해야 한다. 우리들은 영남 사람이니 영남에서 시작함이 마땅하거니와, 성망과 풍력이 있어 일을 함께 할 만한 사람으로서 李中業과 柳萬植 같은 인물이 지금 서울에 있다. 먼저 이중업과 유만식 두 사람에게 의논한 다음, 전국 유림에 연락함이 어떤가"34 하여, 고종의 장례식 참여를 위해 상경 중인 유림을 결집시키기 위해 우선 이중업과 유만식에게 동참을 권유하였다.

이중업은 쾌히 승락하였으나, 유만식은 복제에 대한 상소 준비를 이유로 거절하였다.35 이에 거사를 극비에 부칠 것을 당부하고, 곽종석이 보낸 김황과 곽윤에게 전말을 얘기하고, 이를 통해 곽종석에게 청원서 준비를 청하였다. 그리고 김창숙은 이중업·김정호·유준근·유진태 등을 각 지방 책임자로 정하고, 서명과 자금 모금 활동을 주도케 하였다.36

활동지역 중 충청북도가 겹치는 것은 활동 도중에 김정호가 사망했기 때문으로 추정된다. 이러한 지역 분담에도 불구하고, 보수유림의 학통과 지연의 차이로 인해 쉽게 단합을 이룰 수는 없었다. 운동의 구심점으로 곽종석과 전우를 추대하여, 영남과 호남 유림의 결속을 기도하였으나, 전우의 반대로 영호남 유림의 연대가 불가능해졌

---

34 『國譯 心山遺稿』, 699쪽.
35 『國譯 心山遺稿』, 699쪽.
36 『國譯 心山遺稿』, 700쪽.

다. 이에 더불어 경기·충청·함경·평안·황해 각도 유림과의 교섭을 맡았던 인사들이 유림 세력의 규합이 지난한 일임을 전해왔다. 이에 김창숙은 자기의 영향력이 미칠 수 있는 영남에서 곽종석을 중심으로 서명운동과 자금 모집을 전개하며, 영남유림을 결속해갔다.37

김창숙은 낙향하여 모친에게 이별을 고하고, 곽종석을 방문하였다. 곽종석은 "내가 망국대부가 되어 항상 죽을 땅을 얻지 못함을 슬퍼하였더니, 이제 군이 내 죽을 땅을 만들어 주니 참으로 고맙기 그지 없네. 내가 지금 조모입지 할 병든 몸으로 군들의 뒤를 따라 독립운동에 호흡을 같이 하고 대의에 죽는 것이 다시 없는 영광일세" 하며 거사 일정과 실행에 관한 방안을 물었다.

김창숙으로부터 파리장서의 문안 작성을 요청받은 곽종석은 장석영에게 문안의 초안을 작성토록 하였으며, 이후 곽종석과 김창숙은 장석영의 문안을 수정하여 외교문서로서 뜻을 명확하게 다듬었다. 곽종석은 김창숙에게 파리강화회의에 대표로 떠날 것을 당부하며, 중국 왕래 경험이 있는 이현덕을 동행시키고 북경과 상해를 경유하여 파리에 들어갈 것을 조언하였다. 이는 김창숙으로 하여금 이승만·이상룡·안창호 등과 의논토록 하기 위함이었다. 또한 당시 중국 국민당 중의원인 李文治를 소개하며, 김창숙이 중국에서 활동할 경우, 그의 도움을 받도록 하였다.38

유림의 단합된 명의로 국제무대에 나서려 했던 김창숙은 일반 보수적 유생들의 지역·학통·색론·사고의 차이 때문에, 영남인사 백수십 명만의 서명을 받아 상경하였다. 이 때 劉鎭泰와 李得年이 기호

---

37 李佑成,「心山의 民族獨立運動」心山思想硏究會編,『심산 김창숙의 사상과 행동』, 69쪽.
38 『國譯 心山遺稿』, 704쪽.

유림의 영수 金福漢이 충청도 유림 17인을 규합하여 파리강화회의에 보낼 문서 전달을 위해 林敬鎬의 파리 파견을 통보해왔다. 김창숙은 임경호와 회동하여 그의 동의 아래, 곽종석이 작성한 문안의 채택과 김창숙 자신의 파리행에 합의하였다.39 이리하여 영남과 충청 유림의 연합으로 파리장서가 만들어지게 되었다.

김창숙은 1919년 3월 22일 극비리에 출국하여 봉천·천진을 거쳐, 3월 27일 상해에 도착하였다. 상해에서 김창숙은 이동녕·이시영·조성환·이동휘 등과 상봉하여, 이미 1주일 전 김규식이 민족대표 자격으로 파리로 출발한 사실을 알게 되었다. 그 사이 경북으로부터 김응섭이 國權回復團의 대표 자격으로 동일한 내용의 장서를 갖고 상해에 도착하였다.40

파리행이 제대로 진척되지 않자 김창숙은 신채호·이동녕 등과 의논하였는데, 이동녕은 김창숙의 파리행을 만류하며, 첫째, 서양말을 모르는 김창숙이 서양으로 여행한다는 것은 지극히 곤란한 일이고, 통역을 대동하자면 김창숙이 소지한 여비가 두 사람의 파리 왕복에 부족하다. 둘째, 김규식이 파리에서 대표부를 개설하게 되어 있으니, 파리장서의 영문 내용을 보내 김규식으로 하여금 평화회의에 제출케 하면 한국 유림의 의사를 천명함에 부족함이 없다. 셋째, 우리 독립운동의 근거지는 중국이고 중국인과의 교제가 매우 중요한데 유학이나 한문학의 교양이 두터운 사람이 아니고는 중국인들을 움직이기 어려운 실정이니, 중국에서 조완구·신채호와 함께 대 중국 외교를 연구하고 중국에서의 동지들의 활동을 뒷받침해주는 것이 대단히 유익하다41는 견해를 개진하였다.

---

39 許善道, 앞의 논문, 295~297쪽.
40 慶北警察局, 『高等警察要史』, 184쪽.

김창숙도 이 의견에 동의하여, 파리행을 중지하고 장서를 김규식에게 우송하여 강화회의에 제출하도록 하는 한편, 중국에서 한학자로서의 장점을 살려 활동키로 하였다.

이리하여 장서 원문은 급히 윤현진으로 하여금 영역케 하고, 아울러 국·한문으로도 번역하여 한문본 및 영문본을 각 3,000부 정도 인쇄한 다음, 파리강화회의 회장과 각국 대표는 물론 중국을 비롯한 여러 외국의 중요 기구나 및 언론계 그리고 국내의 향교에 우송하였다.

2) 내용 분석

파리장서는 곽종석과 김복한을 중심으로 영남과 충청 유림이 연합하여, 총 137인의 연서로서 1919년 파리강화회의에 독립을 청원한 문서였다. 원래의 이름은 「儒教徒呈巴黎和會書」[42]로 명명되었다. 파리장서의 원문은 다음과 같다.

> 韓國儒林代表郭鍾錫金福漢等一百三十七人。 謹奉書於巴黎平和會議諸位閣下。天覆地載。萬物併育於其間。大明之照。大化之行。其道可知己。自夫爭奪之釁起。而强弱之勢。分。兼幷之權。用。而大小之形。懸。以至毒人命而恣其威。竊人國而私其有。嗚呼。天下一何多此也。此天之降大仁武於今日。奉若天地之心。照大明而行大化。一天下而歸之大同。俾萬物各遂其性者也。於是同仁一視。四海咸安。而如或有聞風而不獲實德。紆冤而不徹公聽者。豈諸大位之用心。獨於此爾殊哉。抑別有以也。則其所以瀝血陣腔仰首鳴號者。實出於至痛迫切不容自己之意。惟諸大位。試察之。嗚呼 我韓固天下萬邦之一也。域三千里。人二千萬。維持保全四千有餘年。不失爲半島文明之稱。亦萬邦之所不能廢也。不幸爾來。昊天不弔。國威不振。

---

41 金錫營,『李東寧一代記』太乙文化社, 226~227쪽, 1979.

42 朴殷植,『韓國獨立運動之血史』. 박은식은 곽종석 등이 옥사했다고 했으나 이는 와전된 것이다.

賊臣內訌。强隣外伺。憑其武力。挾其私智。脅君而鉗民。勒成盟約。從而攘國土廢天位。而無吾韓於世界矣。噫。日本之所爲。槪可擧矣。丙子之與鄙邦大臣。盟于江華也。乙未之與淸國大官。約于馬關也。皆以我韓之自主獨立。爲永遵之案。『癸卯之宣戰於露國也。通牒於列國。斷斷以鞏固我韓之獨立。爲聲明此萬國之所共悉也。曾未幾何。機詐百出。內脅外欺。獨立變而爲保護。保護變而爲倂合。誘之以韓民之情願。圖免萬國之公議。是不惟無韓於其手分實亦無萬國於其心計也。未知萬國羣公。其眞以日本所爲我韓者。爲無傷於公義耶。爲不失信於萬國耶。鄙邦臣民。極知赤手空拳。不能自奮以有爲然。謳吟永嘆。猶早夜於吾國吾民曰尙上天之鑑我。大運之好還。包羞忍恥。艱辛顚倒。于玆十年所矣。自聞諸大位之設平和大會寡邦人民。咸踴躍奮激。以爲苟萬國而平和也。吾韓亦萬國之一也。豈應使之不平不和乎。旣復聞波蘭諸國。皆能獨立則又復羣聚呼萬歲。曰平和之議。已定矣。彼何國也。我何國也。一視之仁。亦若是矣。天其有時而好還矣。諸大位。其從此畢其能事矣。

　　吾儕其從此有吾國矣。吾其卽死而顚平溝壑。白骨且不朽矣。莫不睢睢盱盱。以竢好音。而遷延之頃。天又不弔。一夜倉卒。寡君卽世。擧國洶洶。痛徹穹壤。無地籲寃。乃於國葬之日各敎各社個人男女。猶唱獨立之聲。奉慰吾君之靈。雖捕縛鞭戮。交加於前。徒手爭先。就死而不侮。此可見冤鬱之衷。積久必洩。而抑亦諸大位之柴其機而鼓其勇也。然而因循歷月。尙不見畫然之區處。則又且疑且駭。嘆寡邦之無由以自達。而中間用事者之反覆欺詐有以惑諸大位之視聽也。請更有以辨明之。天之生物也。必有是物之能力。小而鱗介昆蟲。皆有以自由活動。人之自爲人。國之自爲國。固赤有自人自國之治理能力。吾韓雖小。環三千里。二千萬人。歷四千年來。其能足當吾韓事者。自不乏人。初何待隣國之代治哉。千里不同風。百里不同俗。彼謂吾韓之不能獨立。而欲以彼國之治理。加諸吾韓之風俗。則風俗之猝不可變。而所謂治理者。適足爲成亂之階。此其不可行。明矣。治理之猝不可行。而韓民之自爲韓民。不惟其疆域風土之已定。抑赤所得於天性者。然也。是以再屈於一時。而受威脅之權。而其心則固將歷千萬年。而不失爲韓國之民也。本心之存。焉可誣也。心之卒不可以誣。而欲用萬國所共廢之威權。以壓萬口一辭之公議。此於日人。未爲得計也。鐘錫等。山野廢朽。猶自爲舊國臣子。依先君之遺風。從事於儒敎之門。今當大界維新之日。國之有無。在此一擧。與其無國而生。不若有國而死。與其自桔於偏阪。孰若獻身於公聽並觀之地。一以自暴其鬱悒。以俟其進退之也。顧以海陸沼絶關禁嚴急。恐裏足未達而疾呼不聞。朝夕之命。無逮於穹壤之痛。則此世懷。永無望於自暴。雖以諸大位之神聖聰明。亦安望其必算及於不見不聞幽眇抑鬱之我韓情事哉。玆敢以咫尺之書。合一部同情之辭。具十年生受之實。奉便風於天涯萬里之外。誠悲劇迫切。不知所云。惟諸大位。燐而察之。益恢公判之議。使大明之照無不遍。大化之行無不順。則不惟鍾錫等之無國而有國。抑亦道德之幸甚於一世。而諸大位之能事畢矣。如猶未也。鍾錫等。寧骿首就死。而誓不爲日本之僕隷。二千萬命。獨不關天地之所育。而憾調暢之和氣乎。惟諸大位圖之。是時。全國儒林。因太皇因山。集于京城。二有各敎會之獨立運動。於是。李中業金昌淑郭大淵金丁鎬權相道等相議曰。吾儒林。獨後於此耶。但玆事體大。非有儒林重望之人爲之主持。則不可。昌淑遂往居昌郡。見舊韓臣議政府參贊郭鍾錫。議團結儒林。派人赴法。致書萬國平和大會。聲明我擧國一致之義。郭曰。老夫。今日得死所。君其勉之。昌淑再入京。與諸人協商。派人各道。聯絡儒林。而前承旨金福漢。派其門人林聲百。赴京而力福漢等。俱死獄中。其他諸人。或形死。或處役。而昌淑之妻子。被拘囚多月。

파리장서에서는 "爭奪의 豫端이 일어남으로써 强弱의 勢가 나뉘고 兼倂의 권력이 움직임으로써 大小의 형세가 달라져 마침내 남의 생명을 해쳐가며 그 위력을 자행하고 남의 나라를 도적질하여 제 것으로 만든" 일제의 한국 침략을 고발한 다음, 세계정의와 국제평화를 위한 파리강화회의 公議의 권위로써 '우리의 없어진 나라를 회복토록' 한다면, 이는 인류의 행복을 위한 열강의 사명을 완수하는 일이 될 것이라고 지적하였다.

파리장서 내용의 요지는 다음과 같다.

① 天地自然의 법칙 속에 모든 인류는 제 나름의 삶의 양식이 있다. 특히 여러 나라 여러 겨레는 제각기 전통과 습속이 있어, 남에게

복종이나 동화를 강요받을 수 없다.
② 모든 生物은 제대로의 능력이 있다. 사람의 사람됨이나 나라의 나라됨에는 그 사람 자신과 그 나라 자체의 운용의 능력이 있기 마련이다. 남이 대신 관리하거나 통치해 줄 필요가 없다.
③ 우리 韓國은 비록 작은 나라이지만 삼천리 강토와 이천만 인구로서 사천년 역사를 지닌 문명의 나라이며, 우리 스스로의 정치의 원리와 모든 능력을 갖추고 있다. 일본의 간섭은 전혀 배제되어야 마땅하다.
④ 그런데 日本은 지난날 강화도조약・시모노세키조약에서 韓國의 자주독립을 되풀이해 말했고, 러시아와의 전쟁에서도 韓國의 獨立을 공고히 한다고 표명하여 세계만방이 다 아는 바인데도, 사기와 포학한 수법에 의해 독립이 보호로 그리고 다시 병합으로 변했다. 일본의 교활한 술책은 우리 韓國사람이 일본에 붙어살기를 원한다는 허위선전까지 하고 있다.
⑤ 우리는 일본의 10년 동안의 포학무도한 통치에 더 이상 참을 수 없어, 거족적으로 獨立運動을 벌이고 있다. 우리는 맨주먹으로 일제의 총칼과 싸우고 있다. 萬國平和會議가 열린 때에 우리는 희망에 부풀었고, 폴란드 및 그 밖의 나라들이 독립된다는 소식을 들었을 때 우리는 더욱 鼓舞되었다.
⑥ 그러나 우리에게는 아직 좋은 소식이 오지 않았다. 필시 중간에 우리 겨레의 의사를 歪曲시켜 다시 허위선전을 하는 자들이 있을 것이므로, 우리는 뜻을 모아 이 글을 보내 우리의 입장을 밝힌다.
⑦ 萬國平和會議는 世界 平和를 구현시키기 위한 거룩한 모임이다. 죽음으로 투쟁하는 우리 2천만 생명의 처지를 통찰해 줄 것으로 믿는다.43

파리장서는 최종적으로 각처에 우송되기까지 모두 네 차례의 수정 과정을 거쳤다.44 다양한 이론이 생겨나게 된 것도 이러한 연유에서인데, 파리장서가 최종적으로 결정되는 과정을 간략하게 살펴보겠

---

43 李佑成, 앞의 논문, 67쪽.
44 임경석, 앞의 논문, 126~128쪽.

다.45

파리장서의 문안 작성에는 외교 실무의 유용성이 판단 기준으로 작용하였다. 장서의 초안으로는 2부가 작성되었는데, 하나는 장석영의 것이었고 다른 하나는 김황의 것이었다. 곽종석과 김창숙은 장석영의 초안이 "문장은 좋으나 사실이 소략한 곳이 많다"46고 보류하고, 김황의 초안을 저본으로 삼으며 "사실은 극명하게 서술되었지만, 문장에 지루한 곳이 없지 않으니, 좀더 깍고 다듬을 것"47을 제안하였다. 김황의 수기에 따르면, 삭제 수정된 부분은 "이준 할복설"과 "고종 독살설" 부분인데, 삭제된 이유는 정확한 사실에 근거해야 하는 '외교문서로서의 적절성' 문제였다. 정확한 사실에 기초해서 작성해야만 열강 대표에 대한 설득이 가능하리라고 본 것이다. 김황의 초안을 저본으로 한 가감첨삭에서도 외교 실무의 유용성 여부가 판단의 기준이 되었던 것이다.

아울러 정치적·이념적 지향성도 판단 기준이 되었다. 화이론적 세계관 대신 만국공법적 국제정세관이 수용됐으며, 왕정복고의 정치이념이 약화되고 민주공화제를 대세로서 수용하였던 것이다.

이미 기술하였듯이 김창숙은 김복한을 중심으로 한 충청 유림과의

---

45 ①「長書」『俛宇先生年譜』6卷 2册, 1956; ② 國史編纂委員會,「儒林代表137人의 送巴里平和會書」,『韓國獨立運動史』3, 481~483쪽, 1968 ; ③ 朴殷植,「儒教徒程巴黎和會書」,『韓國獨立運動之血史』, 서울신문 출판국, 142~144쪽, 1946; ④「長書」, 『志山集』卷15(附錄중 年譜), 1919년 3월; 國史編纂委員會,「儒教徒上巴黎平和會書」 大韓民國元年 4월,『韓日關係史料集』제4, 大韓民國臨時政府 上海, 1919. 9. 23 ; ⑤ 國史編纂委員會,「臨時政府編」,『韓國獨立運動史』, 255~257쪽, 1974; ⑥ 金秉祚,「儒林郭鍾錫等 提出 請願於講和會」,『韓國獨立運動史』, 宣民社, 1920 ; ⑦ 巴里長書碑建立委員會,「韓國儒林送巴里平和會」開國 528年 3月,『韓國儒林獨立運動巴里長書略史』, 1973년 9월, 1~4쪽; ⑧「抵巴里書」,『儒林團獨立運動新記』收錄.

46 『國譯 心山遺稿』, 703쪽.

47 『國譯 心山遺稿』, 703쪽.

합의 하에 곽종석의 장서를 채택한다. 어떠한 이유에서 곽종석의 장서가 채택되었는지 설명해주는 자료는 미약하다. 그러나 지산 김복한의 문집인『志山集』권15(연보), '1919년 3월조'에 실려 있는 김복한의 '장서' 요지를 통해 추론이 가능하다. 그에 따르면 네 가지 점이 특히 강조됐다고 한다. 첫째, 일본이 약속을 어기고 조선을 강제 병합한 경위, 둘째 을미사변 당시 명성황후가 피살되고, 1919년에 고종이 독살된 경위, 셋째, 3·1운동에 참가한 광범한 군중의 울분, 넷째, 한국 강토의 복원과 '李氏 宗社'의 부흥 등이 그것이다.[48]

이 중에서 넷째 조항이 가장 눈에 띤다. 이는 독립 이후 재건될 국가의 성격을 제시하고 있다. '이씨 종묘와 사직'을 부흥한다고 명시함으로써 왕정복고를 지향하는 자신들의 정치적 목표를 전면에 부각시키려 하였다. 곽종석의 원본에서도 충군애국의 심정을 다각도로 표현하고 있었다. 그러나 '김복한 원본'처럼 왕정복고라는 정치적 목표를 명시하지는 않았다. 두 문장의 차이는 여기에 있다. 호서와 영남의 두 갈래 운동을 통합하는 과정에서 '김복한 원본'이 폐기되고 '곽종석 원본'이 채택된 배경에는 이념적, 정치적 지향성이 판단 기준이 되었던 것이다.

이러한 성향의 구체적인 예로서, 곽종석 원본에서는 일제 침략 이후 독립을 희구해 온 주체를 '우리 임금과 우리나라'로 기술하였다. 그런데 이 표현은 '발송본'에서 '우리나라 우리인민'으로 바뀌었다. 수정된 부분을 보면, "우리나라 우리인민은 자나깨나 탄식하며, 언제나 하늘이 우리를 돌보시어 좋은 운수가 돌아올 것인가 하고 수치와 고난을 참으면서 기다린지 이미 10년이 되었다."고 하였다. 발송 주체를 재규정하는 문제는 기술적·실무적인 것에 지나지 않았지만,

---

48 金福漢, 『志山集』제15, 「年譜」.

'吾君吾國'이 '吾國吾民'으로 수정된 사실은 정치적·이념적 지향성에 대한 가치판단의 결과였다고 평가할 수 있을 것이다.

곽종석 원본을 '발송본'으로 수정하는 과정에 누가 어떻게 개입했는지는 아직 명확히 알기 어렵지만, 김창숙이 능동적으로 개입한 것은 틀림이 없다.[49] 김창숙은 상해 도착 2주일 후 개최된 대한민국임시의정원에 대의원으로서 참가하기를 주저하지 않았다. 임시의정원은 "大韓民國은 民主共和制로 함"이라는 조항을 임시헌장의 제1조로 내세우고 있었다. 그가 임시의정원에 참가한 것은 그의 의식의 일단을 살필 수 있는 부분이다. 아마도 그는 자신이 헤쳐나아가야 할 반일 독립운동의 길이 복벽적 민족주의노선이 되어서는 아니될 것으로 판단하였을 것이다.

'吾君吾國'을 '吾國吾民'으로 수정하는 과정에 김창숙 이외에 어떤 사람이 개입했는지는 명확하지 않다. '김복한 원본' 대신 '곽종석 원본'을 지지한 '京中儒林'이 개입했을 가능성도 있고 두 세력 모두 영향을 끼쳤을 수도 있다고 본다.

일반적으로 『俛宇集』에 실려 있는 것을 '원본'이라 하고, 박은식의 『韓國獨立運動之血史』에 실린 것을 '발송본'이라 하는데, 그 내용을 비교해 보면 〈표 2〉와 같다.

다음으로 파리장서의 내용을 통해서는 당시 유림의 민족독립에 대한 인식의 일단을 엿볼 수 있다. 파리장서의 내용은 독립운동의 배경, 독립 성취의 방법, 한국 망국의 배경, 유림의 대외관, 민족독립의 당위성으로 구성되었다.

---

49 南富熙, 앞의 논문, 112쪽, 1984.

〈표 2〉 파리장서 원본과 발송본의 비교

구분	원 본	발송본
수정	· 于巴里 · 萬國同視 · 四海一徹 · 吾君吾國	· 於巴黎 · 同仁一視 · 四海咸安 · 吾國吾民
첨가		· 金福漢 137人 · 昊天不弔 國威不振 賊臣內訌 · 憑其武力狹其私智脅而鉗民
삭제	· 然於公會則曰韓民之願附於日本 久矣 · 不及詳聞于外方事實而	

첫째, 독립운동의 배경으로서 고종의 사망과 민족자결주의를 들수 있다.

自聞諸大位之設平和大會寡邦人民 咸踊躍奮激 以爲苟萬國而平和也 吾韓亦萬國之一也(中略) 一夜倉卒 寡君卽世 擧國洶洶 痛徹穹壤無地籲頁寃 乃於國葬之日各敎各社個人男女 猶唱獨立之聲⁵⁰

즉 프랑스 파리에서 평화회의가 열림으로써, 민족자결주의 원칙에 따라 우리도 독립할 수 있다는 희망을 가지게 되었고, 이때 고종의 국장일을 맞아 남녀노소를 불문하고 독립을 제창하게 되었다고 하였다. 이들은 일제가 우리의 독립을 방해하므로 국제정의에 호소하는 길을 보다 효과적인 방법으로 판단하고 있었다. 그러나 민족자결주의 원칙이 전승국에만 해당된다는 사실을 모르고, 모든 식민지가 독립을 얻을 수 있다고 생각하였기 때문에 폴란드 등의 독립을 예로 들어 한국의 독립을 기대하였던 것이다.

---

50 朴殷植, 앞의 책, 142~143쪽.

둘째, 한국 독립의 성취 방법으로서 파리강화회의에 참가한 각국 대표들의 공정한 판결에 의존하였다.

> 鄙邦臣民。極知赤手空拳。不能自奮以有爲然。謳吟永嘆。(中略) 益恢公判之議。使大明之照無不遍。大化之行無不順。51

이라 하여 '우리 스스로 분기할 능력'이 없음을 탄식한다는 것이다. 그래서 더욱 공정한 판단을 내려 한국을 독립시켜주기를 간절히 바란다고 하였다. 즉 파리장서에서는 쟁취 이념이 아닌 인도주의 정신에 입각하여 한국 독립을 청원하고 있었다.

셋째, 한국 망국의 배경을 일제의 침략과 더불어, 우리 민족 사회 내부의 제약성에서도 찾고자 하였다.

> 國威不振 賊臣內訌 强隣外伺 憑其武力 挾其私智 脅君而鉗民 勒成盟約52

이라 하여 국력이 쇠하여 안에서 賊臣이 나타났고, 강한 이웃나라 일제가 무력을 사용하여 강제로 합방 조약을 성립시켰다는 것이다. 곽종석의 원문에서는 없었던 '賊臣大訌'이란 말이 발송본에 나타난 것은 김창숙이 첨가한 것 같다. 김창숙은 3·1운동이 일어나자 그의 동지들과 함께 "나라가 망한 원인을 궁구한다면 유교가 먼저 망하자 나라도 따라서 망한 것이다"라면서 유교의 혁신을 촉구하였듯이 파리장서에도 국망에 대한 반성을 표현하였다.

넷째, 유교의 대외관에서 일제의 지배를 부정하고 세계사의 일원

---

51 朴殷植, 위의 책, 134~144쪽.
52 朴殷植, 위의 책, 143~144쪽.

임을 자임하고 있었다. 즉, "차라리 머리를 부딪쳐 죽을지언정 맹세코 일제의 노예는 되지 않겠다"고 하였고, 한국도 세계의 일원이라고 하였다.

    寧騈首就死 而誓不爲日本之僕隷 我國固天下萬邦之一也.53

 즉 유림 스스로가 주체가 되어 외교적 방법을 통해 국제정세에 대처하는 노력을 보이고, 세계열강과의 접촉을 시도한 것은 전통적 대외관의 전환이라 하겠다.
 다섯째, 민족 독립의 당위성에 한민족의 전통을 절대 기준으로 내세웠다.

   初何待隣國之代治哉。千里不同風。百里不同俗。彼謂吾韓之不能
  獨立。(中略) 而韓民之自爲韓民。不惟其疆域風土之已定。抑赤所得
  於天性者。54

라 하여, 한민족은 독립이 불가능하다는 일제의 주장에 맞서, 한민족은 스스로 한민족이며, 이 땅에서 정해진 것이며, 또한 타고난 것임을 강조하였다.
 그런데 이러한 사실은 전통유학적 소양을 갖추며 성장한 박은식이나 김창숙 등과 같은 유학자들의 세계관이 제국주의의 동아시아 침략과 일제의 한국 침략에 직면하면서 전통적 유교의식을 극복해 갔음을 보여준다. 이들은 세계사적 보편성 안에서 한국 독립의 필연성을 찾으려 하였고, 약육강식과 적자생존이라는 근대 제국주의의 본질

---

53 朴殷植, 위의 책, 143쪽.
54 朴殷植, 위의 책, 143쪽.

을 파악한 토대 위에서 우리 민족의 반일독립운동 노선을 모색하였
던 것이다. 물론 파리장서에 나타난 바와 같이 우리의 독립을 세계열
강에 의존하는 한계성이 보이지만 전통적인 한국 유림은 이를 통하
여 시대적 전진성을 보여주고 있는 것이다. 특히 김창숙은 그 선도적
역할을 하였다고 평가할 수 있을 것이다.

파리장서에는 총 137인이 서명하였는데, 후일을 위한 이중 조직으
로 만들었다.55 2중적 구성 중의 22인은 파리장서 운동으로 인한 일
제의 검거에서 구속을 면하고, 군자금 모금 활동을 전개하였다.56 서
명자 중에서 곽종석 등 중심적 인물들에 대해 간략하게 살펴보겠다.

---

55 郭鍾錫, 『俛宇集』 4(서울: 亞細亞文化社, 1984), 762~763쪽.
　巴里長書 署名者 一覽
　〈署名者 名單〉
　郭鍾錫　金福漢　高石鎭　柳必永　李晩烓　張錫英　盧相稷　柳浩根　安炳瓚　金東鎭
　權相文　金建永　金昌禹　申穆善　金商武　金順永　李鍾杞　權相翊　高濟萬　徐健洙
　郭守斌　柳淵博　河謙鎭　崔鶴吉　李璟均　李錫均　趙顯珪　李鳳壽　李壽安　河載華
　河龍濟　朴圭浩　禹夏敎　金在明　卞穰錫　高禮鎭　李承來　尹寅夏　金鳳濟　朴鍾權
　尹哲洙　金澤鎭　權相斗　丁泰鎭　鄭在夔　林翰周　裵鍾淳　柳震玉　許坪　朴尙允
　金智貞　李寅光　李學奎　安鍾達　孫上鉉　李以坳　柳潗根　宋鴻來　宋浚弼　成大湜
　李基馨　李德厚　安孝珍　姜信赫　田穰鎭　李定厚　盧燾容　金泰麟　金定基　宋喆洙
　文　鏞　宋鎬完　宋鎬坤　權命燮　李墩浩　朴正善　黃宅性　李相義　崔仲軾　金瀁模
　權昺燮　權相元　高舜鎭　金澤柱　鄭奎榮　宋鎬基　李吉性　宋哲秀　朴翼熙　宋在洛
　權相道　金秉植　李能學　李鉉昌　李洙仁　朴埈　李鳳熙　朴殷容　鄭根　白觀亨
　宋株憲　全錫允　金榮植　金陽洙　金相震　張永九　李來修　曺在學　金永贊　鄭在浩
　金悳鎭　孫晋昌　孫秉奎　金炳軾　李泰植　李萬成　李啓堙　李季埈　禹成東　金學鎭
　禹纘基　李柄回　尹亮植　金容鎬　李福來　郭杰　禹三夏　禹涅東　朴純鎬　禹升基
　曺錫河　金東壽　朴在根　李鑛春　李麟奎　李基定　金錫九.
　〈署名者外 이중조직 構成〉
　金昌淑, 兪鎭泰, 朴敬鎬, 李中業, 郭淵, 金櫬, 尹忠夏, 尹中洙, 趙重憲, 李舜澤,
　李敎仁, 李弼鎬, 裵錫夏, 李潤, 崔海潤, 黃佾性, 李永珪, 田溶學, 金丁鎬, 安鍾黙,
　金昌澤

56 「韓國儒林獨立運動巴里長書略史」(프린트본, 1973), 44쪽.

곽종석은 이진상의 학맥을 계승하며, 경남 서부 지역과 경북 서남부 일대에 지역적 기반을 갖고 있었으며, '유림의 종장'이라는 일컬음을 받는 저명한 학자였다. 경남 서부의 4대군(거창, 산청, 진주, 합천)과 경북 서남부 3개군(성주, 고령, 김천)의 서명자 숫자만도 49명에 달한다. 이들은 곽종석의 성망과 관련하여 참여하였을 것이다.

金福漢은 갑오경장 이전 대사성·간복참의·승지 등의 중앙 고위 관직을 지낸 경력이 있고, 1896년 의병운동 당시 홍주의병 지도자의 한 사람이었다. 서명자 중 안병찬·유준근·백관형·송주헌·임한주 등은 김복한과 같은 세력의 구성원들로 보아도 틀림이 없을 것이다. 충남 6개군(홍성·보령·청양·서산·논산·부여)의 서명자 숫자가 19명에 달하는 것은 김복한의 영향력과 무관치 않을 것이다.

두 사람의 지도적 역할을 인정한다고 해서, 다른 135명의 유학자들이 모두 두 사람의 영향력 안에 속하는 것은 아니었다. 제3위의 고석진과 제4위의 유필영도 독자적인 유림 세력의 대표자로 평가되었기 때문에 상위 서명자로 올랐던 것으로 보였다.

고석진은 전남북 접경의 고창·담양 일대에 세거지를 둔 고흥 고씨 일문이며, 1906년 의병운동 당시 최익현·임병찬과 함께 기병한 경력을 갖고 있었다. 일본의 한국 병합 이후에도 비밀결사 독립의군부에 가담한 바 있었다. 전남북 출신의 서명자 8명의 결속은 고석진의 성망과 연관된 것으로 추정된다.

유필영은 유치명의 학맥을 잇는데다가, 낙동강 상류 지대에 지역적 기반을 갖고 있는 저명한 유생이었다. 경북 서명자만도 60명이며, 특히 경북 북부지대의 안동·봉화·영주 3개군에서만도 17명의 서명자가 나왔다. 유필영은 제5위 서명자 이만규와 함께 이 일대 강력한 유림층의 대표자로 간주되었던 것이다.[57]

그런데 장서 사건은 김창숙이 중국으로 떠난 10여일 후 성주지방에서 처음으로 발각되었다. 즉 장석영과 송준필이 장서에 연서한 사실이 제자들에 의해 탐지되었는데, 특히 송준필 제자 송회근 등이 4월 2일 성주장시에서 만세운동을 일으키다가 체포되었다. 그리하여 장석영과 송준필 등이 검거되고, 이는 곽종석에게로 비화되었다. 4월 13일 일제는 곽종석의 가택을 수색하였다. 18일에는 곽종석을 연행하여 거창헌병대와 대구경찰서를 거쳐, 21일 대구감옥에 수감되었다. 5월 20일의 공판에서, 곽종석과 장석영은 2년, 송준필은 1년 반, 성대식은 1년의 징역을 언도받았다. 하지만 김창숙에 의해 장서가 국내로 우송되기 이전이었으므로, 김창숙 이외의 연서자를 밝혀내지는 못하였다.[58] 한편 5월 초에는 단성에서 연서한 하용제의 아들 홍규가 만세시위에 참가하여 체포됨으로써, 인근지방 및 호서지방의 연서인도 대구감옥에 수감되었다.

그러나 일제의 회유책으로 곽종석을 제외한 나머지 인물들은 집행유예 등을 선고받고, 종결되었다. 곽종석은 7월 19일 신병으로 석방되었으나, 10월 17일 74세로 일생을 마쳤다. 김복한도 6월 초의 피검시에는 중병으로 구속을 면하였으나, 이후 8월 6일부터 12월 12일까지 100여일 간 공주 감옥에 구금되었다.[59]

이상의 사실을 흔히 '제1차 유림단 사건'이라 한다. 이 사건으로

---

57 임경석, 앞의 논문, 132쪽.

58 당시 곽종석은 취조와 공판의 일련의 과정에서, 적이 이미 알고 물으면 오직 被答로써 스스로의 책임을 회변하지 않는 반면, 적이 모르는 이쪽의 사실을 조금이라도 앞질러 말하는, 이른바 자백하는 일은 결코 없었다. 때문에「郭鍾錫등 巴里長書關聯者의 大邱地方法院判決文」의 내용만으로 사실의 전모를 밝히기에는 무리한 일이다.

59 朴殷植, 앞의 책, 144쪽.

인해 137인의 연서인 명단에는 포함되지 않았지만 중추적 역할을 수행한 성태영·이중업·곽윤·김황 등의 수난도 적지 않았음이 지적되어야 할 것이다.60

그리고 파리장서 서명자들의 출신 지역을 살펴보면, 경북의 안동·봉화·영주 등지와, 경남의 거창·산청·합천·진주 등지가 다수를 차지하고 있는데,61 이는 이 지역의 3·1 만세 시위 운동이 타지역보다 상대적으로 활발하였고 적극적이었던 사실62과 관련지어 그 의미를 살펴볼 수 있을 것이다. 이러한 사실은 이 지역 사회의 지도적 역할을 담당하였던 유림 세력이 '충군애국'의 가치관에서 시대 상황의 요구에 적극 부응하였음을 반영한다 하겠다.

---

60 許善道, 앞의 논문, 298쪽.
61 서명자 중 거주지나 본적이 파악되는 126명 중 경북이 60명, 경남이 38명이었고 기타 충남북·전남북이었다. 호서·호남지방 유생의 비중이 낮은 주된 이유는 이 지방의 거유 田愚와 그 문인들이 참가를 거부하였기 때문일 것이다(임경석, 앞의 논문, 130~131쪽).
62 國史編纂委員會, 『韓國獨立運動史』 2, 305쪽, 1969.

제3장 중국 망명 후의 민족독립운동

　앞장에서 살펴본 바와 같이 김창숙은 대한협회 성주지부 창설, 사립 성명학교 설립 등의 일련의 애국계몽운동을 통하여 계급 타파와 의식 개혁을 주장하여 민족의 독립의식 고취에 힘썼다.
　3·1운동에 즈음하여 김창숙은 유림의 역할을 깨닫고 파리장서 운동을 통하여 유림의 역량을 모으기 위한 활동을 주도했다. 유림으로서의 독립에 대한 의지는 이후 그의 항일독립운동의 배경으로 기능하였다. 중국 망명 이후 그의 항일독립운동은 국내 유림 세력과의 연대 하에 전개되었다.
　1919년 망명 이후 1927년 상해 공공조계의 영국인 병원에서 피체되기까지의 시기는 그가 항일독립운동가로서 독립운동사에 일정한 위상을 확보하게 되는 시기이다. 본 장에서는 첫째 망명 후의 임시정부 활동, 둘째 유학과 한문학의 교양을 바탕으로 펼쳐진 대 중국 외교활동, 셋째 내몽고 중부지대에 독립운동기지 건설 계획을 수립하고 군자금 모집 활동을 전개해 가는 과정, 넷째 1926년 나석주 의거를 주동하여 일제 식민기관을 파괴하는 과정으로 나누어 살펴보겠다.

1. 임시정부 참여

김창숙이 파리장서를 휴대하고 상해에 도착했을 무렵, 상해에는 각처에서 온 많은 독립운동가들이 모여 있었다. 안창호는 미국에서, 김구는 국내에서, 박은식은 북만주에서 망명하였다. 이외에도 이동녕, 이시영, 조성환, 신채호, 조완구, 신규식 등의 명망 있는 독립운동가들이 상해에 모였다. 김창숙은 이들과 파리행을 의논하였는데, 이동녕 등이 "우리 임시기관에서 민족대표로 김규식을 7, 8일전에 파리로 특파하였다"고 하면서, 서양말을 모르는 김창숙이 직접 파리로 가기보다는 이 청원서를 외국어로 번역해서 파리로 우송함이 옳다고 만류하였다. 오히려 향후 중국 측과의 효과적인 교섭을 위해서는 김창숙이 중국에서 활동하는 것이 더 중요하다는 것이었다. 김창숙도 이들의 뜻을 좇아, 파리장서를 우송하고 상해에 체류하였다.

독립운동가들은 향후 독립운동의 구심점이 될 임시정부의 설립을 결정하고 그 조직 구성에 착수하였다.[1] 그리하여 임시정부 수립을 위한 의정원 설립에 의견을 모으고, 상해 한인거류민회를 개최하여 각 도의 의원을 선출하였는데, 김창숙은 경북을 대표하는 의원에 선임되었다.[2]

김창숙은 1919년 4월 30일 프랑스 조계 愷自通路 長安里 소재 한인거류민단 사무소에서 개최된 임시의정원 4차 회의에서 경상도 의

---

[1] 국사편찬위원회, 『韓國獨立運動史』 三, 17쪽, 1968.
[2] 대한민국 임시정부의 수립과 초기활동에 대해서는 이연복, 「대한민국임시정부의 수립」, 『한민족독립운동사』 7, 국사편찬위원회, 1990이 참조된다.

원에 선임되었다.3 7월 7일의 5차 회의에서 그는 교통위원회 위원에 선임되었고,4 8월 18일의 6차 회의에서 해임되었다.5 그의 임시의정원 해임 이유나 배경은 명확히 알 수 없으나, 신채호도 이 때 함께 해임된 사실로 미루어보면, 이즈음 이들이 임시의정원에 나아가 임정 활동에 비판적 입장을 갖고, 임시의정원 활동에 소극적이었기 때문으로 짐작된다. 그런데 이들의 소극적인 입장은 이승만의 위임통치 청원 사실과 관련이 있는 문제였다.

그런데 일제 자료에 의하면 그는 1920년 2월 말의 시점에서는 임시의정원의 '경상북도 의원'으로 재임하였다.6 이는 당시 조직과 체계가 완비되지 못하였던 임시의정원의 상황을 반영하는 것인 동시에, '전국적 대표성'을 표방하였던 임시의정원 측의 명목적인 조처로 추정되며, 실제로 김창숙이 임시의정원 활동에 참여한 사실은 확인되지 않는다. 그는 신채호 등과 더불어 임정의 외교독립노선에 비판적인 입장을 견지하고 있었다.

이어서 이승만 대통령 탄핵 등 임정에서의 활동을 살펴보겠다.

김창숙은 임시의정원 의원으로서 헌법 제정에 참여하였다. 주목할 것은 왕정복고가 아닌 민주공화정으로서 국가체제를 선포함으로써 구체제와는 판이하게 다른 체제를 수립하는 데 김창숙이 기꺼이 참여하였다는 사실이다. 그가 임시정부의 민주공화정에 동의한 사실은 민주주의이념이 시대적인 조류임을 자각한 결과였을 것이다. 그는 구황실에 대한 맹목적인 충성심에 얽매여 시대 변화를 외면하는 보수

---

3 대한민국국회도서관 편, 『대한민국임시의정원문서』, 45쪽, 1975.
4 『대한민국임시의정원문서』, 51쪽.
5 『대한민국임시의정원문서』, 59쪽.
6 대한민국국회도서관 편, 『한국민족운동사료: 중국편』, 152쪽, 1975.

유림과는 체질을 달리하는 혁신유림의 일원이었던 것이다.

  이미 살폈듯이 김창숙은 국내 활동 시부터 일반 유림과는 달리 새로운 이념을 추구했고, 시대 변화에 능동적으로 적응하려 하였다. 그는 낡은 체제는 나라를 망칠 수밖에 없다고 느꼈다. 이러한 김창숙의 유교개혁 이념과 체질이 그로 하여금 상해 임시정부 수립에 능동적으로 참여할 수 있게 만든 요인이었을 것이다.

  1919년 8월 임시정부 내에서는 임시정부의 통합 문제가 논의되고 있었다. 당시 임시정부는 국내외의 세 군데에 설립되어 있었다. 상해 임시정부 이외에도 두 지역에서 임시정부가 설립되었는데, 첫째는 연해주 블라디보스톡에 설립된 임시정부이다. 노령 임시정부는 연해주 일대 동포사회를 바탕으로 한족중앙총회가 1919년 2월 대한국민회의로 개편되어 정부 형태를 갖춘 것이다. 또 다른 하나는 서울에서 조직된 '한성 임시정부'로 '국민대회 13도 대표자'의 명의로 '국민대회 취지서'를 발표하고 연합통신을 통해 그 존재를 국외에도 알렸다. 이들 임시정부 통합 논의는 1919년 9월 경에 이르러 다음과 같은 합의에 도달하였다. 첫째 상해와 노령의 정부를 해소하고 한성정부를 계승할 것, 둘째 정부의 위치는 당분간 상해에 둘 것, 셋째 상해정부가 실시한 행정은 유효함을 인정할 것, 넷째 정부 명칭은 '대한민국임시정부'로 할 것, 다섯째 현재의 내각은 총사퇴할 것 등이었다.

  이같은 합의에 따라 1919년 11월 대한민국임시정부가 출범하였다. 그런데 통합 임시정부의 대통령 추대 문제로 논란이 야기되었다. 이승만이 대통령으로 추대되자, 김창숙은 크게 반발하고 나섰다. 그 이유는 이승만이 1919년 2월에 미국 윌슨 대통령에게 한국의 위임통치를 요청했다는 사실 때문이었다. 김창숙은 신채호, 박은식과 더불어 "이승만은 스스로 조선 민족 대표라 일컬으면서 미국의 노예되기를 원했음은 광복운동사상에 치욕됨이 크다. 이것은 방치할 일이 아니므로 문책하지 않을 수 없다"7고 했다. 이들은 이승만에게 서한을 보내 청원서 취소와 국민에 대한 사과를 요구하였으나, 이승만의 회보는 없었다. 김창숙, 신채호, 박은식 등의 이승만 성토 주장에 대해 이시영, 이동녕, 김구, 안창호 등 임정 각료들은 임시정부의 분열을 이유로 이승만 탄핵에 동의하지 않았다. 1921년 4월 19일 김원봉·김창숙·이극로·신채호 등 54인의 이름으로 발표된 '성토문'에는,

> 위임통치 청원에 대하여 재미 국민회 중앙총회장 安昌浩는 동의든지 묵인이든지 해회의 주창자로서 李承晩·정한경 등을 대표로 보내어 해청원을 올리었으니, 그 죄책도 또한 용서할 수 없으며, 상해 의정원이 소위 臨時政府를 조직할 때에, 앞서 전파된 위임통치 청원 운운의 설을 李承晩 등과 사감 있는 자의 주출이라 하여 철저히 사핵하지 않고 李承晩을 국무총리로 추정함도 천만의 경거이어니와, 제2차 소위 각원을 개조할 때에는 환하게 해청원의 제출이 사실임을 알았는데, 마침내 李承晩을 대통령으로 선거한 죄는 더 중대하며,… 만방에 등소된 사장을 전하거늘 그래도 李承晩은 존재하였다 하여 그 범죄의 탄핵은 없으며, 그 청원의 취소시킬 의사도 없이, 오직 擁護의 책획함에 열중하는 의정원이나 각원이란 其들의 그 심리를 알지 못하겠도다.8

---

7 『國譯 心山遺稿』, 731쪽. 후일 김창숙은 이승만대통령 탄핵 당시의 정황을 다음과 같이 회고하였다. "내가 해외에서 독립운동을 하던 중 가장 인상적이고 통쾌했던 일은 역시 상해임정 당시 이승만씨에 대한 대통령 파면결의안을 내어 이것이 성공했던 일이다.… 하루는 백암선생과 내가 여관에 있다니까, 신채호선생이 편지 한장을 들고 들어와 아무 말도 없이 펑펑 울기 시작했다. …그는 미국친구가 보내온 서신을 내보였다. …이것이 웬일이냐고 우리 3인이 통곡을 했던 것이다. 여기서 우리 3인은 이승만씨를 임정에서 제거하지 않으면 안되겠다는 결론을 내리고, 그의 제거공작에 착수했다." (김창숙, 「독립운동비화: 이승만대통령 파면결의 당시의 丹齋」, 『경향신문』 3월 2일, 1962; 丹齋申采浩先生記念事業會, 『丹齋申采浩全集』 別集 螢雪出版社, 401~402쪽, 1977).

8 丹齋申采浩先生記念事業會, 위의 책, 87쪽.

라고 하여, 이승만뿐만 아니라 임정의 의정원과 각료들을 성토하였다. 상해 임시정부에 대한 정부 안팎의 불만과 비판이 구체적으로 드러난 것이었다.

하지만 이러한 일련의 사건은 이승만을 성토하는 세력과 비호하는 세력 간의 갈등을 초래하였고, 이는 임시정부 내분의 한 원인이 되기도 하였다. 이렇듯 임시정부가 심한 진통을 겪고 있음에도 대통령인 이승만은 고답적인 자세만을 취하고 있었고, 의정원에서 의결된 대국쇄신안에도 찬동하지 않았으며, 심지어 임시의정원의 초청에도 응하지 않았다.

임정의 독립운동노선 및 주도 인물들 간의 개인적 성향 및 출신 지역의 차이 등으로 인한 임정의 분열은 독립운동의 '총영도기관'으로서의 기대감을 실추시키는 결과를 낳았다. 독립운동 세력 사이에서는 그 대안 모색이 적극화되기 시작하였다. 이러한 움직임은 국민대표회의 소집으로 구체화되었다.[9]

김창숙은 국민대표회의 소집에 동의하는 입장이었다. 1921년 2월 임시의정원 내의 일부 의원들은 국민대표회의 소집을 촉구하는 성명서를 발표하였다. 「우리 동포에게 고함」이라는 제목의 성명서에서는

> 우리들이 국민대표회의를 소집할 것을 제창함은 … 전국민의 의사에 의하여 통일적 강고한 정부 조직을 기도하는 데 있고, 둘째는 群策과 群力을 종합하여 독립운동의 最良方針을 수립하려고 하는 데 있다. 이는 광복 대업의 근본적 요구이다. …
> 최초 임시정부를 조직할 당시, 소수인의 擅行으로 각 방면의 群議를 구하지 않고, 신시대 건설에 적합하지 않는 복잡한 계급과 冗漫한 제도를 설정하였으므로 인물을 수용할 수 없었고 당국 제씨

---

[9] 국민대표회의와 관련해서는 박영석, 「大韓民國臨時政府와 國民代表會議」, 『韓國史論』 10 (국사편찬위원회), 1981가 참조된다.

> 는 스스로 서로 알력하였으므로 성심성의로써 각 방면의 융화와 사
> 업의 진취를 도모하지 아니하였으므로…
> 　북경 방면의 인사는 大局의 분열을 통탄하고 통일을 촉진하는
> 단체를 출현시키고, 상해 일대의 인사는 이를 고려하여 개혁의 議
> 를 唱道하고 있다.10

고 지적함으로써, 국민대표회의 소집에 대한 김창숙의 견해 및 그의 임정관을 엿볼 수 있게 한다. 이승만 탄핵을 분기점으로 김창숙의 임정 활동은 사실상 중단되고, 이후 그의 독립운동 노선은 신채호를 중심으로 한 북경 지역 한인 세력과 그 궤를 같이하였다.

1921년 초반 박용만은 북경을 중심으로 한인 독립운동가 50여명을 규합하여 普合團이라는 단체를 조직하여, 본부를 北京 西城 南位兒 翠家街에 두었다가 나중에 張家口로 옮겼다. 이들은 독립사상의 선전활동에 진력하는 동시에 각지에 단원들을 파견하여 자금을 모집하였다.11 이들은 '대한민국군정부'를 표방하며 행정 각부를 설치하고, 단장은 '대통령'의 직무를 수행한다고 선언하였다.12 그런데 김창

---

10 대한민국국회도서관 편, 『한국민족운동사: 중국편』, 276~277쪽, 1975.
11 金正明 編, 『朝鮮獨立運動』 II(東京: 原書房), 458쪽, 1967.
12 보합단의 성격을 알려주는 團則의 주요 내용은 다음과 같다.
　제1조 三千里嶺으로써 '大韓國'을 칭한다.
　제2조 본단의 명칭은 '普合團'으로 칭하며 보합이란 의미는 각 단체를 통합하여
　　　　함께 나간다는 의미이다.
　제5조 단장은 '대통령'의 임무를 수행한다.
　제7조 단내에 8개부를 둔다.
　제8조 부명은 總任・軍任・財任・交通任・法任・內任・外任・勞動任部이다.
　제15조 본단의 목적은 '무력'으로써 오로지 나아간다.
　제16조 내외각지 거주 조선인에 대해 군자금 조달을 명령하고 만일 불응시에는
　　　　즉시 사형에 처한다. 군자금을 영수하는 중간에서 허비・소비하는 자는
　　　　군률로써 처단한다.
　제17조 각지에 군자금을 명할 때에는 500원 내지 10만원으로 하고, 이를 11등급
　　　　으로 나누어 납부토록 한다.

숙은 보합단의 재무부서 책임자로 선임되었다.[13] 위의 단칙과 편제 상황을 살펴보면, 보합단은 북경을 무대로 한 한인 세력의 결집체를 표방하면서, 상해 임정의 대체기구 내지는 대안으로서의 존재 가치를 명확히 하고 있음을 알 수 있다.

그러나 김창숙의 보합단 참여 사실이 곧 그의 독립운동 노선이나 정치적 견해의 반영으로 해석하기에는 무리일 것으로 추정된다. 오히려 김창숙과 신채호와의 연계 관계와 임정 독립운동 노선 및 주요 활동 인물들과의 불일치 등 당시의 현실적 상황이 반영된 결과로 파악하는 것이 타당할 것이다.[14]

제18조 군인은 21세 이상 30세 이하의 건장한 자로써 사령부로 출동할 것을 명하고, 불응하는 자는 군율에 의해 처분한다.
제19조 각 지역에 배치하는 단원은 25세 이상 35세 이하 강력한 자로써 3인 이상 8인 이하를 정하여 파견한다.
제20조 폭발대·결사대 및 군자금 영수대는 항상 배치한다.
제21조 당당하는 4천여 년의 대한국내에 일본인 총독이 무슨 필요가 있으며, 또 大韓國庫에 일본인 총재는 무슨 필요가 있느냐. 바로 파견대에 명령하여 이들을 몰아내야 한다.
제22조 국내 각 道·部의 일본인 책임자 및 이완용은 그 가족을 전멸하여 2천만 동포의 슬픔을 씻어주고, 우리나라의 위엄을 빛나게 한다(金正明 編, 위의 책, 458~459쪽).

13 보합단의 조직 및 그 책임자의 면모는 다음과 같다.
  단장: 徐公一(박용만의 변명으로 추정됨)
  부단장: 姜鄕文, 總任長: 朴容善,   비서: 徐日步,
  군임장: 노백린, 次任長: 미정,   재임장: 김창숙, 차임장: 高一淸
  내임장: 신채호,   차임장: 趙海容, 교통임장: 金昌根, 차임장: 曹□,
  法任長: 李信竣,   차임장: 沈江中, 노동임장: 崔達用, 차임장: 朴茂林,
  外任長: 미정,   사령관: 金佐鎭,
  목하 파견중인자-경성: 李善慶·黃錫淵·崔昌植, 동경: 白外羊, 안동현: 李南九, 대구: 徐相河, 부산: 申一熙, 함흥: 朱風柱. (金正明 編, 위의 책, 460쪽)
14 김창숙의 임정 이탈과 북경 세력에의 합류에는 당시 임정 주도 세력이 이른바 '기호파' 인물들이었던 사실도 일정하게 작용하였을 개연성이 있다. 1921년 11월에 작성된 일제 정보 자료에서는 "북경에서 소위 '三南派'에 의해 '조선공화정부'가

제3장 중국 망명 후의 민족독립운동 109

한편 1923년 1월 초 상해에서는 국내외 160여개의 독립운동 단체 대표들이 모여 독립운동의 진로 설정, 임정의 위상, 새로운 독립운동의 영도기관 조직 문제 등을 주요 의제로 한 국민대표회의를 개최하였다. 그러나 임정의 위상 문제를 둘러싼 논쟁은 회의의 진로를 결정하는 주요 변수였다. 임정의 해체 및 새로운 독립운동의 구심기관 조직을 주장하는 창조파의 주장과 이에 반대하는 개조파의 대립은 결국 파국을 맞이하였다. 창조파는 임정과는 별도의 정부 조직으로 국민위원회를 조직하고 김동삼, 안창호 등 30인의 국민대의원을 선출하였다. 김창숙 역시 그 중 1인으로 참여하였다. 그러나 김창숙은 해삼위에서 대회를 재개하고 이후 그곳에 정부를 새로 수립하자는 창조파의 제의를 거절하였다.[15] 그는 창조파로부터 공격을 받게 되자 "분열을 창조하여 화태를 빚어내기보다는 보합하여 개조함이 어떻겠는가?"[16]라고 반문하였다. 그는 임정에 대한 비판적인 입장을 갖고 있었고, 또 창조파의 주장에 공감하였다. 그러나 국민대표회의 소집이 임정 해산이라는 문제에까지 이르게 됨에 따라, 그는 창조파를 이탈하였다. 즉, 그는 임정의 한계성에 동의하면서도 임정이라는 '대의명분'을 수호해야 한다고 생각하였던 것이다.

수립되었다는 정보에 관해 조사해 본 결과 그 인물은, 대통령 이상룡, 국무총리 신숙, 외무총장 장건상, 학무총장 韓震山, 내무총장 김대지, 재무총장 金甲, 군무총장 비팔무, 교통총장 박용만 등이다. 이들은 상해 임시정부와 아무런 관계없이 전연 별개의 행동을 취하고 있다."(金正明編, 위의 책, 480쪽)고 분석하였는데, 이는 당시 북경 세력과 상해 임시정부 세력 사이의 대립과 갈등에는 외교활동 대 무장투쟁 노선이라는 독립운동 방법상의 대립과 함께 출신 지역으로 인한 지역적 대립의 측면도 반영하고 있다.

15 이때 김창숙은 창조파에 의해 국민위원에 선임되었으나, 金赫·金圭冕·金弘一·蔡英·都寅權 등과 함께 1924년 6월 경 해임되었다(『한국민족운동사론: 중국편』, 516쪽).
16 『國譯 心山遺稿』, 743쪽.

이러한 측면은 그가 김동삼에게 "그대가 지금 주장하며 국민의회를 결성하고 장차 해삼위로 가서 정부를 설치하려 하는데, 과연 그대의 역량이 능히 분열된 민족을 포섭하여 영도할 수 있겠는가? 나는 아마도 이로부터 우리 민족이 더욱 분열되어 수습할 인물이 없어질까 두렵다. 이것이 개탄스럽다"[17]라고 한 데에서도 잘 나타나 있다.

한편 김창숙은 언론을 통한 한인 독립운동의 선전활동에도 주력하였다. 그는 1920년 상해에서 박은식과 함께 중국인 부호 임복성을 방문하여 언론기관의 창설을 권유하였다.[18] 김창숙은 한국의 독립을 위해서는 무력적인 투쟁 방법과 함께 언론적인 투쟁 방법도 효과적인 것이라고 생각하였고, 중한혁명의 정신을 고취하여 독립운동의 촉진제 역할을 할 매체가 필요하다고 주장하였다. 이에 임복성이 적극 동조한 결과, 그의 자금 지원으로 『四民日報』를 발간하게 되었다. 그리하여 임복성은 사장이 되고 김창숙과 박은식은 편집인이 되어 매일 3만 부를 찍어 중국·소련·구미에까지 우송하고, 국내에도 2천 부를 우송하였다.[19]

1920년에는 북경에서 신채호, 박숭병과 함께 순한문잡지인 『天鼓』 간행에 참여하였다.[20] '天鼓'라는 뜻은 '하늘의 북소리'라는 것이다. 1921년 1월에 발표된 「天鼓新年新刊祝」은 天鼓의 성격을 알려준다.

一鼓聲如雷 再鼓氣如山 三鼓四鼓 義士集如雲 五鼓六鼓 賊首紛紛
如葉 落掃腥羶 返國光 重整我山河 天鼓之職於斯畢[21]

---

17 『國譯 心山遺稿』, 743쪽.
18 『心山遺稿』, 328쪽.
19 『心山遺稿』, 328쪽; 독립운동사편찬위원회, 『독립운동사자료집』 12, 345쪽, 1977
20 김영호, 「丹齋의 生涯와 活動」, 『나라사랑』 제3집 외솔회, 88쪽, 1971.
21 『天鼓』 창간호(1921. 1), 1쪽. 신채호의 아들 신수범씨가 창간호 복사본을 보관하

제3장 중국 망명 후의 민족독립운동 111

즉 '天鼓'의 소리는 "민족독립을 위한 소리이며, 소리가 날 때마다 위력이 벼락·산·구름과 같이 생겨 적을 없애고 결국에는 광복의 책임을 완수한다"는 것이었다. 당시 김창숙은 『천고』 편집의 실무적 경험은 없었으나 신채호와 협력하여 부족한 점을 보완해 나갔다.22 이 시기에 김창숙은 신채호와 긴밀한 교우 관계를 유지하였는데, 이는 두 사람이 서로 공통점이 많고 강직한 성품의 인사들이었던 데에 있었다. "우리가 이제 남은 것이 무엇이오? 대의밖에 더 있소? 절개밖에 더있소?"라고 신채호가 이광수에게 말하였듯이,23 이들은 대의와 의리론의 신봉자로서 공통된 유형의 인물이었다고 할 수 있겠다. 이광수는 "그 때에 내가 신채호를 만난 주요 이유는 이승만 박사를 지지함이 대의에 합하다는 것을 설복하여, 신채호로 하여금 독립신문의 주필로 모시려 함이었다"24고 했다. 하지만 신채호는 이를 거절하고 오히려 『신대한』을 통해 이승만을 앞세운 임정을 비판하였다. 김창숙도 신채호와 '大義'를 같이 하였다. 일생 동안 추호도 '절개'를 굽히지 않았던 점에서도 인물됨이 같았다.

김창숙이 일찍이 대한매일신보에 발표된 신채호의 「儒林界에 대한 一論」25 등에 접할 기회가 있었는지는 알 수 없으나, 독립운동 과정

고 있는 것을 열람(1989. 3. 5. 자택에서). 이 잡지에는 金昌淑의 "鼓祝天"이라는 시도 실려 있다(10쪽).
22 『國譯 心山遺稿』, 743쪽. 신채호는 성품이 급하고, 김창숙은 느린 편이어서 현위가 서로 돕는 것이 많았다고 적고 있다.
23 신채호가 세상을 떠나자 이광수는 『朝光』(1936. 4)지에 '탈출 도중의 丹齋 인상'이라는 글을 썼다. 거기에 나오는 말이다. 여기의 탈출은 물론 해외 망명시절을 말하는 것이다. 李光洙가 상해에서 『獨立新聞』을 버리고 국내로 투항한 사정은 임형택, 「상해신문장항일민족시 해제」, 『大東文化研究』 14, 1981 참조.
24 이광수, 앞의 글, 『朝光』 1936. 4.
25 『大韓每日申報』, 1908. 1. 16 및 1909. 2. 28.

에서 보여준 유림에 대한 진취적 입장이나 해방 이후 성균관과 유림계를 혁신하고자 했던 사상은[26] 바로 신채호의 그것과 상통하는 것이었다.

　김창숙은 '이승만 탄핵' 이후 신채호와 함께 잡지『天鼓』를 발간하고, 동아일보 성토·불매운동을 벌였다.[27] 신채호의「조선 혁명 선언」(1923. 의열단 선언)도 이 시기에 나왔던 사실을 배경으로 하여, 김창숙은 신채호와의 밀도 높은 교우를 통해 신채호의 진보적 사고로부터 영향받은 바 적지 않았을 것이다. 그 결과 김창숙의 민족운동도 그 진로가 보다 뚜렷해졌을 것으로 짐작된다.

2. 대 중국 외교 활동

　김창숙은 이동녕 등의 권고를 받아들여 파리행을 중지하고 그의 유학과 한문학의 교양을 바탕으로 대중국외교에서 일정한 역할의 수행을 다짐하였다. 이 때 국내에서 손진형, 홍진, 손영직, 장지필, 정영식 등이 상해로 왔고, 이들 또한 그의 파리행 중지와 대 중국 외교 활동에 동의하였다.[28]

　김창숙은 당시 중국의 정치·사회적 동향을 관찰한 결과, 손문의 광동군정 계통의 인사들과의 연계를 추진키로 하였다. 그리하여 이전 국내 탈출 직전 곽종석으로부터 소개받았던 이문치에게 편지를 띄웠다. 김창숙이 파리장서를 휴대하고 출국하려 할 때, 김창숙이 귀국할

26　일제하 附日儒林과 李承晩 독재체제에 의해 金昌淑의 개혁정신은 좌절되고, 끝내는 강제로 축출당하고 만다.
27　丹齋申采浩記念事業會, 앞의 책, 年譜 참조.
28　『國譯 心山遺稿』, 710쪽.

수 없게 될 것이라는 사정을 예측한 곽종석이 민족 독립의 달성을 위해서는 중국 혁명가들과의 제휴의 필요성을 말하고, 이전부터 알고 지내던 중국 국민당의 이문치를 소개해 주었던 것이다.29 이문치는 운남성 출신으로 국민당 안에서 이름이 알려져 있는 참의원 의원이었다.

그러던 어느날 김창숙의 숙소에 말쑥한 서양풍의 신사가 찾아왔다. 그는 하남성 출신의 중의원 의원인 陵鉞이라는 사람으로, 광주에서 이문치를 통해 김창숙의 이름을 듣고 찾아왔다는 것이었다. 그는 "중국의 혁명 동지들과 힘을 다해 한국 독립을 돕겠다"고 하였다.30 하루는 능월이 한국 독립을 위하여 중국에서 활동하는 수효와 지도기관에 대해 질의하였다. 김창숙은 중국 각처에서 수 십만의 한인이 독립운동에 종사하고 있으며, 상해에 이미 임시정부를 설립하여 독립운동을 통솔하고 있음을 말하였다. 능월은 임시정부와 중국 혁명정부가 중한상호협조조약을 맺음이 동양대국의 평화를 위하여 바람직하다고 말하고, 중국 혁명 정계의 인사와의 연계를 위하여 국민당 총리 손문과의 만남을 주선하였다.31

당시 중국은 5·4운동을 계기로 반일운동이 한창 고조되고 있었으므로, 중국 혁명정부와 임시정부의 구체적 협조 관계 구축의 적절한

---

29 『國譯 心山遺稿』, 704쪽.

30 그런데 김창숙은 능월과의 교유를 통해 개방적이고 사교적인 면모를 갖추게 되었다. 김창숙은 답례로 능월을 찾아갔고, 능월은 다시 부인을 대동하고 김창숙을 찾았다. 김창숙은 이 양장 부인과 악수를 하면서 인사를 하지 않을 수 없었다. 이후 능월 부처는 김창숙을 요정으로 초대하여 잔을 들어 한국 독립 만세를 세 번 불렀고, 김창숙은 다시 답례로 중화민국 만세를 세 번 불렀다. 그리고 이후 김창숙도 능월 부처를 요정에 초대하였다. 김창숙은 점차 현대식 사교에도 익숙해져 갔던 것이다.

31 『國譯 心山遺稿』, 712쪽.

시점이었고, 김창숙도 이 기회를 놓치지 않으려 하였던 것이다. 손문은 당시 북방군벌을 상대로 한 두번째의 남북평화회의로 인해 상해에 머물고 있던 중이었다. 김창숙이 능월의 요청으로 孫文과 단독 회견을 가진 것은 1919년 초순이었다. 김창숙은 측근과 통역 한 사람을 데리고 상해 불란서조계 莫利愛路에 있는 中山邸로 손문을 방문하였다. 손문은 예를 갖추어 정중하게 김창숙을 맞이한 다음, 3·1운동을 언급하면서 "한국의 혁명운동 소식을 듣고 기뻐서 잠을 이루지 못했다"고 말하고, 김창숙으로부터 3·1운동의 자세한 경과와 일제의 잔인무도한 보복을 설명받고는 참연한 얼굴을 지으면서,

> 일제의 포악이 그럴 수 있겠는가. 그러나 나라를 잃은지 10년도 못되어 그와 같은 큰 革命運動이 일어난 것은 동서고금의 역사에서 보기 드문 일이다. 세계 각국은 누가 韓國의 독립을 도우려 하지 않겠는가. 더구나 中國과 韓國은 형제의 나라다. 일본의 韓國 침략은 바로 중국대륙의 침략을 뜻하는 것이며 韓國이 독립을 되찾지 못한다면 중국의 독립도 보장될 수 없다.32

라고 말하였다. 이어서 손문은

> 韓國의 동양에 있어서의 위치는 서양의 발칸과 비슷하다. 동양의 평화를 위해서도 韓國의 독립은 절대로 필요하다.33

라고 강조하였다. 그리고

> 이러한 생각에서 평소에 우리 국민당 동지들에게 韓國의 혁명을 도울 것을 역설하였는데, 지금 우리 국민당 동지들은 광주에서 북

---

32 『心山遺稿』, 318쪽.
33 『心山遺稿』, 318쪽.

벌을 위한 군정부를 설립하고 있으며 참의원·중의원 의원들도 광주에서 회의를 열고 있다. 귀하는 귀국 臨時政府의 여러분과 상의한 뒤에 우리 국민당 동지들과 손을 잡고 앞으로 두 나라 혁명의 달성을 위한 제휴를 구체화시키기로 하자. 그러기 위해 귀하가 직접 광주로 가는 것이 좋겠으며 가는 날짜를 정해주면 미리 광주에 있는 각 기관에 연락해 두겠다.

라고 하였다. 손문은 김창숙으로부터 민족 독립 의지와 정열, 그리고 그의 전통적 교양 및 국제적 안목에 호감을 가졌던 것 같다. 헤어질 때 손문은 『孫文學說』 2책에 자기 이름을 쓰고 도장을 찍어 김창숙에게 선물하면서, "이것이 나의 20여년 혁명운동의 체험에서 얻은 것이다. 읽어보시면 귀하의 혁명투쟁에 참고가 될 것이다"라고 덧붙였다.[34]

이후 김창숙은 1919년 8월 초 손문의 소개로 廣州로 향하였다. 陵鉞, 孫永稷, 그리고 李文治의 아들인 李厚本과 동행하여 광주에 도착하여, 이문치 및 광동공교회 회장 임복성, 박병강 등을 만났다. 이튿날에는 군정부 외교부 차장의 방문을 받고 회담하였다.

김창숙은 중국 국민당을 방문하는 등, 중국혁명가들과 본격적인 접촉을 시작하였다. 먼저 참의원 의장 林森을 방문하고, 중의원 의장 吳景濂, 부의장 褚輔成을 방문하였으며, 이외에도 군정부 총재 伍廷芳, 참모총장 李烈鈞, 참의원 의원 朱念祖, 張秋白, 중의원의 黃元白, 景定成 등 정계·군계·교육계의 여러 인사와 접촉하였다.[35] 이들은 한국 독립을 지원하는 데 동의하였고, 韓國獨立後援會의 결성을 결정하고 발기회를 열었다. 참가 인사가 중·참 양의원과 督軍署, 省長署,

---

34 『國譯 心山遺稿』, 713~714쪽.
35 『國譯 心山遺稿』, 716~717쪽.

敎育會, 商業會議所 등 3백 명에 이르렀다. 김창숙은 결성식 연설을 통하여 중국 혁명정부와 대한민국임시정부의 연대의 당위성을 주장하고, 중국과 한국의 공동투쟁을 역설하였다.

한국독립후원회는 대한민국임시정부를 돕기 위한 모금 운동을 전개하였다. 의연금 모집의원 및 회계위원을 선출하였다. 회계위원은 李文治, 吳山, 陵鉞의 세 사람인데, 이들은 군정부 및 참·중의원 중에 신망이 있는 인물이었다. 그런데 오산과 능월이 회계위원의 직을 사양하며 이를 이문치 한 사람으로 통괄하고 자신들 또한 의연금을 이문치에게 교부할 것을 주장하였다.36 의연금 모집 방식은 먼저 모집위원이 의연금 만원 이상을 모집하면 이를 회계위원에게 교부하고 회계위원은 10만 원 이상이 모아지면 이를 상해에 있는 임시정부로 송금한다는 것이었다.

당시 상해를 비롯한 중국 각처에는 국내로부터 망명한 학생들이 많이 있었는데, 이들은 학업과 생활을 영위하기에 무척 곤궁하였다. 이를 안타까워한 김창숙은 오산, 능월과 도모하여 한국 유학생들의 학자를 마련하고 학업과 생활을 뒷받침할 것을 계획하였다. 그리하여 손영직을 상해로 보내 김상덕, 장필석 등 50여명을 광동으로 불러 영어, 중국어 중심의 특별강습을 시키면서 생활 경비를 부담하였다. 이렇게 독립후원회의 일과 재중 유학생의 교육 활동에 전념하던 중 1920년 3월 광동 군정부 내에서 내분이 일어났다. 이로 인해 군정부 및 참·중 양의원의 여러 요인이 상해·홍콩 등지로 피신하였고, 광동의 국민당 정부는 무너졌다. 이 때문에 한국독립후원회의 모금도 중단되고 이미 수 십만원에 이르는 거액의 의연금 모금액도 회계위원인 이문치의 도망으로 행방이 묘연하였고, 능월·오산 두 사람도

---

36 『國譯 心山遺稿』, 719쪽.

피신함에 따라 한국 유학생의 후원도 불가능하게 되고 말았다.37

이문치가 의연금 모금액을 갖고 도망친 사실을 안 김창숙은 유학생들을 데리고 상해로 돌아올 수밖에 없었다. 이문치의 행방을 탐문하던 김창숙은 오히려 이문치와 그의 사위 이완에게 매수된 유학생 강대곤, 김주 등에게 생명의 위협을 받기도 하였다.38

낙담해 있던 김창숙에게 국내로부터 청천벽력과 같은 모친의 사망 소식이 전해왔다. 김창숙은 귀국을 서둘렀으나 이동녕·김구·박은식 등이 강력히 만류함에 포기하였다.39 김창숙은 다시 후원회 모금액을 구하기 위해 광주로 향하였다. 그러나 김창숙에 호의적이던 인사들은 모두 사라지고, 후원회 모금액 환수에 힘써 줄 인사도 없는 막막한 상황이어서, 그는 상해로 되돌아 올 수밖에 없었다.

이후 1920년 10월 김창숙을 방문한 오산은 임시정부 요인들과의 제휴를 요청하였고, 김창숙의 주선으로 이동녕, 이시영, 김구, 안창호 등과 회동하였다. 이어서 김창숙의 주선으로 임정 요인들과 오산·서겸의 회동이 이루어졌다. 국무총리 이동휘의 환영사와 오산의 답사가 이어졌다. 이 때 김창숙은 한국과 중국의 협조 관계를 보다 분명히 하기 위하여, 중·한이 서로 돕는 기관을 설립할 것을 제의하였다. 본부는 상해에 두고 각 항구와 시에 지부를 설치하여, 실제 활동에 있어서 상호 긴밀한 협조를 해나가자는 것이었다. 이에 오산과 서겸 또

---

37 『心山遺稿』, 324쪽. 李文治는 그의 사위인 이완과 모의하여 모금된 20만원을 갖고 도망쳤다. 이완은 한국 사람으로 중국에 망명하여 이문치의 딸과 재혼하였다고 한다(김창숙의 며느리 손응교 여사로부터 청취. 1988. 10. 28).
38 『國譯 心山遺稿』, 726쪽.
39 당시 독립신문은 "『만주일보』상에서 본국의 모친이 돌아가셨다는 보도를 접하고, 애통이 極하야 수일간을 禁食痛哭함은 보는 사람으로 하여금 측은의 感을 起케 하였다. 특히 氏는 儒家이므로 今回의 모친상을 불효의 極이라 함이다."(『독립신문』71호, 1920. 4. 29)라고 전한다.

한 동의하여, 대한민국임시정부와 중국 각계 인사를 규합하여 천여 명의 회원이 망라된 中韓互助會를 발족시켰다.40

3. 독립운동기지 건설 계획

1) 독립운동 기지 건설 계획과 자금 모집 활동

1920년 말을 고비로 국내·국외의 독립운동은 점차 침체되었다. 1921년 2월 상해에서 국민대표회의 준비위원회가 설립되면서 임시정부 주위의 불평이 노골화되었고, 4월에는 북경에서 군사통일회가 열렸고, 6월에는 자유시참변으로 인해 독립군부대가 흑룡주 자유시에서 러시아군에게 전멸되는 타격을 입었다.41 한편 임정은 미국의 태평양회의와 소련의 극동인민대표대회에 대표를 파견하였으나 별 성과는 없었다. 1923년에는 상해에서 국민대표회의가 개최되어 개조파·창조파의 논쟁으로 임시정부의 대외적 위신이 더욱 추락하였고, 1925년에는 일본이 러시아와 국교를 회복하고, 또 봉천 군벌과 三矢協定을 체결함으로써 독립군의 활동이 크게 제약받게 되었다.42

1925년 봄, 김창숙은 이회영과 논의하여 "時月로서 그 성취를 기약하기 어려우니 만약 일본세력이 미치지 않는 熱河나 察哈爾 등의 황무지로 경작할 수 있는 땅을 얻는다면 재만 동포를 이식하고 생취를 교훈하여 실력을 양성하였다가 때를 기다려 움직여 봄이 참으로 금일 우리들의 상책이지만 지금 그 땅이 없고 또 그 자본이 없으니

---

40 『心山遺稿』, 330쪽.
41 金俊燁·金昌順, 『韓國共産主義運動史(1)』 고려대 아세아문제연구소, 342~345쪽 1967.
42 채근식, 「三矢協定 이후의 獨立運動」, 『武裝獨立運動秘史』 大韓民國公報部, 140쪽, 1949.

어떻게 하겠는가?"⁴³하였다. 이회영도 이에 찬동하고 중국 경제계 지인 등을 이용하여 해법을 모색할 것을 제안하였다. 김창숙은 참의원 의원인 李夢庚에게 中韓 互助의 필요성을 역설하고 황무지 개간 문제를 의논하였다.

 李夢庚은 열하와 찰합이지역의 지배자인 馮玉祥과 의논해 볼 것을 건의하였다. 그리고 손문 광동정부의 전 외교총장인 徐謙이 풍옥상과 교분이 두터움을 가르쳐주며, 徐謙을 만나 해결할 것을 제안하였다. 徐謙은 쾌히 이를 응락하고 풍옥상으로부터 황무지 개간권을 허락받았다. 그러나 열하와 찰합이에는 적당한 땅이 없어 수원 포두 등지의 3만 정보의 개간지로 결정되었다. 그러나 땅의 개간과 한인 이주경비 20만원을 마련할 방법이 없었다. 김창숙 자신이 자금 마련을 위해 직접 생사를 걸고 국내에 잠입하는 수밖에 없었다. 때마침 국내 유림들이 곽종석 문집의 간행을 위해 서울에 모여 있다는 소문이 있어, 국내 잠입계획을 세웠으나 함께 행동할 동조자를 구하기가 어려웠다. 당시 북경에서 유학 중이던 宋永祜·李鳳魯·金華植 등의 동참 의사를 받았고 구체적인 계획을 마련하기에 이르렀다. 이들의 계획은 다음과 같다.

(1) 運動의 방침
 ① 조선 獨立運動의 성공은 조선의 경제문제 해결에 있으므로 종래와 같이 조급한 행동을 피하고 적극적인 방침을 취한다.
 ② 運動資金의 총예산은 20만원으로 한다.
 ③ 총예산 20만원으로 金昌淑과 친교가 있는 張作霖의 부하 李夢庚을 통하여 남북만주에 있는 미간지 또는 馮玉祥의 부하 徐謙이나 林澤豊을

---
43 『國譯 心山遺稿』, 746쪽.

통하여 내몽고 미간지 20만 정보를 매수한다. 그리고 남북만주에 산재한 조선인을 모아 개간사업을 일으켜 그 수확으로 군대를 양성하고 마치 옛날과 같이 중국 漢先帝시대처럼 屯兵制를 실시하여 앞으로 10년을 기하여 獨立運動의 목적을 달성한다.

(2) 獨立資金의 募集方法
① 자금모집 구역은 삼남지방으로 하고, 단원 중 金昌淑·金華植·宋永祐 3명이 귀국하여 모집의 임무를 담당한다.
② 모집원 일행이 입국하면 金昌淑과 연락을 취하고 있는 삼남지방 儒林團과 제휴하여 이들로 하여금 구체적으로 모집에 가담토록 한다.
③ 무기를 구입, 귀국단원이 그것을 휴대하여 자금모집에 불응하는 사람은 사살하여 일반 부호에게 공포심을 가지게 함으로써 출금의 용이성을 꾀한다.
④ 모집기간은 20만원의 예산을 달성할 때까지 계속한다.

(3) 업무분담
① 단원 李鳳魯는 북경에 잔류하여 내외에 연락을 취하고, 또 귀국단원의 요구에 응한다.
② 金昌淑은 자금모집의 총지휘관이 되어 전 책략의 임무를 수행한다.
③ 金華植은 무기를 조선에 운반하고 또 이를 휴대하여 모험적 행동을 직접 취한다.
④ 宋永祐는 입국단원의 모든 비용을 부담하고 또 무기를 휴대하여 모험적 행동에 직접 나선다.[44]

이상과 같은 계획 하에 1925년 6월 하순 宋永祐를 국내에 파견하고, 李鳳魯를 상해에 보내 권총을 구입, 金華植에게 주어 국내에 파견

---

44 南富熙 編譯, 「第2次 儒林團 事件」, 『獨立運動資料集』 도서출판 불휘, 64~65쪽, 1992.

하였다.⁴⁵ 李鳳魯는 북경에서 정보연락을 담당하게 하고, 金昌淑은 1925년 8월 서울에 잠입하였다.⁴⁶ 이러한 사실은 철저히 비밀에 부쳐졌다. 북경에서 수학하고 있는 장남에게조차 밝히지 않았고, 신채호만이 김창숙의 국내 진입 사실을 알았다.

그는 1925년 8월 초 북경을 출발하여 하얼빈을 거쳐 만주 일대의 한인 실정을 파악하고, 안동현과 신의주를 거쳐 서울로 입성하였다. 그리하여 宋永祐·金華植과 조우한 그는 宋永祐·金華植을 곽종석집 간소로 보내 郭奫·金槐을 청하여 입국의 뜻을 알리는 한편, 金槐을 경남으로, 郭奫을 경북으로 보내 친지 재산가들에게 그의 뜻을 알리도록 하였다.⁴⁷ 그리고 金華植을 경주에 보내어 鄭守基를 오게 하여, 그를 봉화 등지에 파견하였고, 하장환은 진주·함안 등지로 출발시켰다. 이 때 진주의 한 부호가 하장환을 통해 귀순 의사를 물어오자 金昌淑은 "친일부자의 머리를 독립문에 걸지 아니하면 우리 한국이 독립할 날이 없을 것이다"⁴⁸라는 말로 그의 뜻을 대신하였다.

김창숙의 국내에서의 활동은 이전 파리장서에 참여하였던 유림에 근거했다고 할 수 있다. 이들이 바로 儒林團이라고 하는 조직이다. 물론 유림단은 파리장서 이후 좌초된 상태로 유림 사회에서 생명력을 유지하고 있었다.

유림단의 유래를 살펴보면 1919년 3·1독립선언을 계기로 삼남지방의 유생들이 전민족적 독립운동을 수수방관한다면 이는 민족적 혈통의 정신에 위배되는 것이며, 국민의 지도자라 할 소위 '유림'의 본

---

45 「金昌淑事件豫審決定書」, 『東亞日報』 1928. 8. 10.
46 心山記念事業準備委員會, 앞의 책, 172~173쪽.
47 『國譯 心山遺稿』, 748쪽.
48 김창숙, 앞의 책, 338쪽. 親日富人之頭, 不縣于獨立門, 則吾韓國無獨立之日也.

분이 아니라는 명분하에 김창숙·이중업·곽종석이 발기인이 되어
삼남지방 양반 130명으로써 '유림단'이라 칭하는 단체를 조직했던
것이다. 유림단과 김창숙은 이같은 관계로써 김창숙도 유림 대표로서
활동해 왔으며, 또 유림단에서도 손후익, 정수기 등으로 하여금 김창
숙과 연락을 취하게 해왔던 것이다. 김창숙이 혼자 온 것도 130여 명
의 유림단이라는 배경을 염두에 둔 것이었다.[49]

 그런데, 유림단에 대하여 약간 짚고 넘어가야 하는 부분이 있다.
그것은 파리장서 이후 유림단의 활동 문제인데, 이들이 중국에 대하
여 한국 독립을 청원하는 청원서를 작성한 것이었다. 2차 유림단 의
거로 인해 일제에 체포된 손후익은 세 통의 청원서를 소지하고 있었
는데, 그 내용은 중화민국 대통령 앞의 독립청원서 1통과 중화민국
정부 앞의 독립청원서 1통 등이다. 이에 대하여 손후익은 일경의 심
문 과정에서 다음과 같이 밝혔다.

> 金昌淑을 시켜 파리강화회의에서 제출한 제1차 계획은 조선이
> 민족자결의 범위가 아니라는 이유로 각하되어 수포로 돌아갔다. 이
> 후 탄식하다 제2차 계획으로 1920년 11월 경 李中業의 발기에 의
> 거, 이제는 사정을 달리하는 이색인종에게 의뢰하지 말고 동문동족
> 으로 4천여 년 동안 역사적으로 순치의 관계를 가진 중화민국에 우
> 리 민족의 원정을 하소연하여 국권 회복에 원조를 받자고 결정했
> 다. 그리고 儒林團의 이름으로 중화민국 남경정부 대통령 손문 앞
> 으로 청원서 2통, 중국 군벌가인 吳佩孚 앞으로 청원서 1통, 합계
> 3통을 작성하고, 儒林 代表로 李中業의 특파를 결정했다. 그러나 李
> 中業이 병사함으로써 중도에서 그치고 말았다.
> 중화민국 대통령 손문 앞으로 보낸 2통은 봉화군 내성면 서곡리
> 權相翊이 작성하였고, 오패부 앞의 1통은 칠곡군 약목면 봉산동 張
> 錫英이 작성하였다. 그 후 제3차 계획으로 1921년 가을 경상남도

---

49 「金華植-法院豫審調書 제2회분」, 南富熙, 앞의 책, 145쪽.

김해군 출신 조경기의 발기에 의해 중화민국 대통령 손문 앞으로 독립 청원서를 작성하여 儒林 代表로 趙敬璣를 중국에 특파했다.[50]

이상에서와 같이 儒林團은 1919년 파리장서 운동으로 고취된 민족 독립 의식을 토대로 제2, 제3의 파리장서를 기획하여 중국에 독립을 청원하는 청원서를 작성하고 특사를 파견하는 등의 활동을 꾸준히 펼쳐왔던 것이다. 이 과정에서 유림단은 중국에서 활동 중이던 김창숙과 연대가 지속되었던 것을 알 수 있다.

김창숙은 국내에 진입한 후 1925년 음 9월 2일 경성부 낙원동 134번지 평양옥이라는 그의 숙소에서 신건동맹단이란 비밀결사를 조직하였다. 이는 군자금 모집 활동을 위한 것인데, 金華植·宋永祐·郭奫·孫厚翼·河章煥·李宇根 등이 참여 인물들이었다. 이들은 군자금 모집의 방법 등에 대해 다음과 같이 협의하였다.

① 단명은 신건동맹단으로 할 것.
② 인원을 2개 반으로 나누어 모험단과 모집단으로 할 것
③ 모집단은 각자 담당구역을 정하고 그 구역내 부호에게 군자금으로 1개소에 1천원 이상을 요구하고 이에 불응시에는 모험단이 와서 살해할 것이라고 협박할 것.
④ 모험단은 권총을 휴대하여 모집단의 요구에 불응하는 부호에게 가서 직접 행동에 옮길 것
⑤ 담당구역은 각자가 뜻하는 장소를 선택할 것.
⑥ 아직 연락을 취하지 못한 儒林團에게는 金昌淑이 수시로 소식을 전달토록 할 것.
⑦ 단원 중 金華植·宋永祐·鄭守基를 모험단원으로 하고, 기타는 모집단원으로 할 것.

---

50 「孫厚翼-경찰신문조서 제1회분」, 南富熙, 위의 책, 79~80쪽.

그리고 김화식은 경남 울산, 밀양, 진주, 산청과 경북 경산, 성주군을 맡았고, 송영우는 경북 봉화, 영주, 대구 지방을 맡았다. 정수기는 안동, 봉화, 성주, 대구지방, 손후익은 경주, 울산지방, 곽윤은 진주, 거창지방, 김황은 산청군 거창군 지방을 맡았다. 김창숙이 책임자, 김화식·송영우가 부책임자의 역할을 맡았다.51

이들은 활동 방법에 대한 구체적인 사항도 결정하였는데 그 내용은 다음과 같았다.

> ① 金華植, 鄭守基는 대구부 봉산정 66번지 임모 집에 근거지를 두고, 같이 성주군 월항면의 張錫英 집으로 간다. 그리고 張錫英에게 金昌淑의 귀국활동에 관한 내용을 써 받아 월항면 대산동 부호 이기병에게 전달하고 독립운동자금을 요구한다.
> ② 성주의 용무가 끝나면 2조로 나누어 鄭守基는 봉화, 영주, 안동지방에 출장하여 김뇌식, 권철연, 강필 등에게 獨立運動資金을 독촉한다. 그리고 봉화군 김창백을 통하여 영주군 부석면 상석리 김동진에게 金昌淑의 서신을 건네주고 영주지방 자금모집원이 되어 달라고 부탁한다.
> ③ 金華植은 金槐이 권유해온 경남 진주군 이길호, 하재화 등에게 가서 권총으로 협박하여 출금하도록 할 것. 또 모집원 하장환과 협의하여 응모할 사람을 물색한다.
> ④ 金昌淑은 경성에 머무르면서 각 방면의 정보를 가지고 적절한 조치를 취하고, 宋永祐는 그 지침을 단원에게 직접 전한다. 그리고 宋永祐는 각 방면에서 활동하는 사람들의 상황을 시찰하여 金昌淑에게 보고한다.52

이같은 협의를 거쳐 김화식·정수기는 1925년 음 9월 하순 대구방면으로 출발하였다. 그런데, 장석영은 제1차 유림단 의거 당시 파

---

51 「金華植-경찰신문조서 제1회분」, 南富熙, 위의 책, 69~70쪽.
52 「宋永祐-警察 新聞調書 제2회분」, 南富熙, 앞의 책, 47~48쪽.

리장서 운동에 앞장섰던 인물이었으며, 핵심인물로서 조선국권회복단의 일원으로 활약한 인물이었다.53

비밀결사를 조직하고 군자금 모집 활동을 전개함에 있어, 김창숙의 조력자로서 적극적으로 활동한 인물은 정수기였다. 그는 김창숙과 북경에서 함께 생활한 적이 있고, 1923년 국내에 들어와 국내의 유림단과 김창숙을 연결하는 연락책의 역할을 했다.54 정수기는 1925년 가을 김화식이 전달한 김창숙의 서신을 받고 상경, 김창숙을 면담하고 손후익·이재락·이동흠 등과 군자금 모금 운동에 적극 나섰다.55 그 결과 군자금 모집 활동은 김창숙과 정수기를 중심으로 전개되었다.

김창숙은 국내 진입 후 당시 곽종석의 문집 출판을 위해 상경해 있던 곽윤·김황·이기원·하장환 등에게 다음과 같은 임무를 하달하였다.

1. 宋永祜는 運動 자금 조달을 위해 영주로 갈 것.
2. 郭奫은 고 郭鍾錫의 文弟였던 경북 봉화의 권상경, 대구의 최해윤 및 거창 방면을 담당할 것.
3. 孫厚翼은 경남 울산·양산·동래 방면을 분담할 것.
4. 鄭守基는 저명한 한학자 김동진을 거쳐 경북 안동, 영주, 봉화 지방의 부호로부터 모집할 것.
5. 金榥은 경남 진주, 산청, 의령, 거창의 儒林과 연락하여 모집할 것.56

이외에 정수기를 통해 모금원으로 활동한 사람은 홍묵, 이동흠, 이

---

53 南富熙, 『儒林의 獨立運動史硏究』, 범조사, 259쪽, 1994.
54 「孫厚翼-警察審問調書 1회분」, 南富熙, 앞의 책, 80쪽.
55 「金昌淑事件 豫審決定書」, 『東亞日報』 1928. 8. 10.
56 慶北警察局, 앞의 책, 283~284쪽.

종흠, 이영로 등이었다. 특히 이동흠과 이종흠 형제가 활발히 활동하였는데, 이들은 이중업의 아들이다.

 송영우, 김화식 등이 군자금 모집 운동을 전개하고 있을 무렵, 김창숙은 1925년 9월 중순 경 정수기와 함께 충남 진잠의 유림 李源泰를 찾아갔다. 그곳에서 10여일 동안 머물면서 상황을 점검하였고, 곧 서울로 올라와 활동 상황을 점검하였다. 그러나 상황은 부진하기 짝이 없었다. 이에 김창숙은 직접 영남지방에 내려가 모금 운동을 벌일 것을 결심하였다.57

 1925년 11월 김창숙은 김화식, 송영우와 함께 대구로 내려갔다. 이에 군자금 모집 운동에 박차를 가하게 되고, 각지 유림들도 대구로 집결하게 되는데, 이 중에는 그의 족속인 김헌식, 매부인 李泳魯, 종제인 김창백, 홍묵, 이동흠, 이종흠 등이 있었다. 이들은 안동, 예안, 영주, 봉화, 상주, 영양, 영천, 경주, 양산, 울산, 청도, 밀양, 성주, 고령, 창녕, 합천, 단성, 진주, 의령, 함안, 마산, 부산 등지 각처를 무대로 모금 활동을 펼쳤다.58 이들이 대구에서 협의한 내용은 다음과 같다.

 1. 청도군의 윤모와 홍모를 모집원에 가입시킬 것.
 2. 金華植은 경남 산청군 金榥과 자금 모집원 하장환 등의 힘을 빌려 진주군 내 부호 이길호, 하재화 등에게 모험적 행동을 감행하더라도 자금을 제공토록 강요하고, 기타 울산군 李在洛에게 들러 獨立運動資金 제공을 요청할 것.
 3. 이상의 계획에 의거해도 예상액 20만원이 도저히 될 수 없을 경우 4, 5천원을 모금키로 할 것. 그리하여 그 돈을 金昌淑이 휴대하여 제2차 계획을 세우기 위해 일단 중국으로 건너갈 것. 그리

---

57 『國譯 心山遺稿』, 753쪽.
58 『國譯 心山遺稿』, 754쪽.

고 義烈團과 연락을 취하여 폭탄과 권총 다수를 매입하고 직접
살륙투쟁에 나서 일대 소요를 일으킴과 동시에, 다른 한편으로
는 신건동맹단 단원을 파견하여 대규모 募集運動을 전개할 것.
4. 잔류한 鄭守基와 宋永祐는 이후 동지들이 올 때 적절한 조치를
취할 것.59

여기에서 주목되는 것은 이들이 계획을 변경하고 있다는 점이다. 군자금 모집과 활동 여건이 여의치 않자 2차 계획을 위해 김창숙이 중국으로 들어가 의열단과 결합한 후, 다시 국내에 들어온다는 내용이다. 그러나 계획이 수정되었다고 해서 국내 활동을 중단한 것은 아니다. 오히려 김창숙이 직접 대구로 내려와 독려함으로써 지금까지 부진했던 활동을 영남 일대에서 다소 만회하기 위해 진력하고 있음을 볼 수 있다.

이런 상황에서 김창숙은 그가 은신해 있던 남산동 박인동 노파의 집에서 일경의 심문을 받게 되었다. 김창숙은 신변의 위험을 느끼고 대구를 떠나 울산으로 향했다. 그런데 언양 부근에서 그가 탄 차가 언덕에서 굴러, 김창숙은 허리에 심한 부상을 입었다. 이로 인해 김창숙은 자리에 누워 일어나지도 못한 채 여러 달을 보냈다.60

이후 김창숙은 범어사의 금강암을 거처로 정하고 군자금을 북경까지 운반하기 위해 종제인 金昌鐸과 연락하였다. 그리하여 김창탁과 3월 15일 삼랑진역에서 만나, 군자금을 김창탁이 휴대, 봉천까지 동행키로 하였다.

이같이 김창숙을 위시한 유림단은 김창숙의 중국행을 결정하였다. 김창숙은 빨리 중국으로 돌아가 2차 계획을 실현하며, 모금한 군자금

---

59 「宋永祐-경찰신문조서 제2회분」, 南富熙, 앞의 책, 51쪽.
60 『國譯 心山遺稿』, 755쪽.

으로 폭탄과 권총을 구입하여 국내에 반입, 무장투쟁을 전개하는 데에 합의하였다. 또 의열단으로 하여금 민심의 교란을 꾀하는 한편, 그 기회를 이용하여 군자금을 재차 모집한다는 전략이었다. 이는 여러 동지들 앞에서 행한 그의 연설에 잘 표현되어 있었다.

> 나는 이번 걸음이 모험이라 하지 않을 수 없지만, 국민들이 호응해 주리라고 바랐습니다. 전후 8개월 동안 육군이 북을 쳐도 일어나지 않고 지금 왜경이 사방으로 흩어져 수사한다고 전하니 일이 이미 실패하였습니다. 나는 참으로 다시 압록강을 넘어 갈 면목이 없지만, 한 번 실패했다 하여 일어나지 못함은 혁명가의 길이 아닙니다. 나는 앞으로 행장을 정리하여 해외로 나가서 해외에 있는 동지들과 함께 재기할 방법을 도모할 것입니다. 지금 내가 가지고 가는 돈은 황무지 개간사업을 거론하기에는 만번 어려울 것이니, 나는 徐謙을 다시 만날 면목이 없습니다. 출국의 날을 당하여 이 돈을 義烈團員의 결사대 손에 직접 전해주어 왜정의 각 기관을 파괴하고 친일의 여러 부자를 박멸하여 이로써 우리 국내의 民氣를 고무할 것입니다. 국내에 계신 동지 여러분은 만약 그 기회를 타고 일제히 분기한다면 누가 감히 혁명가의 호령에 응하지 않겠습니까?[61]

김창숙은 1926년 3월 15일 부산을 출발, 봉천을 거쳐 천진에서 해로로 상해에 도착하였다. 상해에 도착한 김창숙은 김두봉의 집에서 김구, 이동녕, 柳子明 등에게 국내에서의 활동을 보고하였다. 그는 이미 국내의 정세와 인심이 죽은 것을 설명하고, "만약 비상수단을 써서 진작시키지 않으면 우리들 해외에 있는 사람들 또한 장차 궁박하여 돌아갈 곳이 없게 될 것이다. 내가 약간 가지고 온 돈으로 대규모 사업을 착수하기에는 실로 어렵지만, 장차 청년 결사대 제인에게 주어 무기를 가지고 내지로 들어가 왜정기관을 파괴하고 친일부인을

---

[61] 『國譯 心山遺稿』, 757쪽.

박멸하여 국민의 위기를 고취한 연후에, 다음으로 국내에 연락할 방법을 도모해야 할 것"62을 역설하였다. 이에 이동녕, 김구는 찬성하며 실천에 옮길 것을 주장하였다.

1926년 8월 김창숙은 이동녕・김구 등과 더불어 독립운동 세력의 통일 문제를 논의하였다. 그리하여 임시의정원을 개편하여 이동녕이 의장에, 김창숙이 부의장에 추대되었다. 그런데 의정원에서 비밀리에 진행되는 일이 상해 일본인 신문에 전모가 게재되는 일이 있었다. 내막은 여운형이 일본 밀정을 이용하여 역으로 정보를 얻어내고자 꾸민 일이나, 의정원 내에서 여운형을 성토하는 목소리가 높았다. 심지어 젊은 층에서는 여운형을 암살하고자 하였다. 이때 김창숙은 여운형이 밀정이 아님을 강력하게 변론하였으나, 이후 여운형과는 함께 일하려 하지 않았다.63

그러던 중 1926년 12월 김창숙은 치질 통증이 심하여 공동조계 공제병원에 입원하였다. 이 때 국내에서 장남 환기가 사망하였다는 기사가 보도되었다.64 일제에 체포되어 혹독한 고문으로 사망한 것이었다. 김창숙은 깊은 상심에 빠졌고 그의 병세 또한 악화되었다.

김창숙이 입원했던 병원은 극비에 붙여지고 이동녕・김두봉・김구 등만이 수시로 방문한 외에는 아무도 아는 이가 없었다. 그러던 어느 날 劉世伯, 朴謙 두 사람이 방문하였는데, 이들은 이전 광주에서 교육시켰던 유학생들이었다. 유세백, 박겸이 일제의 밀정이라는 것이 사실임을 입증하기라도 하듯이 밤늦게 영국인 경찰이 일본 형사 6인을 대동하고 그를 체포하였다.65 6월 중순 음력 5월 11일이었다.

---

62 南富熙, 앞의 책, 81쪽.
63 『國譯 心山遺稿』, 764~766쪽.
64 『國譯 心山遺稿』, 766쪽.

김창숙은 일본 나가사키(長崎)로 압송되었고, 이후 시모노세키(下關)와 부산을 거쳐 대구형무소에 감금되었다.

2) 제2차 유림단 사건

유교계는 제1차 유림단 의거에서 다양한 의식을 지니고 있었다. 의병적 유림을 포함하여 탈척사유림, 그리고 근대 국가 의식을 고조시켰던 혁신유림 등이 그것인데, 이들은 3·1운동 현장에 합류하면서 유교 세력의 주체적 발전 형태를 모색하였다. 그것은 또 유교계가 3·1운동을 전후하여 자체 모순을 스스로 극복하는 과정임과 동시에 다음 단계의 독립투쟁을 예고하는 것이기도 했다. 이 중 혁신유림이 해외로 망명함으로써 이후의 독립운동이 적극적으로 추진되는데, 이는 제1차 유림단 의거가 실패한 후 국내 유림의 절대 다수가 일제에 의해 체포 구금당하거나 감시받게 되어 활동 기반을 거의 상실했기 때문이었다. 그러나 유교계의 혁신세력이 제1차 유림단 의거를 계기로 해외로 망명하면서, 새로운 독립투쟁 방식을 모색하게 된다는 점은 매우 주목할 만한 일일 것이다. 이는 유교계의 독립투쟁 방향 전환에서도 그러하지만 국내 유교 세력을 다시 규합하는 계기를 마련해 주고 있다는 점에서도 그러하였다.[66]

1925년부터 1927년 사이 북경과 서울, 그리고 특히 경남·북 지방을 중심으로 전개된 해외 독립운동 기지 건설을 위한 군자금 모집 운동 및 독립투쟁을 제2차 유림단 의거라고 부른다. 이 운동은 1919년 제1차 유림단 의거를 촉발한 파리장서 운동의 주도자였던 김창숙과 국내 유림단이 주축이 되어 전개한 운동으로서, 후일 의열단원인 나

---

65 『國譯 心山遺稿』, 767쪽.
66 南富熙, 앞의 책, 243쪽.

석주의 식산은행 및 동양척식주식회사의 폭탄 투척 사건으로 이어져 국내의 독립 투쟁에 경각심을 불러 일으키고 독립 투쟁의 새로운 전환점으로 작용하였다.

제2차 유림단 의거는 앞에서 상술하였듯이, 김창숙이 중국으로부터 독립운동 기지 건설을 위한 토지의 매입을 허가받고 그의 자금을 마련하고자 국내에 잠입함으로써 시작된다. 그는 이미 파리장서 운동으로 구축된 유림단과 연계하여 유림단의 동참 의사를 얻고, 국내에서 유림 및 부호들로부터 독립운동 기지 건설금을 모금하였으나, 소기의 목표를 이루지 못하고 다시 중국 상해로 망명한다. 이후 일제에 의해 군자금 모금 활동이 발각되고, 참여 인사가 체포됨으로써 제2차 유림단 의거, 혹은 제2차 유림단 사건이 세상에 그 전모를 드러내게 되었다.

제2차 유림단 의거를 살피는 데 중요한 자료는 대략 세 가지로 분류된다. 첫째는, 김창숙의 유고인 『心山遺稿』이다. 이를 통하여 그가 북경에서 국내에 잠입하여 옛 유림 동지를 규합, 군자금 모집을 비롯한 제2차 유림단 의거의 배경을 알 수 있었다. 둘째는, 『高等警察要史』의 수사 기록이다. 당시 상황을 경북경찰부가 조사한 정보 및 수사 내용이 그것인데 이를 토대로 당시의 총체적인 사건 개요를 알 수 있었다. 셋째는, 제2차 유림단 의거의 전모를 파악할 수 있는 관련 인물들의 기록이다.[67]

김창숙이 국내에서 모금한 군자금을 가지고 김창탁과 함께 중국으로 떠난 직후, 1926년 4월 송영우를 필두로 유림 인사들이 일경에 체포되기 시작하였다. 사건의 실체가 파악되면서, 이 사건은 전국적으로 확대되어 일경을 긴장시켰다. 일제는 경북경찰서 요원만으로는

---

67 南富熙 編譯, 「第2次 儒林團 事件」, 『獨立運動史資料集』, 도서출판 불휘, 1992.

해결이 불가능하다고 판단, 특별조사반을 구성하여 사건 전모를 파악하고자 했다.

사건 발발 초기 상황을 알 수 있는 보도 내용으로는 다음의 것이 있다.

> 慶北儒林團 사건으로 慶北警察局의 활동이 매우 비상하던 중, 지난 13일 경찰부의 긴급전보로 당시 경찰서 경관 5, 6명은 즉시 성주군 월향면 대산동의 재산과 지위가 儒林界에 굴지하는 이모, 동면 동동 이모 양씨의 집에 가택 수색까지 하였으나 별반 증거물은 얻지 못하였고, 전기 양씨는 동일 오후에 경찰부로 검거되었다더라.68

> 얼마전에 慶北警察局에 발각 검거된 慶北儒林團 사건은 그 후 동경찰부에서 엄중한 취조를 받던 중 검거된 범인 수가 40·50명이나 되는 놀라운 수에 달하였으므로, 유치장이 협착하여 도저히 그대로 두고 취조를 할 수 없어서 우선 먼저 취조를 마친 10여명만 지난 25일 오전에 대구 지방법원 검사국으로 넘기었다는 바, 당일 동경찰부 내에는 범인들의 친척들이 모여 인산인해를 이루었다더라.69

이 사건으로 인해 체포된 인물은 전국적으로 40~50명에 이른다. 그러나 전모를 밝히지 못하고 사건의 일부만 검사국으로 송치되었다. 이들의 재판과정을 살펴보면, 관련 인물의 수가 너무 많아 기록이 2만 매가 넘었으며, 담당 판·검사가 기록을 다 읽지 못해 수 차례 공판이 지연되었다.

---

68 『朝鮮日報』 1926년 5월 20일.
69 『朝鮮日報』 1926년 5월 27일.

당시의 상황을 전하는 신문기사에는 다음과 같은 내용이 있다.

> 경상남북도를 위시하여 남부조선 일대에 흩어져 있는 儒林들을 망라하여 세상의 이목을 경동케 한 경북유림단 사건의 공판은 예정과 같이 10일 오전 11시 50분경에 대구지방법원 형사 제2호 법정에서 金川裁判長의 심리와 山澤검사의 입회로 개정하였는데,
> 　피고가 열 두사람의 다수에 달하므로 그들의 가족, 친구 30여명이 멀리 충청도와 경상남도 등지에서까지 와서 피고인들의 얼굴이라도 보고자 하였으며, 기타로 일반 방청인도 약 3백 명 가량이나 이른 아침부터 와서 기다렸던 바,
> 　실제로 개정을 하게 되니 헌병대와 대구경찰서, 慶北警察局 등에서 정사복 경관 수 십 명을 파견하여 물 한 방울 샐 틈 없이 엄중히 경계하고 방청인들도 신체를 수색하여 본 후에 입정케 하였는데 그것도 법정이 혼잡하다는 핑계로 약 60여명 가량 밖에는 입정을 허락치 아니하여,
> 　일부러 수 백 리 먼 길을 왔던 가족들도 반수 이상이 방청치 못하고 그대로 돌아갔는데 재판장은 피고들의 주소, 성명, 연령, 직업 등만 심리한 후 3월 3일로 연기한다 한 후 폐정하였다.[70]

> 慶北儒林團 공판, 15일로 또 연기
> 　본지에 누보한 바 慶北儒林團 사건 계속 공판을 3일에 대구지방법원에서 개정할 예정이었는데 금번 이 사건의 기록은 ○○○ 2만 매 이상에 달하여 아직 이 사건 취급의 판, 검사가 기록을 받아 보지 못한 관계로 부득이 오는 15일로 또 연기하였는바, 이와 같이 기록이 많은 것은 대구지방법원 창설 이래 처음이라더라.[71]

공판은 해를 넘겨 1927년 3월까지 계속되었다. 그러나 주동 인물인 김창숙이 포함되지 않아, 사건에 가담한 인물들의 형량은 그리 높지 않았다. 후에 김창숙이 상해에서 피체된 후 국내로 압송되어 재판

---

70 『朝鮮日報』 1927년 2월 12일.
71 『朝鮮日報』 1927년 3월 4일.

에서 14년의 징역형을 선고받은 사실로 미루어 볼 때, 유림 인사들의 형량은 상대적으로 낮은 편이었다. 현재 국가기록원 부산지소에 보관 중인 당시의 공판기록을 살펴보면, 송영우·김화식은 각각 징역 3년, 이봉로는 징역 2년, 손후익은 징역 1년 6개월, 그리고 김창탁은 징역 10개월을 받았다. 관련 인물들의 형량은 다음과 같다.

> 宋永祐·金華植: 징역 각 3년, 미결일수 50일 통산(5년구형)
> 李鳳魯: 징역 2년, 미결일수 60일 통산(3년구형)
> 孫厚翼: 징역 1년 6개월, 미결일수 60일 통산 집행유예 3년(3년구형)
> 李椶欽: 징역 1년, 미결일수 60일 통산 집행유예 4년(2년구형)
> 李在洛: 징역 1년, 미결일수 100일통산 집행유예 2년(2년구형)
> 金昌鐸: 징역 10개월, 미결일수 100일통산 집행유예 2년(1년구형)
> 李源泰: 징역 10개월, 미결일수 100일통산 집행유예 2년(1년구형)
> 李宇洛, 李泳魯: 각 징역 8개월, 미결일수 100일 통산 집행유예 2년 (2년 구형)
> 洪淳喆: 벌금 70원(8개월 구형)
> 金東植: 벌금 30원(8개월 구형)[72]

이렇게 제2차 유림단 의거에 관련된 유림 인사들에 대한 수사와 공판은 일단락되었다. 그러나 1927년에 들어서자마자 제2차 유림단 의거의 연장선상에 있다고 할 수 있는 나석주의 동양척식주식회사 폭탄 투척 사건이 발생한다. 김창숙이 해외로 다시 나간 직후 의열단과 합류한 무장투쟁인 것이다.

당시 유림의 독립운동과 관련하여 『高等警察要史』에서는 특히 경남·북 지방 유림의 동향을 분석하였는데, "慶尙北道는 양반 유생의 淵叢이요, 배일·불령 운동의 원천"이라고 규정지었다.[73]

---

[72] 『朝鮮日報』 1927년 3월 31일; 「大邱地方法院 刑事部 豫審終結 決定」, 1927년 3월 29일, 政府記錄保存所 釜山支所.

이처럼 유림은 일제에 있어 경계의 대상이요, 주의·감시의 대상이었다. 이러한 유림의 항일 독립의식은 제1차 유림단 의거에 이어 제2차 유림단 의거를 일으키는 원동력이 되었다. 거사의 성패 여부를 떠나 제2차 유림단 의거는 일제의 압박과 회유에 넘어가 신념을 바꾸는 자가 속출하여 독립운동의 근간이 어지러워지던 1920년대에 민족의 분발을 촉구하는 새로운 독립운동으로의 전환점이 되었던 것이었다.

4. 의열 투쟁 활동의 전개

김창숙의 의열 투쟁 활동은 일제 밀정 김달하의 처단과 나석주 의거 참여로 대표된다. 김창숙은 북경에서 이을규·이정규·백정기·정화암 등 재중국무정부주의자연맹원들과도 교류하였는데,[74] 이들과의 만남을 통해 김창숙의 항일운동관도 보다 적극적이고 실천적인 모습으로 다듬어져 갔다.

김창숙의 독립운동 자금 모집 활동의 일례로, 1923년 늦겨울 김창숙은 이을규·이정규·백정기 등 무정부주의운동가들과 함께 북경 帽兒胡同에 거주하는 부일배 가족인 고명복 모녀의 집에 잠입하여 패물 등의 금품을 탈취하였다.[75]

김창숙은 1922년 2월 이후 북경으로 옮겨 활동하게 된다. 이 무렵 북경에는 많은 인사들이 모여들었다. 이기일이 국내에 돌아와 국내 동향을 전하였고, 3월에는 손영직·김진우가 상해로부터 오고, 이호태·정수기 등이 국내로부터 와서 동참하였다. 그러나 이 무렵에는

---

73 慶尙北道 警察部, 앞의 책, 1~3쪽.
74 정화암, 『어느 아나키스트의 몸으로 쓴 근세사』, 자유문고, 55쪽, 1992.
75 정화암, 위의 책, 54~55쪽.

적지 않은 인사들이 경제적 곤란이나 사상의 타락 등으로 일제에 귀순하였다. 일제의 독립운동가들에 대한 회유 공작도 집요하게 시도되었다. 경제적 곤란 등의 허점을 공략하였다. 김창숙 또한 회유 공작의 대상으로 집요한 공세를 받는다. 김창숙이 金達河를 알게 된 때도 바로 이 때였다. 김달하는 김창숙을 회유하였다. 그는 "천하에 자신의 식생활도 해결하지 못하는 혁명가가 어디 있는가? 만일 자신의 식생활도 해결하지 못한다면 소위 혁명운동도 빈말에 지나지 않는다"고 하며, 귀국하여 경학원 부제학에 취임할 것을 권유하였다.[76] 이후 김달하는 의열단원에 의해 처단되었다.[77]

김달하의 귀순 공작 후에도 김창숙과 친분이 두터운 자가 귀순을 권고하였다. 총독부 총무국에서 경북경찰국에 명령하여 그에게 편지를 전하도록 하였는데 그 내용은 "경무국에서 제택을 개구하고 장소를 매입하여 생활을 보장하며 전후의 범행은 불문에 붙이고 특별히 가호한다"는 내용이었다. 이에 분노한 김창숙은 가족에게 서신을 보내 그와 절교하도록 하였다.[78]

---

[76] 『國譯 心山遺稿』, 738~739쪽. 김창숙은 김달하의 정체를 모른 채, "그를 만나 매사를 의논하곤 했는데, 어찌된 영문인지 이쪽의 계획이 계속 누설되었다." 조사 결과 김달하가 일제 밀정임을 안 김창숙은 그를 제거키로 마음먹었다고 한다(정화암, 앞의 책, 55쪽). 정화암은 김달하 처단 무렵의 김창숙의 모습을 다음과 같이 기억하였다. "당시 북경에 있던 독립 투사 김창숙의 재촉에 따라 친일 조선인의 집을 털어 자금을 마련하기로 했다. 이것이 이른바 帽兒胡同 사건이었다. 이때 김창숙은 왜의 밀정 김달하를 암살하기 위한 자금을 필요로 했던 것이다."(이정식 대담, 김학준 편집·해설, 1988 『혁명가들의 항일회상』, 민음사, 271쪽).

[77] 김달하는 북양군벌의 거두 段祺瑞의 부관이었으며, 조선총독부의 밀정 노릇을 하고 있었다. 1925년 3월 30일 의열단원 李仁洪과 李箕煥은 김달하의 거처인 北京 安定門內 車輦胡同 西口內路 北門牌 23号에서 그를 처단하였다(박태원, 『약산과 의열단』, 백양당, 174~177쪽, 1947).

[78] 『國譯 心山遺稿』, 739~740쪽.

제3장 중국 망명 후의 민족독립운동 137

그러나 김창숙의 의지와는 상관없이 자신이 의심받게 되는 상황이 발생하였다. 상해·광동으로부터 북경에 이르기까지 4~5년의 세월을 함께 한 손영직이 1923년 여름 자금 모집을 구실로 귀국하겠다는 뜻을 개진해 왔다. 김창숙은 그를 만류하였으나 그는 끝내 귀국해버렸다. 손영직의 귀순 사건 후, 그가 일제와 내통했다는 소문이 북경과 상해 지역에 유포되었던 것이다.[79]

다음으로 김창숙과 나석주 의거에 대해 살펴보겠다.

1926년 3월 상해로 돌아온 김창숙은 국내에서 모금한 군자금을 의열 투쟁 자금으로 활용하여 일제의 식민기관을 파괴하고 국내의 민심을 고무하여 일제에 대한 저항심을 진작시키고자 하였다.

이봉창의 일본 천황 저격 의거, 윤봉길의 상해 홍구공원에서의 일본 천장절 기념식장 폭파 의거와 더불어 일제의 간담을 서늘하게 했던 '3대 의거'의 하나인 나석주의 식산은행 및 동양척식주식회사 폭탄 투척 의거는 1926년 12월 28일 발생하였다.

김창숙이 이동녕, 김구와 일제 식민기관 폭파 등 의열 투쟁의 실행을 의논하자 김구는 나석주·이승춘 등을 소개시켜 주었다. 김창숙은 김구에게

　　비상수단으로 민족정신을 진작시키지 않으면 외국에 있는 우리는 장차 돌아갈 곳을 얻지 못할 것이 분명하며, 지금까지 내가 국내에서 구해온 금액으로는 대규모의 사업을 착수할 수 없으니 차라리 이 돈을 청년결사대에 내주어 무기를 지니고 귀국하게 한 뒤 왜인의 기관을 습격하고 친일파 부유층을 박멸하여 잠잠해진 민족혼을 일깨워 줌으로써 겨레의 사기를 고무시킨 후에, 국내와 연락하여 협조를 얻는 방안을 추진해 보는 것이 옳은 줄로 생각하오.[80]

---

79 『國譯 心山遺稿』, 741쪽.

라고 자신의 항일투쟁관을 피력하며, 유자명에게 무기 구입을 의뢰하였다. 이렇듯 김창숙과 나석주의 연결은 김구의 소개로 이루어졌다.[81] 김창숙은 유자명과 한봉근에게 의뢰하여 권총, 실탄을 구하여 유자명과 함께, 천진 불조루에서 나석주를 만나 폭탄을 건네주었고, 이후 다시 폭탄 2개를 나석주와 이승춘에게 교부하였다. 김창숙의 취조 과정에서 밝혀진 내용에 의하면, 그는 1926년 7월 21일 천진에서 유자명·한봉근·이승춘 등과 회합하여 현금 1만 5천원으로 권총·실탄을 구입하였고, 또 폭탄은 신채호가 보관 중인 2개로 충당키로 하였다고 하였다.[82] 김창숙이 천진에서 나석주·이승춘을 만나 김구의 소개 편지를 보이며 이들의 의사를 물었을 때, 이들은 "우리들이 일사를 결심한지 오래였는데 감히 즐겨하지 않겠습니까"[83]하며 분연히 결의를 다짐하였다. 김창숙은 무기와 자금을 나눠주었고 나석주와 이승춘은 곧 威海衛로 출발하였다. 해로로 국내에 잠입하기 위함이었다.[84]

---

80 독립운동사편찬위원회, 『독립운동사』 7, 독립유공자사업기금운용위원회, 631쪽, 1976.

81 한편 宋相燾의 『騎驢隨筆』에서는 김창숙이 의열단장 김원봉, 간부 유자명·한봉근과 의논하였더니, 김원봉이 나석주를 추천한 것으로 되어 있다(宋相燾, 『騎驢隨筆』 국사편찬위원회, 386쪽, 1971). 또한 『心山遺稿』에 있는 「躄翁七十三年回想記」에서는 유자명이 의열단원 중에서 나석주를 천거한 것으로 되어 있다(『國譯 心山遺稿』 763쪽). 이로 미루어 보아 나석주는 김구와 의열단 양측의 동시 천거로 김창숙과 연결되었다고 볼 수 있겠다.

82 慶北警察局, 『高等警察要史』; 金昌洙, 「民族運動으로서의 義烈團活動」 『3·1운동 50주년기념논문집』, 동아일보사, 819쪽, 1969.

83 『國譯 心山遺稿』, 763쪽.

84 나석주의거의 내용에 대해서는 다음의 논문이 참조된다. 나응서, 「나석주의사의 동척투탄」, 『신동아』 7월, 1969; 金昌洙, 「민족운동으로서의 의열단의 활동」, 『3·1운동 50주년기념논문집』 동아일보사, 1969; 「1920년에 있어서 民族運動의 一樣相: 민족운동으로서의 의열단의 활동 補遺」, 『아세아학보』 12집, 아세아학술연구

이와 같이 나석주 의거는 김창숙의 민족 독립 투쟁의 소산이라고 할 수 있었다. 폭력·파괴·살해 등 적극적 투쟁을 통해 민중 직접 혁명을 목표로 하는 의열단 활동과 연결될 만큼 김창숙의 민족운동 방향은 혁명적 투쟁의 단계로 전환되었다. 그의 독립운동 방략이 전환된 데에는 대체로 두 가지의 계기가 작용한 것으로 보인다. 첫째, 임정 중심의 소극적인 독립운동 노선에 실망하여 독립운동 기지 건설 계획 하에 추진한 국내모금 운동의 실패, 그리고 제2차 유림단 사건 등을 통해 자신의 국내기반이 파괴되어 가는 절망적 현실이 그로 하여금 적극적인 의열 투쟁으로 나아가게 하였을 것이다. 둘째, 신채호·김원봉·유자명 등 혁명적 무장투쟁론자들과의 교류를 통해 그의 실천적 투쟁 정신이 확고하게 진전되어 갔다는 점이다.

김창숙은 중국 망명 후 임시정부의 수립에 참여하여 의정원 의원으로서 활약하였다. 그리고 이문치·능월·오산·서겸 등 중국 혁명 세력과 연계하여 대 중국 외교 활동을 활발히 전개하여, 그 결과로 독립후원회 및 중한호조회를 결성하였다. 아울러 해외 독립운동 기지 건설을 위한 부지의 매입을 허락받았다. 그리고 스스로 국내에 잠입하여 유림단과 연합, 군자금 모금을 위하여 노력하였으나 성공하지는 못하였다. 이를 계기로 김창숙은 독립 투쟁 방식의 전환을 꾀하여, 일제에 대한 적극적인 실력 행사의 방식을 택하였다. 그는 의열단 활동에 참가하여 국내에서 모금한 자금을 재정적 기반으로 삼아, 나석주를 국내로 잠입시켜 동양척식주식회사·식산은행의 파괴공작을 주도하였다. 이처럼 직접 행동 방식의 독립 투쟁 성과는 두드러진 것이었으나, 그는 일제의 집요한 추적과 일제 밀정의 밀고로 영국인 경영의 공제병원에서 체포되었다.

소 1976;「의열단의 성립과 투쟁」,『한민족독립운동사』4, 국사편찬위원회, 1988.

이로 인하여 일제와의 전면적인 독립 전쟁을 위한 독립운동 기지 건설 계획은 무산되었다. 그러나 김창숙은 이에 굴복하지 않고 옥중에서도 일제에 대해 비타협·불복종의 투쟁을 전개하였다.

5. 피체와 옥중 투쟁

1927년 6월 14일 일제에 체포된 김창숙은 상해에서 일본 나가사키(長崎)를 거쳐 곧 국내로 압송되어 대구경찰서에 구금되었다. 일제는 그의 입을 열기 위해 온갖 고문을 가하였으나, 김창숙은 "광복을 도모한지 십년 동안에 성명과 신가는 도시 상관하지 않았네. 뇌락한 평생은 백일과 같은데 무엇하러 형심은 이다지도 다단한가"[85]하며 결코 굴복하지 않았다.

김창숙은 예심 과정에서 일제에 대한 전면 부정으로 일관하였다. 본적이 어디냐는 재판관의 물음에 "나라가 없는데 어찌 본적이 있을 수 있겠냐"며 오히려 반문하였다. 그는 또한 재판과정에서 일제의 변호를 거부하였다. 나라가 없는 백성이 본적이 있을 리 없으며 그렇기 때문에 법정 또한 있을 수 없다는 것이었다. 한인 변호사들이 그를 면회하여 사건의 변호를 강력하게 청하고 나섰을 때에도 김창숙은 이를 완강히 거부하였다.

김창숙은 김용무 등의 변호사들의 변론 제의를 이미 거부한 바 있었다. 그런데 김완변 변호사가 다시 찾아와서 간청하자, 김창숙은 다음과 같은 말로써 거부 이유를 밝혔다.

---

85 『國譯 心山遺稿』, 768쪽.

제3장 중국 망명 후의 민족독립운동 **141**

> 내가 변호를 거부함은 대의가 매우 엄하다. 나는 대한 사람이고 일본 법률을 부인하는 사람이다. 일본 법률을 부인하면서 만약 일본 법률론자에게 변호를 위탁하면 그 대의에 모순됨이 어떻겠는가. 또 君과 손·김은 동일한 일본 법률론자이다. 일본 법률로써 대한인 金昌淑을 변호하고 싶어도 그 자격이 불비하다. 불비한 자격으로 억지로 변호하려고 하면 법률 이론이 또한 성립되지 않을 것이니, 君은 무슨 말로 나를 위하여 변호하겠는가? 나는 포로이다. 포로이면서 구차하게 살려고 함은 치욕이다. 실로 내 지조를 바꾸어서 타인에게 변호를 위탁하여 살기를 구하고 싶지 않다.[86]

이에 김완변 변호사도 어쩔 수가 없었다. 이러한 그의 일제에 대한 태도는 그의 스승인 곽종석이 법정에서 공소를 묻자 "공소하고자 하면 하늘이 있을 뿐이다(必欲訴之祁惟天乎)"라고 한 것과 일맥상통하는 것이었다.

그리하여 김창숙은 1927년 12월 재판에서 나석주의 식산은행과 동양척식주식회사 폭탄 투척 사건의 주동자로서, 살인 미수, 치안유지법, 폭발물 취급령 위반 등의 죄목으로 14년의 징역형을 받았다. 검사는 무기 징역을 구형하였으나 판사가 14년형을 선고한 것이었다.[87] 이 때에 주위의 친지들이 공소할 것을 권유하였으나 그는 이를 거부하였다. 김창숙은 곧 대전형무소에 이감되었다.

이 때 김창숙은 예심 과정에서 당한 혹독한 고문으로 두 다리가 마비되어 하반신의 불구를 얻고 만다. 이로 인해 '躄翁'이라는 호가 유래하였다. 대전형무소에서 복역하던 김창숙은 병이 악화되어 1929년 5월에 형 집행정지로 대구병원에 입원하였다. 그러나 병세가 심해

---

86 『國譯 心山遺稿』, 770~772쪽.
87 『東亞日報』 1928. 12. 29.

져 고향으로 옮겼으나 대구 지방법원 검사장에 의해 곧 재수감되었다. 대소변을 혼자 치르기에도 벅찬 환자를 수감하는 일제의 형 집행은 가혹했다.

김창숙은 대전형무소에서 가혹한 옥의 규칙으로 독서와 저서의 자유를 누리지 못하는 것에 분개하여 이에 항의하여 마침내 문방구를 구입, 저술과 독서의 생활을 처음으로 갖게 되었다. 이 시기에 그는 『字書綜要』를 편찬하였으며, 또 六經과 二程全書, 理學宗要 등을 읽고 사색하며, 天人性命의 심오한 이치를 연구하여 心과 身의 합함을 느끼며 마음의 안정을 구하였다.

김창숙은 대전감옥의 옥중 생활에서도 간수나 전옥의 명령을 따르지 않았다. 1933년 새로 부임한 전옥이 김창숙에게 절하기를 강요하자, 김창숙은 웃으면서 "내가 옥에 들어온 지 이미 6~7년이 되었지만 옥리를 보고 머리 한번 까딱하여 절한 일이 없다. 나는 위협으로 내 뜻을 변할 사람이 아니다"라고 하였다. 그래도 죄수가 옥리에게 절하지 않음은 무례라고 하자, 김창숙은 "내가 너희들에 대해서 절하지 않는 것은 곧 나의 독립운동의 정신을 고수함이다. 대저 절은 경의를 표하는 것인데 내가 너희들에게 경의를 표해야 할 것이 무엇인가?"라고 반문하면서 끝내 명령에 따르지 않았다.[88] 이 때에 안창호와 여운형이 서대문형무소에 이감되어 김창숙과 함께 수감되었다.

병고에 시달리면서 김창숙의 형무소 생활은 계속되었다. 그러나 그의 민족주의의 정신은 육신의 아픔을 넘어 더욱 더 선명해졌다. 이에 비례하여 일제 당국의 항일 한인에 대한 회유책은 끈질기게 계속되었다.

김창숙에게도 회유의 유혹이 끊이지 않았다. 무정부주의자 박열의

---

[88] 『國譯 心山遺稿』, 774~775쪽.

방향 전환 성명서가 그에게 전달된 후 곧 이어 최남선의 일선융화론이 전달되었다. 그 요지는 일본 민족과 대한 민족의 근본이 모두 시베리아 동부에서 일어난 동일한 혈통이라는 것이고 문화 계통도 같이 근거하는 것이라는 논리였다.[89] 즉 일본 문화는 신무천황의 신도 설교에서 시작되었는데 그 뒤 일본 문화는 모두 신무 신도 정신으로 말미암아 일어났고, 조선 문화는 또한 달코의 신도 설교로부터 시작되었는데 그 뒤 조선 문화는 모두 단군 신도 정신에서 나왔다. 수 천 년 이래 양 민족의 문화는 모두 양 민족의 신도 정신이 교류하여 이루어진 것이다[90]라는 것이었다. 이를 읽고 감상문을 써보라는 전옥의 강요에 김창숙은 "나는 이 일본에게 붙어버린 반역자가 미친 소리로 요란하게 짖어대는 흉서를 읽고 싶지 않다. 기미년 독립선언서가 南善의 손에서 나오지 않았던가? 이런 사람으로 도리어 일본에 붙어 역적으로 되었으니 비록 만 번 죽여도 오히려 죄가 남는다"[91]라고 하였다. 그럼에도 불구하고 계속하여 감상문을 강요하자 분노가 충천하여 詩 일절을 써서 던져주니 그 내용은 다음과 같았다.

> 그 옛날 독립을 선언할 때엔/ 의로운 소리 육주에 진동터니/ 이제 주린 개 도리어 元植을 위해 짖는구나/ 비수 어찌 사람 없으랴.[92]

김창숙의 일제에 대한 비타협 저항 정신을 이러하였다. 당시 친일의 길로 행로를 바꾼 변절자가 난무하는 현실에서 김창숙의 불굴의

---

89 『國譯 心山遺稿』, 775~776쪽.
90 『國譯 心山遺稿』, 776쪽.
91 『國譯 心山遺稿』, 776쪽.
92 『國譯 心山遺稿』, 777쪽.

의지는 더욱 선명한 빛을 발하는 것이었다.

　김창숙은 1934년 9월 병이 악화되어 다시 형 집행정지로 출옥하였고 부인이 대구에 셋방을 얻어 간병을 하였다. 1939년 김창숙은 회갑을 맞았으나 주위의 권유를 물리쳐 가족들에게 주연을 베풀지 못하도록 하였다. 일신의 안녕보다는 민족의 대의를 먼저 생각하는 그의 일면을 엿볼 수 있는 일화라고 하겠다. 1940년 5월에는 1920년 정월에 별세한 모친의 묘소에서 시묘살이를 하면서 그가 배운 儒學의 道로써 효의 본분을 다하였다.

　일제는 1937년 중일전쟁을 일으켜 제국주의 침략 야욕을 본격적으로 드러내었다. 그리하여 조선에 대한 식민통치 또한 강압의 강도를 더하여 급기야는 조선인의 성명을 일본식으로 창씨하라는 전대미문의 악책을 실시하였다. 당시의 유림의 명망 있는 인물들로 김동진, 송준필과 같은 이들이 제일 먼저 창씨개명을 하기도 했다.

　김창숙이 향리에 돌아와 있던 1940년 총독 미나미(南)는 창씨개명의 명령을 내렸다. 그러나 김창숙은 이를 결연히 거절하고 말하기를, "나는 한국 사람이다. 본래 姓이 있고 氏가 있지만 성이 씨보다 중하기 때문에 그 호칭할 때에는 반드시 성으로 하고 씨로써 하지 않는 것이니, 내가 창씨에 불응함은 참으로 내 성이 중요하기 때문이다" 하고, 이어 창씨개명이 일제의 은전임을 주장하며 창씨개명할 것을 강요하는 일제에게 "강권이 비록 겁나지만 나는 늙고 병들어 죽을 날이 얼마 남지 않았다. 비록 죽더라도 절대 응하지 않을 것이다"[93]라고 하였다. 이렇듯 그의 의지가 꺾이지 않을 것을 안 일제는 더 이상의 강요를 하지 못하고 마침내 포기하고 말았다. 일제는 창씨개명을 거절한 그에게 여러 가지 불리한 대우를 가하였지만 일제에 대한 김

---

[93] 『國譯 心山遺稿』, 780쪽.

창숙의 의기는 조금도 꺾일줄을 몰랐다.

　김창숙은 1943년 겨울, 차남 찬기를 중국 중경으로 파견하였다. 이는 일제의 감시를 받던 찬기를 망명시키는 한편 중경 임시정부의 상황을 알아보고자 한 것이었다. 차남 찬기는 부친의 영향으로 혁명사상에 고취되어 항일운동을 펼치다 일제에 의해 몇 차례 투옥되었고 항상 일제의 감시가 뒤따르던 상황이었다.94

　김창숙은 옥중 투쟁을 통하여 그의 항일 독립 투쟁의 자세를 새롭게 다짐하는 한편 그의 굳은 의지를 더욱 굳게 하였다. 그는 비타협·불복종의 실천을 통해 일제에 저항함으로써 그가 망명하여 펼쳤던 숱한 독립운동―대 중국 외교 활동, 군자금 모집 활동, 나석주 의거―에 못지않은 격렬하고도 뜨거운 투쟁을 펼쳤다. 만일 그가 일제에 쉽게 타협하고 굴복하였더라면 민족의 독립의지는 한풀 꺾였을 것이고, 그는 일제의 선전 도구로 전락하여 오히려 일제가 추구한 식민지배의 항구화에 지대한 공헌을 했을지도 모를 일이다. 김창숙은 그의 독립투쟁을 통해 민족의 독립의지 고취를 꾀하였고, 옥중투쟁을 통하여 그의 민족독립운동에서 하나의 완성을 이룬 것이었다. 김창숙의 옥중투쟁이 주목받아야 하는 이유는 바로 여기에 있다.

　한편, 이 시기에 김창숙은 詩·書·記 등의 많은 저술을 남기는데, 이 중에서 그의 옥중 투쟁과 관련지어 주목해야 할 내용은 만해 한용운, 벽초 홍명희, 위당 정인보 등 스스로 문을 닫거나 몸을 숨겨 민족적 양심을 지켜 온 이들과의 교우였다. 이 세 사람의 공통점은 김창숙이 어느 누구와도 면대한 적이 없었다는 사실이다. 바로 마음으로의 사귐이었다. 만날 형편이 못되었지만 굳이 만나보아야만 할 일도 아니었다. 그 정신을 알기 때문에 곧 동지가 되는, 세속적인 관계를

---

94 『國譯 心山遺稿』, 782쪽.

뛰어넘은 격 높은 교우였다.

　벽초에게 보낸 시구에는 '한 세상에 같이 나서 또 마음도 같아'[95] 라든가 '벽초의 얼굴 본 적 없어도, 벽초의 마음 잘 알고 있네. 만나 보지 못함이 무슨 한 되리오, 그대 마음 곧 내 마음인 것을'[96] 등과 같이 깊은 동지적 애정이 詩心으로 솟아 넘치고 있다. 한편 벽초에게 보낸 어느 답서에서는 '나는 足下같은 한 사람을 얻어 精神的으로 許 交하여 늙어 죽을 때까지를 기약하니 얼마나 다행한가', '그러나 내 게 주는 말이 과장되고 지나쳐, 칭찬이 아니라 도리어 내가 놀랍고 땀이 흐르니…… 足下께서 不智를 면하지(군자는 말을 삼가야 한다는 뜻-필자) 못할까 두렵습니다'라고 상대방의 결점이 될 일을 서슴없이 깨우쳐 놓기도 하였다.[97] 상대방에게 보여주려는 속류적 교제가 아니라 그를 아끼는 진정이 거침없이 옮겨진 것이다. 어느 知舊에게 보낸 편지에서 김창숙은 '萬海上人이 병든 이 늙은이의 안부를 물어 왔는데…… 마음을 아는 것이 중요하지 반드시 얼굴을 알아야만 하는가'라고 썼으니 그 또한 속된 말이 아니다'[98]라고 하였다. '나는 김창숙의 마음을 알고 있다. 김창숙의 얼굴은 몰라도 좋다'는 萬海의 말이 김창숙의 정신과 같았던 것이다.

　김창숙은 계속되는 감시와 병석에서도 이와 같이 국내에 있는 양심적 인사들과 정신적 교류를 나눔으로써 자신을 달램은 물론, 투항주의·기회주의적 분위기 속에 절망하고 있던 많은 사람들에게 민족의 사표로서 일종의 경종과 귀감이 되고 있었던 것이다. 이런 격조

---

95 『心山遺稿』, 48쪽.
96 『心山遺稿』, 55쪽.
97 『心山遺稿』, 108쪽.
98 『心山遺稿』, 117쪽.

높은 교우는 옥중 투쟁, 일제의 법에 의한 재판 행위 부정, 창씨개명 거부 등 비타협·불복종 투쟁으로 일관해온 그의 실천 정신의 인격적 일면이었다.99

---

99 김시엽, 「心山의 交友關係를 통해 본 民族運動의 方向」, 앞의 책, 97~98쪽.

제4장 8 · 15 해방 후의 활동

　1927년에 투옥되어 20년 가까이 고문과 옥중 투쟁, 요양으로 활동의 휴면기를 보내면서 해방 직전의 시기에 새로운 활동을 모색하고 있었던 김창숙에게 해방은 새로운 민족국가 건설을 위한 희망의 계기였다. 김창숙은 1945년에 이미 67세의 고령이었지만 해방정국의 격동 속에서 비교적 활발한 정치활동을 벌였다. 해방 이후 그의 정치활동은 한마디로 반탁투쟁과 임시정부 봉대 운동, 반분단, 반독재투쟁의 과정이었다. 그는 일제시대에 임시정부를 중심으로 활동을 전개했었던 관계로 해방 후에도 임시정부를 중심으로 건국을 해야 한다는 생각으로 일관하였다. 그는 해방 이후 6 · 25전쟁 전까지 줄곧 김구와 가장 긴밀한 관계를 유지하면서 반탁과 임시정부 봉대운동 및 반분단 활동에 앞장섰다. 따라서 그의 해방 후 정치활동은 김구가 걸어 간 길처럼 고난과 좌절의 과정이었으며, 한편으로 거기에 맞서 싸운 불굴의 투쟁과정이기도 하였다. 특히 이승만 정권이 독재를 강화하는 1950년대에 전개한 반독재 투쟁은 김창숙이 아니었던들 수행하기 어려운 불굴의 투쟁정신의 소산이었다. 이에 필자는 지금까지 김창숙에 대한 연구에서 매우 소홀히 취급되었던 이 시기의 김창숙의 정치활동을 재구성하면서 그의 활동 상황을 살피기로 한다. 아울러 정치 활동과 함께 그의 활동에서 또 하나의 축을 형성하는 교육 활동에 관해서도 언급하고자 한다.

1. 건국동맹과 김창숙

김창숙은 1945년 8월 7일 밤 성주경찰서에 잡혀가서 왜관서에서 해방을 맞이하였다. 그 자신의 회상기에 의하면 해방 1년 전인 1944년 '항일과 건국 준비의 통일전선체'로 조직된 建國同盟에서 김창숙을 남한 책임자로 추대하였고, 해방 직전에 이르러 이 사실이 발각되어 그가 체포된 것이라고 한다.[1] 지금까지의 연구에서는 해방 직전 건국동맹과 김창숙의 관계에 대해 그가 '남한 책임자'로 추대된 것이 '사실'[2]이라는 입장과, 해방 후 건국준비위원회와의 관계로 보아 그가 해방 전에 건국동맹과 관계가 있었다고 보기는 어렵다는 입장[3]으

---

[1] 『國譯 心山遺稿』, 782~783面.
[2] 心山思想硏究會編, 『심산 김창숙의 사상과 행동』(성균관대 대동문화연구원), 1986의 입장이 대표적이다.
[3] 강만길, 「심산 김창숙의 해방 후 정치활동」, 『心山 金昌淑先生의 선비정신과 民族運動』(성균관대학교 대동문화연구원 주최 5월의 문화인물 김창숙선생 기념 학술대회 자료집. 1999년 5월 14일), 34쪽 1999. 그러나 강만길은 한편으로 "8월 7일 김창숙의 구속이 건국동맹원으로서의 구속이었는지 중요 반일인사로서의 예비 검속이었는지 아직은 분명히 밝히기 어렵다"고 유보 조항을 달면서, 그가 "해방 전 건국동맹에는 참가했을 가능성이 전혀 없다고 할 수는 없겠"다고 하여 신중한

제4장 8·15 해방 후의 활동   151

로 대별되어 있다. 그러나 김창숙 자신의 기록인 『心山遺稿』 전체의 내용을 볼 때 사실 관계에서 틀린 부분이 거의 없고, 김창숙의 성격적 특성에서 보더라도 그가 없는 사실을 인위적으로 서술했을 가능성은 상정하기 어렵다. 따라서 일단 그가 어떤 식으로든 건국동맹에 관여했을 가능성은 충분히 상정할 수 있다.4 문제는 그가 어떤 계기를 통하여 어떤 방식으로 건국동맹에 관여하게 되었고, 해방 직전에 어떤 위치에 있었는가 하는 것이다. 이를 해명하기 위해서는 1944년 당시 건국동맹의 조직 구성 방식을 살펴 볼 필요가 있다.

건국동맹은 1944년 8월 이후 먼저 중앙조직을 건설하기 시작하여 10월 경에 다음과 같이 부서 책임자를 선정했다.

　　　위원장 : 呂運亨
　　　내무부 : 趙東祜, 玄又玄(국내에서의 동지 규합과 조직 관리)
　　　외무부 : 李傑笑, 李錫玖, 黃雲(국외 독립운동 단체와 연락)
　　　재무부 : 金振宇, 李秀穆(자금 조달과 관리)5

건국동맹은 지방 조직망 구축에도 노력하는데 이후 건국동맹에는 민족주의자, 공산주의자를 가리지 않고 조국 해방에 대한 의지, 애국 정신과 뜻을 가진 사람, 낙향 은거했던 사람, 大和塾이나 친일 관변단체에 불가피하게 가담했지만 내심으로 조국 독립을 염원하던 사람들이 가담했다.6 그런데 경북지역은 건국동맹과 해방 후 건준, 인민당

　　입장을 취하고 있다.

4 乙酉八月七日 突然被逮於星州警察署 轉役於倭館署 先是國內革命諸同志 結成建國同盟 推翁爲南韓責任者 是秘密運動機關也 至是事覺 諸同志後先被檢而翁亦不免焉. 『心山遺稿』, 357面.

5 이만규, 『여운형투쟁사』, 민주문화사, 170쪽, 1946 ; 송남헌, 『해방3년사Ⅰ』, 까치, 15쪽, 1985.

의 연결이 명백한 대표적인 지역이었다. 金鎭和가 채록한 증언에 따르면, 경북지역 기자 신문지국장 모임인 '보도협조망'(1931년 가을 결성)의 중심인물이었던 李善長이 1944년 말에 李仁哉와 협의해 金昌淑을 위원장으로 하는 건국동맹 경북조직을 조직했다고 한다.7

당시 건국동맹 경북조직에는 金觀濟, 蔡忠植, 李仁哉, 崔文植, 李善長, 李相薰, 鄭雲海 등이 참가했다. 그런데 주목되는 것은 이들 조직 추진자들이 주로 좌익계통의 성향을 가진 인물이라는 점이다.8 김창숙이 일제시기를 통하여 좌익에 대해 비판적인 입장을 취하고 있었던 만큼, 경북 지역의 조직 추진자들이 김창숙의 명망을 이용하여 그를 위원장으로 추대했을 가능성은 있지만, 김창숙 자신이 이들의 입장을 수용했는지의 여부는 또 별개의 문제이다. 또한 '남한 책임자'와 '경북조직 위원장'은 위상 자체가 많이 다른 점도 유의해야 할 것이다. 따라서 위의 건국동맹 경북조직과는 다른 차원에서 루트가 있었을 가능성을 상정해 볼 필요가 있다. 이 때 주목되는 것은 건국동맹의 중앙조직 재무부 책임자 金振宇와의 관계이다.

金振宇는 호를 一洲 또는 金剛山人이라 하였으며, 1883년 강원도 영월군 출신으로 1894년부터 구한말 의병장인 毅菴 柳麟錫의 문하에

---

6 정병준, 「朝鮮建國同盟의 조직과 활동」, 『韓國史硏究』 80, 110쪽, 1993 참조. 1944년 당시 결정된 각도 대표 책임위원의 명단은 다음과 같다. 충청남북도(신표성, 김종우, 유응경, 장준), 경상남도(명도석, 김명규), 경상북도(이상훈, 정운해, 김관제), 강원도(정건화, 정재철), 전라남북도(황태성), 황해도(여권현), 평안남도(김유창), 평안북도(이유필), 함경남도(이중림), 함경북도(최주봉). 이만규, 위의 책, 171쪽, 1946.

7 金鎭和, 『일제하 대구의 언론연구』, 禾多出版社, 150~152쪽, 1979.

8 위의 경북조직 가담자들은 해방 후에 대부분 인민위원회 활동을 하였다. 이들의 자세한 이력은 정병준, 앞의 논문, 114~115쪽, 1993; 『몽양 여운형평전』, 한울, 87~92쪽, 1995 참조 요.

입문해 侍奉했다. 柳麟錫을 좇아 북만주 등지에서 망명생활을 했고, 이 시절 중국의 典籍 遺蹟을 섭렵하여 墨竹의 일가를 이루었다. 1919년 상해 임시정부에서 수 차례 의정원 강원도 대표를 지냈고, 1921년 1월 귀국 중 신의주에서 체포되어 고문당했다. 1926년 제5회 朝鮮美展에 특선한 이래 東洋書畵의 大家로 활동했고, 1942년 이래 수 차 예비 검속되었다. 그는 여운형, 김창숙, 송진우 등과 긴밀한 사이였다.9

그는 1921년 경, 김창숙이 북경에서 단재와 활동하고 있던 어려운 시기에 손영직·이호태·정수기 등과 함께 김창숙을 따르면서 같이 지내기도 했다. 특히 그와 김창숙의 관계는 김창숙이 옥고를 치르고 나와 요양하고 있는 기간에 더욱 깊었다. 『心山遺稿』에는 '10월 10일 밤 꿈에 김진우 군과 더불어 이충무공의 사당에 배알하여 한 편의 시를 읊었다. 꿈을 깨어 기록한다'라는 제목의 詩10와 이 詩의 意境을 화폭에 담아주기를 청하는 편지(與金一洲振宇)11가 보인다. 이 밖에도 여러 차례 주고 받은 편지, 시 등이 遺稿에 실렸는데, 아마 실제는 이보다 더 활발했을 것으로 짐작된다.

실제로 당시 서울의 여운형과 김창숙 사이에서 김진우를 통해 연락을 담당한 김창숙의 子婦 손응교 여사의 말에 의하면, 김진우는 여운형과 김창숙 사이에서 매우 빈번하게 연락을 취했다고 한다.12 이로 미루어 볼 때 이 시기에 김창숙은 요양을 하면서 새로운 활동을 모색하고 있었고, 이 때 여운형이 건국동맹의 지방조직을 확장하면서

---

9 정병준, 위의 논문, 106, 1993쪽.
10 『心山遺稿』, 31쪽.
11 『心山遺稿』, 109쪽.
12 필자와 손응교 여사와의 면담에 의함. 1996년 봄, 자택. 김재명의 글에도 이 때 서울의 여운형과의 연락은 손응교 여사가 중간에서 맡아 했다는 지적이 보인다. 김재명, 앞의 글, 307쪽, 1985.

서로간에 결합이 이루어진 것으로 보인다.

이와 관련하여 한 가지 주목되는 자료가 있다. 그것은 해방 후 건준과 민족건양회에 관계했던 이종률의 자료로, 그는 건국동맹의 조직이 중앙 및 해외연락책(呂運亨), 북부지방책(曺晚植), 남부지방책(金昌淑), 중앙위원(金振宇, 李錫玖, 李基錫, 玄又玄)으로 구성되어 있었다고 주장했다.13 이는 김창숙 자신의 말과 정확히 일치하는 것으로, 건국동맹이 조직을 확장하는 일정 시점에서 이와 같은 대안이 실제로 마련되었을 가능성은 충분히 있다고 하겠다. 다만 해방 전후를 통틀어 그가 정당이나 단체에 구체적인 직위를 가지고 참가한 경우가 거의 없었고, 해방 이후 여운형 및 건준과의 관계를 고려해 볼 때, 김창숙이 '남한 책임자'로 선정된 것은 사실이나14 구체적인 활동상은 그다지 없었던 것으로 보인다. 여기에서 중요한 것은 김창숙이 해방 직전의 시점에서 구체적으로 해방을 준비하면서 새로운 활동을 모색하고 있었던 점이라고 하겠다. 해방이 되었을 때 그가 비교적 이른 시기에 서울로 올라와 정세를 판단하고 활동을 전개하게 되는 것은 이런 배경이 있었던 것이다.

2. 반탁운동과 임시정부 봉대 활동

일제시대에 임시정부를 중심으로 독립운동을 전개했던 김창숙은 해방 후 임시정부를 중심으로 건국을 해야 한다고 생각하고 있었다. 여기에는 일제시대에 같이 활동했던 신채호, 박은식 등이 이미 사망

---

13 이종률, 『민족혁명론』 들샘, 119쪽, 1989.
14 여기에서 유의하고 싶은 것은 건국동맹 자체가 조직 활동에서 체계적인 활동 전술을 구사하지 못했고 개인적 연락에 치중하는 수공업적 조직 방식을 채택하고 있었다는 점이다.

제4장 8·15 해방 후의 활동 155

하였고 그 자신 정당활동에 깊이 참가한 경험이 없었던 데다가, 정부 형태로 존속했던 대한민국임시정부가 해방 후의 정당 난립 속에서 구심적인 역할을 할 수 있을 것이라는 기대도 작용하였다고 볼 수 있다.

해방 후 김창숙은 성주에서 서울로 올라오는 도중에 대구에서 건국준비위원회 설립 소식을 들었고, 서울에서 맨 처음 여운형의 방문을 받아 당시 정세를 청취했다. 그 때 여운형으로부터 정당 난립과 공산당 내의 파벌투쟁 내용을 전해 들었다.15

그런데 이윽고 영남과 호남의 지인들이 민중당16을 조직하여 김창숙에게 당수직의 취임을 재촉했다. 이에 대해 김창숙은 말하기를 "내가 듣기에 60여 정당이 조직되어 있다 하니 어찌 정당들이 이렇게 많은가. 나라와 강토는 완전히 수복되지 못하였고, 정식 정부 역시 수립되지 못한 이 때에 정당의 어지러운 싸움이 이와 같이 심한 지경에 이르러서 저 60여 당이 만약 정권과 정책을 서로 다툰다면, 새로 일

---

15 『國譯 心山遺稿』, 785쪽. 여기에서 한 가지 주목되는 것은 『심산유고』 내용에는 해방 직전 건국동맹의 '남한 책임자'로 선정된 적이 있던 김창숙과 여운형의 대화 내용 중에 일반정세를 제외하고는 건국준비위원회에 대해 아무런 언급이 없다는 것이다. 이것은 여러 이유로 생각해 볼 수 있겠으나 『심산유고』의 작성 내지 편집과정에 문제가 있는 듯하다. 정부 수립 이후, 특히 한국전쟁 이후에 이데올로기적인 경색상황에서 한민당의 우익인사로부터 '건준'이 공산주의자로 몰리고 있었고, 절친했던 金振宇마저 1950년 12월 非渡江派로 몰려 서대문형무소에서 옥사하는 상황에서 김창숙 자신이 굳이 언급할 필요를 느끼지 않았거나 편집과정에서 일부러 제외시켰을 수도 있다.

16 民衆黨은 '해외에서 다년간 혁명운동을 하다가 오랫동안 囹圄의 생활을 하던 중 1945년 8월 15일 밤'에 출옥한 李鍾榮에 의해 해방 당일 조직된 당이다. 民衆黨은 1945년 10월 7일 제1회 중앙전체회의에서 '在重慶 臨時政府의 승인 여부를 국민 대중에게 투표케 하여 民衆의 總意에 의한 정부를 最短期內에 출현시킬' 것을 정치대책으로 결의한 바 있다. 당시의 보도에 의하면 '민중당임에 비추어 黨首를 따로 모시지 않고 총무부의 책임위원 李鍾榮이 당의 대표자'라고 되어 있다. 이상 『每日新報』, 1945. 10. 4, 10. 7일자 참조.

어날 대한민국이 필연 자네들의 손에서 다시 망하게 되지 않을까 두렵도다. 지금 여러분이 비록 나를 당수로 추대하였으나 나는 허영에 이끌리어 그 당수의 자리에 나아가 여러 정당과 더불어 싸움질하며 마침내 몸을 버리고 나라를 저버리는 사람이 되고 싶지 않다"[17]고 하여, 당수의 자리를 단호히 거부했다.

또한 9월 7일에 전날 여운형·박헌영·허헌 등이 비밀회합을 갖고 '조선인민공화국'(이하 '인공'으로 줄임)을 조직하고 대통령 이하 모든 부서를 결정하였다는 소식을 듣고 그는 "아! 슬프다. 나라를 새로 일으켜 正式 政府를 세움이 이 얼마나 중대한 일이건대, 저 呂·朴 등 몇 사람이 하룻밤 사이 창졸간에 비밀히 모여서 상의하고 상호 추천하여 그 부서를 정하고 무지한 시민으로 천 명도 못되는 자를 끌어다 놓고 이르기를, 이는 '朝鮮人民共和國의 正式政府'라고 선포했다 하니, 그들은 정권을 잡으려고 국민을 기만하고 있구나. 일이 이에 이르니 그 죄는 죽어도 남음이 있을 것이다"[18]고 탄식했다.

이것은 김창숙이 해방 후 난립된 정당들을 보면서 일제시대부터 견지해 오던 당파와 파벌투쟁에 대한 혐오감과 더불어 해방 후 임시정부를 중심으로 건국을 해야 한다는 신념이 작용한 결과라고 볼 수 있다. 또한 여기에는 人共에 참여한 공산주의자에 대한 불신감이 개재해 있었다. 어쨌든 해방 후 김창숙은 정당 활동에 직접 참여하지 않은 채[19] 오로지 임시정부를 통해 새로운 통일민족국가를 수립하기

---

17 『國譯 心山遺稿』, 785~786쪽.
18 『國譯 心山遺稿』, 785~786쪽.
19 해방 후 정당활동을 중심으로 전개된 민족국가 수립 과정에서 김창숙 역시 정당이나 단체와 얼마간의 관계를 맺지 않을 수 없었다. 다만 그는 임시정부를 제외하고는 어떤 구체적인 상시적 직위를 갖지 않고 대개 '고문'의 자격으로 참여하였으며, 일관되게 개인의 위치에서 활동을 지속하였다. 그가 고문 내지 개인의 자격으

위해 활동하게 된다.

　해방 후 9월 24일 6개 정당 단체가 합동하여 결성된 중도우파의 국민당(위원장 안재홍)도 중경임시정부를 지지하였지만, 중경임시정부 추대운동은 송진우와 한민당에 의해서 강력히 추진되었다. 송진우는 건준이 발족하면서 여운형이 함께 일하자고 할 때도 중경임시정부를 정통으로 환영, 추대할 것을 주장하고 건준에의 합류를 거부하였다. 8월 말 경 미군의 서울진주설을 들은 조병옥, 김성수 등은 중경임시정부 절대 지지를 표명하기 위한 국민대회 준비에 착수하여 9월 4일 대한민국임시정부 및 연합군 환영준비위원회를 조직하였다.[20] 국민대회준비회는 9월 7일 회의를 개최하여 취지서를 통해 "오늘날 일본의 정권이 퇴각되는 이 순간에 있어서 이에 代位될 우리의 정부, 우리의 국가 대표는 기미 독립 이후로 구현된 大韓臨時政府가 最高요 또 唯一의 存在일 것"이라고 표명하고, "파당과 色別을 초월하여서 이를 환영하고 이를 지지하고 이에 귀일함이 현하의 내외정세에 타당한 대의명분"[21]이라고 천명하였다.

　이 국민대회준비회는 한국민주당(한민당) 인사들[22]이 주동이 되어

　　로 관계하였던 정당이나 단체는 無名會(45. 10), 3.1동지회(45. 12), [再建]光復會 (45. 12), 大韓獨立促成國民會(46. 2), 韓獨黨(46. 4), 3.1건국동지회(46. 5.발기인), 태평양동지회(48. 1), 민족진영강화위원회(49. 8.상무위원) 등이다. 이상 『매일신보』 1945. 10. 7, 『중앙신문』 45. 12 .8, 45. 12. 27, 『조선일보』 46. 2. 21, 『서울신문』 46. 4. 19, 46. 5. 8, 『조선일보』 48. 1. 27, 『경향신문』 49. 8. 22일자 참조.

20　서중석, 『한국현대민족운동연구-해방후 민족국가 건설운동과 통일전선』 역사비평사, 264쪽, 1991.

21　『한국일보』 1955. 8. 20.

22　국민대회준비회 명단은 다음과 같다. 위원장 : 송진우, 부위원장 : 서상일, 원세훈, 상임위원(無順) 김성수, 김준연, 김병로, 김지환, 김동원, 김병규, 김승문, 이인, 백관수, 장택상, 윤치영, 안동원, 임정엽, 강병순, 한남수, 송필만, 주기용, 고희동, 양원모, 백남교, 이순탁, 김양하, 이경희, 최윤동, 서상국, 고재욱, 고광표, 조정환,

조직된 것이었지만, 김창숙은 임정 추대라는 대의명분과 연합군 환영의 입장에서 개인적으로 이 단체에 참가하였다. 임정 추대라는 대의명분은 김창숙에게 있어 자연스러운 선택일 수 있었지만, 여기에서 주목되는 것은 김창숙의 미 점령군에 대한 인식이다. 9월 7일 국민대회준비회에서는 대한민국 임시정부 지지에 관한 건을 통과시키는 한편, '연합국에 대한 감사표시에 관한 건을 상정 협의한 결과' 송진우, 장택상, 윤치영, 김창숙, 최윤동, 백상규 등 6인을 선출하여 일임하기로 결정하였다.23

여기에서 김창숙이 선출된 것은 조금 의외의 일이다. 그러나 김창숙에 관한 글에서 그의 미군정에 대한 인식을 살펴볼 수 있는 자료가 많지 않고, 또 그가 이후에 민주의원에 참가하면서 정작 미군정 자체에 대해서는 그다지 비판적 입장을 취하고 있지 않은 사실에서 볼 때 초기 단계에 있어서 김창숙의 생각을 엿볼 수 있는 단편의 하나라고 생각된다. 즉 김창숙은 미군에 대해 비판적인 입장을 명확히 가지고 있었던 것은 아니며 미군정 기간 내내 미군정에 대해서는 이렇다 할 견해를 표명하지 않고 있는 것이다. 이것은 김창숙이 미군정의 존재 자체를 그대로 인정하고 현실적으로 수용하였음을 의미한다.

이렇게 송진우24 등과 더불어 임시정부 봉대 입장에 섰던 김창숙은 임시정부 요인들이 환국하는 11월 이후 임정 요인들과 더불어 행

강인택, 장덕수, 장용서, 강낙원, 김시중, 조진구, 민중식, 이희성, 임병철, 오기영, 이용한, 이승태, 양회영, 진봉섭, 심천, 김동환, 곽복산, 채정근, 나승규, 김진섭, 김□근, 이윤식, 김삼규.『매일신보』45. 9. 8일자. 당시 한민당에는 건준·인공과 대립되는 보수·친일세력이 집결하였지만, 그 내부에는 어느 정도 진보적인 양심 세력과 자주독립국가 건설에 적극적인 민족주의자들도 있었다.

23 『매일신보』 1945. 9. 8.
24 김창숙은 한민당의 당수인 송진우를 그의 '사람됨을 생각하여 애석하게 여겼다'고 한다.『國譯 心山遺稿』, 792쪽.

동을 같이 하였다. 공동행동의 직접적인 계기가 된 것은 1945년 12월 말 모스크바3상회의에서 한국에 신탁통치를 실시한다는 방침이 알려진 것이었다. 중경임시정부는 1942, 1943년 경부터 한국에 대한 어떠한 형태의 국제관리안도 용납하지 않을 것임을 천명하였고, 1945년 10월 미국정부의 신탁통치안이 국내에 보도되었을 때에도 정당 사회단체 모두가 그것에 반대하였다. 당시 신탁통치는 한국인의 민족적 감정으로 볼 때 받아들이기 어려운 것이었다.

그런데 여기에서 유의할 것은 1945년 12월 말부터 전개된 당시의 반탁투쟁이 다름아닌 우익의 정부 수립 방안이었던 중경임시정부 추대 운동과 밀접히 관련되어 있었다는 사실이다. 즉 중국에서 귀국하기 전부터 국내에서 과도정부를 자임하려던 김구 중심의 '중경임시정부 국무위원회'가 임정 요인 귀국 후 임정 법통론을 견지하면서 침묵을 지켜오다가, 반탁투쟁을 계기로 중경임시정부 추대 운동을 벌여 모스크바3상회의에서 결의된 임시정부 수립 방안과 대립된 입장을 취했고, 이러한 중경임정 추대운동은 1947년 초의 반탁투쟁에서 더욱 조직적으로 전개되었던 것이다.[25] 이처럼 반탁투쟁은 중경임정 추대 운동이었고, 동시에 반소 반공 투쟁으로서의 성격을 가지고 있었다.

중경임시정부 측에서는 45년 12월 28일 긴급 국무회의를 개최한 후 바로 각 정당, 각 종교단체, 각 언론기관 대표자를 초청하여 비상대책위원회를 개최하여 신탁통치반대국민총동원위원회를 조직했다. 이어 동 위원회에서는 12월 31일 제1차 신탁통치반대행동위원회를 개최하여 중앙위원 76명과 상임위원 21명을 선임하고 본격적인 행동에 돌입하였다. 이 때 김창숙은 중앙위원으로 선임되었다.[26]

---

25 서중석, 앞의 책, 306쪽, 1991 참조.
26 『서울신문』 1946. 1. 1.

김창숙이「반탁담화문」을 발표하는 것은 바로 이러한 정황에서였다. 일제시기부터 모진 고난과 고문을 당하면서도 불굴의 항일정신을 잃지 않았던 김창숙에게 있어 해방된 조국의 신탁통치 결정 소식은 그의 대의명분에서 볼 때 용납할 수 없는 것이었다. 김창숙은 1946년 1월 2일 다음과 같이 反託談話를 발표하였다.

> 나는 信託統治란 凶報를 접하고 병상에 누웠다가 大哭하였다. (중략)
> 우리가 倭놈의 牢獄에서 나온 지 몇날이 못되어 또다시 美蘇 牢獄에서 썩을 것을 각오하고 싸우지 아니하면 안되겠다. 三千萬民衆이여! 異族의 統治밑에서 奴隸 牛馬가 되어 살기 보담은 차라리 自由를 위하여 죽음으로써 싸워 殉國先烈의 뒤를 쫓는 것이 우리 民族의 唯一한 義務이다. 이 精神을 徹頭徹尾 履行함에는 오로지 百顚百起의 一路가 있을 뿐이다. 강토를 찾지 못하고 異族의 탁치를 받게 된 今日에 있어 政黨이 정책을 논하면 무엇에 쓰며 商人의 영업은 무엇할 것이며 學生의 수업은 무엇할 것이며 官吏의 구직은 더욱 醜態가 아닌가. 一時라도 빨리 政黨은 解體하고 商人은 廢業하고 學生은 罷課하고 官吏는 棄職하는 동시에 一齊히 우리 臨時政府 (이하 11자 判讀 不明) 祖國旗를 높이 날려 시위 행진에 참가하여 우리 三千萬民衆의 絶對 反對하는 總意를 세계만국에 선양하자. 그러면 彼聯合四國도 반드시 國際信義에 背馳되는 그 侮辱의 託治를 감히 우리에게 加하지 못하리라.
> 三千萬 兄弟姉妹시여! 앞날의 쓸데없는 派別的 鬪爭을 깨끗이 淸算하고 모조리 한뭉치가 되어서 託治가 取消되고 軍政이 撤去하는 날까지 義血로써 싸우기를 굳게 盟誓하자.[27]

김창숙은 위의 담화문에서 미소의 신탁통치를 일제의 식민통치와 같이 이민족에 의한 민족자주권의 박탈로 인식하고, '삼천만 민중'이 일치단결하여 託治의 취소를 위해 군정이 철거되는 날까지 싸우자고

---

[27]『조선일보』1946. 1. 2.

호소하고 있다. 또 이를 위해서는 상인과 학생, 관리의 자기 본분도 의미없다고 하고, 심지어는 정당까지도 정책을 논할 계제가 아니라고 못박고 있다. 탁치에 대한 일호의 타협의 여지도 없는 단호한 입장의 표명이었다. 그리고 그는 쓸데없는 파벌적 투쟁을 청산하고 임시정부를 중심으로 '한 뭉치'가 되어 '義血로써 싸우기를' 호소하고 있다. 이에서 우리는 정당 활동을 불신하고 오직 임시정부를 중심으로 새로운 건국을 추진하는 김창숙의 입장을 명확히 볼 수 있다.

그런데 김창숙은 한편으로 '탁치 취소'와 '군정 철거'를 언급하고 있으면서도 여전히 그가 망국 전후에 보인 '국제 신의'에 기대는 모습을 보이고 있다. 그는 '삼천만 민중의 절대 반대하는 총의를 세계 만국에 선양'하면 미·영·중·소의 연합 4대국이 '국제 신의에 배치되는 모욕적 탁치를 감히 우리에게 가하지 못할 것'이라고 인식하고 있는 것이다. 그러나 이는 비단 김창숙 개인의 인식만이 아니라 반탁운동과 관련하여 중경임시정부 추대 운동을 벌이고 있었던 김구 중심의 한독당 세력의 공통된 인식이기도 하였다.

이렇게 김창숙은 신탁통치에 대한 절대 반대의 입장에서 당시 모스크바3상회의 결정의 '총체적 지지'를 내걸고 탁치를 감수해야 한다는 입장을 보이고 있던 공산당세력을 '매국'과 '반역행위'라고 질타하면서 가차 없이 비판하였다. 김창숙은 동아일보를 통하여 1946년 1월 6일 다음과 같이 조선공산당에 경고문을 발표하였다.[28]

---

28 그는 공산당에 경고하는 글을 써서 사람을 시켜 각 신문사에 보냈으나 4, 5일이 지나도 어느 신문에도 글이 실리지 않자 사람을 보내 따졌다고 한다(『국역 심산유고』, 794쪽). 다행히 동아일보가 그의 글 전문을 실었는데, 이는 당시 '韓民(黨)의 喉舌'이란 평을 들었던 동아일보가 탁치 반대에 가장 열성적이었기 때문일 것이다.

> 共産黨 中央委員會 諸君. 수番 신탁통치에 관하여 君等이 지난 2일에 발표한 성명서를 읽고 나는 放聲痛哭하였다. (중략)
> 우리 三千萬民衆이 託治 反對를 同聲 絶叫하는 今日에 있어 오직 共産黨에 속한 君等 일부만이 이러한 賣國的 行動을 敢爲함은 이야말로 참된 民族반역자라 아니할 수 없다. 君等이 처음 人民共和國이란 것을 創造할 때에 그 政權 竊取의 野心 發露를 알았으나 그러나 어찌 今日의 異族統治를 謳歌하는 反逆者가 될 것까지를 뜻하였으랴. (중략)
> 君等이 매양 民族分裂의 責任을 他人에 전가하려 하였지마는 今日 이러한 賣國의 大惡을 敢犯하고도 오히려 全國 民衆을 欺瞞하여 君等의 傘下로 몰아 넣으려 하느냐. 현명한 民衆은 절대로 君等의 賣國的 奸策에 盲從하지는 아니하리라. (중략)
> 賣國的 행위에 참가치 아니한 공산당원은 一時라도 빨리 脫黨을 聲明하고 참다운 愛國者인 共産主義者가 되라. 만일 그것을 曖昧에 돌린다면 우리 民衆은 絶對로 그 反逆罪惡을 容恕치 아니하리라.[29]

여기에서 김창숙은 하등의 사소한 이해관계에도 얽매여 있지 않은 대의명분에 입각하여 오로지 민족자주와 신탁통치를 선명하게 대립시키면서 조선공산당의 '매국의 대악'과 '민족 반역' 행위를 규탄하고 있다. 또한 김창숙은 이 당시 많은 사람들이 위험하다고 해서 숨으라고 권했음에도 불구하고, '공산당 지도자들을 만나 직접 죄를 묻겠다'고 하여 박헌영, 이관술, 이영, 최익한, 이승엽, 홍남표, 이우적 등을 불렀다. 결과적으로 조선공산당 조직부장 이승엽과 해방일보 주필 이우적, 그리고 이관술, 최익한이 찾아와서 김창숙과 설전을 벌였다. 김창숙은 직접 공산당 지도자들을 앞에 놓고서도 경고문에 쓴 그대로 소련군 사령관의 지시를 받고서 찬탁으로 돌변한 그들의 매국적 태도를 준열히 비판하였다.[30]

---

29 『동아일보』 1946. 1. 7.

이제 김창숙은 이러한 철저한 반탁운동을 통하여 임시정부 세력과 전면적으로 행동을 같이 하면서 스스로 임정의 구성원이 되어[31] 임시정부 봉대 활동에 매진하게 된다. 중경임정 측은 정권 인수가 실패로 돌아간 후 1946년 들어 중경임정 추대 운동을 계속 전개하였다. 그리하여 1946년 1월 4일에는 김구 명의로 중경임시정부를 계승하여 과도 정권을 수립할 비상정치회의를 즉각 소집할 것을 발표하였다. 김구는 이 성명에서, 1945년 9월 3일 중경임시정부가 발표한 당면정책 6항을 실행하기 위해, 국내외 각 계층, 각 혁명단체, 각 종교집단, 각 지방대표로 즉시 비상정치회의를 소집하자고 호소하였다.[32]

이 과정에서 비상정치회의 소집으로 주도권이 김구에게 넘어갈 것을 우려한 이승만의 제안으로 비상정치회의주비회를 비상국민회의주비회로 개칭하고 이승만과 김구를 최고 영수로 모시기로 되었다. 그러나 이 때 중경임정을 구성한 정당 중 조선민족혁명당과 조선민족해방동맹의 김원봉, 성주식, 김성숙 등 3인이 비상국민회의가 좌익과는 하등 양해 혹은 타협이 없이 우익 각 당파의 이해만으로 거연히 소집되었기 때문에 임시정부는 전민족의 영도적 입장을 포기하였다고 지적하면서 탈퇴할 것을 성명하였다.[33] 이로써 임시정부는 우익만

---

30 『國譯 心山遺稿』, 794~797쪽.

31 『조선일보』 1946년 1월 4일자에는 臨政 '군무부장 金若山'과 함께 '國務委員 金昌淑'으로 표기되어 있다. 또한 김창숙은 1946년 2월에 비상국민회의 최고정무위원에 선임되었고, 1947년 3월 3일에 열린 國民議會 긴급대의원대회에서 大韓臨政 확대 강화 조치로 취해진 國務議員(委員의 착오로 보여짐-필자) 개편 때 國務議員(委員)에 補選되었다고 되어 있다. 그는 이후 1947년 9월 2일 개최된 國民議會 제43차 임시대회 제2일째 회의에서도 國務委員에 連任되었다. 즉 반탁운동과정에서 결합한 임정과 지속적으로 깊은 관계를 맺으면서 활동을 하고 있는 것이다. 이상 宋南憲, 『解放三年史Ⅰ:1945-1948』, 까치, 278~279쪽, 1985; 『동아일보』, 『조선일보』 1947. 3. 5일자; 『동아일보』 1947. 9. 7일자 참조.

32 『서울신문』 1946. 1. 5.

의 성격으로 재편되었다.

　결국 1946년 2월 1일 중경임정 법통을 계승하여 의회로서 기능할 것을 자임한 비상국민회의가 201명 초청에 167명의 대표가 참석한 가운데 열렸다. 이 회의에서는 비상국민회의 의장에 홍진, 부의장에 최동오를 선출하고, 과도정권 수립에 있어 최고정무위원회를 설치하되, 이승만, 김구에게 그 선정을 일임하기로 하였다. 이 때 김창숙은 최고정무위원으로 선임되었다.34 비상국민회의는 처음 소집을 계획했을 때부터 과도정부의 의회적 기능을 맡으려 하였고, 비상국민회의 조직 조례에도 제2조에 "본 회의는 대한민국임시정부에서 발포한 당면정책 제6항에 의한 과도정권 수립에 관한 일체를 권한하되, 대한민국임시의정원의 직능을 계승"한다고 천명하였다.35

　그런데 최고정무위원회는 미군정의 의도가 작용하여 '南朝鮮大韓國民代表 民主議院'이 되고 말았다. 민주의원은 미군정의 자문기관이었다. 김구는 비상국민회의는 중경임시정부의 임시의정원의 직능을 계승하고, 최고정무위원회는 중경임시정부 국무위원회를 계승하여 과도정부로 기능하거나 정부를 수립하기 위한 모체기관이 될 것을 바랐었고, 더구나 한낱 하지 장군의 자문기관으로 되는 것을 원치 않았다. 이로써 비상국민회의, 중경임시정부 국무위원회의 위치가 애매해졌고, 그것들과 최고정무위원회 즉 민주의원과의 관계도 이상하게 되었다.36

　김창숙은 2월 14일 민주의원 개원식 때 몸이 불편하여 병상에 있

---

33 『조선일보』 1946. 1. 24.
34 최고정무위원 28명의 명단은 송남헌, 앞의 책, 278~279쪽, 1985 참조
35 『조선일보』 1946. 1. 25.
36 서중석, 앞의 책, 342~343쪽, 1991.

었는데, 라디오로 하지 장군 이하 의장 이승만, 부의장 김규식, 총리 김구 등 23인이 출석하고 자신을 비롯하여 여운형, 정인보, 조소앙, 황진남 등 5인이 결석한 것을 알았다.37 하지 장군은 개회식사를 통해 "미 주둔군의 사명은 한국이 정부를 수립함을 원조함에 있고, 특히 이 민주의원을 설치한 까닭은 본관의 자문기관을 갖추기 위함"이라 하였고, 뒤이어 등단한 이승만은 "한국의 현정세로 보아 정부를 세울 절차는 미군의 지휘를 전적으로 들어서 함이 당연함으로, 이 민주의원을 특히 설립한 까닭은 하지장군의 자문기관을 갖추기 위함이다"라고 하였다. 그러나 김구는 비상국민회의가 의결한 사항을 자세히 설명한 다음 "대회 결의의 중대한 위탁에 의하여 최고정무위원 28인을 선정하여 정부를 수립할 모체기관을 갖추게 된 것이다"라고 하여, 하지 및 이승만과는 판이한 내용이었다.

이러한 내용의 방송을 듣고 난 김창숙은 비통함을 이기지 못해 주위 사람들에게 말하기를 "이 방송을 들으니 이승만은 홀로 하지에게 아부하여 이렇게 민족을 파는 거동을 하게 되었음을 가히 알만 하고, 또한 백범은 주장을 달리하여 이와 맞서기는 하였으나, 그러나 그는 나라를 저버리는 첫 모사를 거역하지 못하고 그 스스로 방자함에 맡겼으니 백범도 사실상 그 책임을 면치 못할 것이다. 슬프다. 저 이승만은 장차 미국에 아첨하여 정권을 장악하고 독재정치의 수법을 삼으려고 이러한 방편을 쓰니 자못 국가의 전도가 크게 침체될 것이니 통탄할 따름이다38"라고 하였다.

---

37 여운형은 민생문제를 자문하는 것이라면 민주의원에 들어간다고 말하였다가, 민주의원이 자신의 생각과 다른 것이라는 사실을 알자 2월 14일 참여하지 않겠다고 성명하였다. 여운형이 탈퇴한 민주의원은 미군정의 처음 의도와는 다르게 우익의 정치전위단체로 전락하였다고 볼 수 있다.

38 『國譯 心山遺稿』, 805~806쪽.

1946년 2월 18일 민주의원 회의가 덕수궁 석조전에서 개최된다는 전갈을 받은 김창숙은 김구의 참석을 막기 위해 경교장으로 갔다. 당시 경교장에는 김규식, 조소앙, 안재홍, 정인보 등 10여명의 민주의원들이 있었다. 김창숙은 김구에게 말하기를 "그대는 이승만과 더불어 우리 민족을 팔고자 하는가. 그대는 어째서 성명서를 발표하여 국민 앞에 사과하지 않는가. 나는 이승만 등과는 같이 자문기관에 가지 않겠다는 것을 여러분도 모두 아는 바다. 오늘 여기 온 것은 결코 여러분과 같이 모임에 가려 함이 아니오, 다만 백범과 한번 만나 보고서, 첫째는 외국에 아첨하여 나라를 그르치는 큰 과실을 밝히고, 둘째는 함께 정의로서 위국의 대사업을 붙잡자는 것이니, 민주의원으로 있는 여러분도 모두 이 뜻을 알아야 한다"39고 하였다. 이 때 김구를 위시한 대부분의 사람들이 오히려 민주의원에 경종을 울려 바른 길로 인도하기 위해서라도 함께 참가해야 한다고 하면서, 그를 억지로 태워 회의장으로 가게 하였다.

부득이 회의장에 들어선 김창숙은 조완구의 말을 이어 먼저 "내가 오늘 이 회의에 온 것은 결코 외국에 붙은 기관인 민주의원을 승인해서가 아니다. 다만 이박사를 면대하고 그 나라를 저버리는 죄를 한번 성토하려 함이다"하고, 이어서 이승만에게 "당신은 지난 2월 1일 비상국민대회의 석상에서 金九와 함께 최고정무위원의 선출을 위탁받아 놓고서, 당신이 민주의원을 조직하여 발표하여서는 말하기를 '이는 하지장군의 자문기관이라' 했다. 또한 金九의 식사와 당신의 개회사는 일체가 서로 반대되니, 이 일은 전적으로 당신 한 사람의 수중에서 농간되어 이루어졌음을 알 수 있다. 당신은 국민대회가 위탁한 것은 어디에 두고 감히 이렇게 기만하여 국민을 저버리는 행위를

---

39 『國譯 心山遺稿』, 807쪽.

하는가. 당신의 내심을 국민들이 모두 보고 있거늘 당신은 무슨 면목으로써 국민 앞에 서서 민주의원의 의장을 자칭하고 감히 국가의 일을 논의하는가! 당신은 오늘에 있어서 이미 민족을 팔았으니 어찌 다른 날에 국가를 팔지 아니한다고 보장하겠는가"[40]하고 책상을 치며 호통을 쳤다. 이로써 회의장은 아수라장이 되고 이승만은 결국 퇴장하고 말았다.

　이러한 일련의 과정은 결국 비상국민회의 최고정무위원회가 애초의 의도와는 다르게 미군정의 자문기관으로 변질된 것에 대한 김창숙의 냉엄한 비판이다. 그리고 임정이 건국도상에서 모체 내지 주체기관이 되어 중심적 역할을 수행해야 한다는 그의 일관된 신념의 표현이었다. 김구 역시 이승만과의 관계 속에서 임정을 기반으로 정권을 경쟁했지만 점차 미군정이 설정한 정치활동의 범위를 자유롭게 벗어날 수 없는 처지였다. 따라서 이 때 김창숙이 비판한 내용은 김구마저도 수긍할 수밖에 없는 매우 날카로운 것이었다. 이것은 한마디로 말해 김창숙이 오히려 정당에 얽매이지 않았기 때문에 할 수 있었던 快刀亂痲의 행위였다.

　그는 46년 3월 이후 미소공위가 본격 가동되면서 민주의원에서 미소공위 참가를 표명할 때도 홀로 반대표를 던지고, 공위에 참가하더라도 반탁선서식만은 거행하자고 하는 등 고군분투하였다.

　이 때 그는 회의에서 이르기를 "어제의 회의에서 그대들은 이미 공위에 항복함을 결의하였는데, 나 혼자 부표를 던졌고, 이어서 선서식을 거행할 것을 요구한 것은 이것이 반탁의 초지를 관철하고자 한 데서 나온 것이다. 이에 대하여 여러분들은 떼로 일어나 이것을 공격했고 심지어 그린 뱀에 발을 부친 격이란 말까지 있어서 냉랭히 조소했

---

40 『國譯 心山遺稿』, 808쪽.

지만, 저 반탁선서식을 거행한다고 해서 어찌 국가의 큰 계획에 해가 되며 어찌 민족의 정의에 손상이 되기에 여러분 등은 반드시 힘껏 배제하고 가로막아 폐기코자 하는가. 내가 이 좌중을 살펴보건대 얻기를 걱정하고 잃을 것을 걱정하는 기회주의자들이 없지 아니하니, 능히 오늘날 죽고 삶을 건다는 말을 잊지 아니하고 반탁에 죽는다는 것은 나로서 믿어지지 않노라. 만약 굳이 선서식을 거행하고자 하지 아니한다면 그 마음가짐을 실로 측량치 못하겠으니 나는 그대들이 다른 날에 반드시 나라를 저버리는 사람이 되리라고 단정하는 것이다"41라고 하여 간담을 서늘케 하는 발언을 하였다.

김창숙의 반탁운동은 단순히 임시정부 일부 그룹에서 생각하는 임정 추대 운동에만 초점이 맞춰진 것이 아니라 실로 그의 일관되고 투철한 자주독립사상에서 우러나온 것이었다. 이것은 일제 말기 일경이 그에게 창씨개명을 강요했을 때 그가 인용한 『맹자』의, "스스로 반성하여 곧으면 비록 천만 사람이 쳐들어오더라도 내가 마땅히 혼자 가서 싸우리라"하는 義理를 떠올리게 한다.

그러나 이러한 과정은 한편으로 김창숙이 현실 정치의 두터운 벽을 실감하는 계기가 되기도 하였다. 자신의 주장을 떠받쳐 줄 수 있는 지지 세력이 없는 상태 속에서 그가 심한 고립감과 무력감을 느꼈을 것은 상상하기 어렵지 않다. 이 때문에 그는 46년 10월 30일 모든 '공직'에서 사퇴한다고 발표하였다.42 이 사퇴의 직접적인 계기가 된 것은 좌우합작위원회의 세칭 '좌우합작 7원칙'의 발표와 이것이 민주

---

41 『國譯 心山遺稿』, 817쪽.
42 『서울신문』 1946. 10. 31. 김창숙의 사퇴 발표에 뒤이어 정인보도 1946년 11월 2일 일체 정치단체에서 탈퇴한다는 성명을 발표하였다. 『서울신문』 1946. 11. 3, 『동아일보』 1946. 11. 3.

의원에서 통과된 것이었다.

좌우합작 7원칙은 1946년 10월 7일 여운형과 김규식이 중심이 된 좌우합작위원회에서 발표된 것으로 그 내용은 다음과 같다.

1. 조선의 민주독립을 보장한 3상회의 결정에 의하여 남북을 통한 좌우합작으로 민주주의임시정부를 수립할 것.
2. 미소공동위원회 속개를 요청하는 공동성명을 發할 것.
3. 토지개혁에 있어 몰수, 유조건 몰수, 체감매상 등으로 토지를 농민에게 무상으로 분여하며, 시가지의 기지 및 대건물을 적정 처리하며, 중요산업을 국유화하며, 사회 노동법령 및 정치적 자유를 기본으로 지방자치제의 확립을 속히 실시하며, 통화 및 민생 문제 등등을 급속히 처리하여 민주주의 건국 과업 완수에 매진할 것.
4. 친일파 민족반역자를 처리할 조례를 본 합작위원회에서 입법기구에 제안하여 입법기구로 하여금 심리 결정케 하여 실시케 할 것.
5. 남북을 통하여 현정권하에 검거된 정치운동자의 석방에 노력하고, 아울러 남북 좌우의 테러적 행동을 일체 즉시로 제지토록 노력할 것.
6. 입법기구에 있어서는 일체 그 권능과 구성방법, 운영 등에 관한 대안을 본 합작위원회에서 작성하여 적극적으로 실행을 기도할 것.
7. 전국적으로 언론, 집회, 결사, 출판, 교통, 투표 등 자유를 절대 보장되도록 노력할 것.43

이와 함께 좌우합작위원회에서는 미군정이 추진하는 입법기구의 설치에 대하여 구체적인 제안을 함으로써 합작위원회가 입법의원 창설에 중요한 역할을 하고 있음을 보여주었다. 좌우합작위원회는 민주주의 임시정부를 수립하여 완전 독립을 이루기 위해 남북을 통한 좌

---

43 『동아일보』 1946. 10. 8.

우합작을 가능하게 할 수 있는 방안으로 7원칙을 議定한 것이었다. 그러나 미군정 측의 강한 압력으로 입법기구에 정통성을 부여하는 역할까지 떠맡고, 이 입법기구의 구성과 의원의 선거, 활동에 적극 참여할 것임을 표명하게 되었다.44

그러나 이 좌우합작 7원칙에 대해서는 애초에 극좌·극우로부터 강한 공격을 받으리라는 것이 예상되고 있었다. 이 때문에 김규식은 7원칙 가운데 우익에서 쟁점을 삼을 수 있는 세 가지 사항을 해명하였다. 즉 7원칙의 첫번째 항에서 '3상회의 결의에 의하여'라고 표기한 것을 가지고 문제 삼는 데 대해서는, 탁치 실시 여부는 임시정부의 구성분자에 따라 결정될 것이라고 밝혔다. 그리고 친일분자에 대한 7원칙의 규정과 관련해서는 죄상이 현저하지 않고 건국사업에 공헌이 있는 자에 한해서는 무방하다고 밝혔다.

또 당시 가장 큰 쟁점 중의 하나는 토지문제였다. 김규식은 토지문제는 첫째, 국유·국영, 둘째, 경자유전, 셋째, 유조건 몰수(자기 생활에 필요한 자작농의 토지는 제외), 체감매상을 당하는 자의 생계 고려, 넷째, 대지주의 재생 방지 등을 원칙으로 삼았고, 무상분배의 경우 소유권은 농민에게 있으나, 매매 상속에서는 국가가 제한을 둔다고 설명하였다.45

김창숙은 1946년 10월 30일 다음과 같은 요지의 성명을 발표하고 민주의원 등 모든 '공직'에서 사퇴한다는 것을 발표하였다.

> 余가 囊日 民主議院 회의 석상에서 그 合作 7원칙 중 몇 조항을 反對한 것은 소위 三相會談 決定 云云이 絶對 獨立을 주장하는 우

---

44 서중석, 앞의 책, 470~471쪽, 1991.
45 『동아일보』 1946. 10. 16.

리의 反託精神에 違背됨으로써이며, 立法機構 云云은 軍政이 조종하는 그 기관이 우리의 自主獨立을 遲延시킬 우려가 있음으로써이며, 親日派 民族反逆者 懲治 云云도 반드시 우리의 政府에서 우리 民族 자체에서 처리할 문제를 軍政에 예속한 입법기구에 委讓함이 不當함으로써이며, 특히 土地問題에 있어서는 토지국유제도에 큰 모순이 없으므로서 이를 贊同하였다. 그러나 其時 余의 立論이 채택되지 못함은 다만 余 자신의 人輕言淺함을 개탄하였을 뿐이다.
　그런데 余가 당초 非常國議와 民議에 종사함은 결코 어떠한 希覬心에서 出함이 아니오, 다만 草創 多難한 建設期에 있어 應分의 微力을 공헌하려 함이었으나 이미 極度 混亂한 今日에 臨하여 아무 撥亂反正의 공헌이 없으며 한껏 時賢의 後를 和附함은 一種 無恥한 賤丈夫의 所爲이므로 오로지 最後 獨立運動의 正路를 찾기 위하여 玆에 非國 民議 등 모든 公職에서 引退함을 聲明함.[46]

　이 사퇴 성명에서 김창숙은 위에서 언급한 좌우합작 7원칙 중 세 가지를 문제 삼아 반대했다는 것을 밝히고 있다. 즉 첫째는 합작 7원칙 1항에 있는, 민주주의임시정부를 신탁통치 실시 방침을 결정한 바 있는 '3상회의 결정에 의하여' 수립한다는 것이 절대 독립을 주장하는 정신에 위배된다는 것이다. 그리고 둘째는 즉시 독립을 요구하는 때에 입법기구 운운 자체는 독립을 지연시킬 우려가 있다는 것이다. 셋째는 4항에 있는, 친일파 민족반역자를 처리할 조례를 좌우합작위원회에서 입법기구에 제안하여 입법기구로 하여금 심리 결정케 하여 실시하게 한다는 것은, 독립된 정부 수립 이후 우리 민족 자체에서 처리할 문제이기 때문에 옳지 않다는 것이다. 다만 토지문제에 대해서는 토지국유제도를 찬성하는 입장에서 찬성하고 있다.
　요컨대 김창숙의 주장은 즉시 독립과 절대 독립의 요구에서 볼 때 좌우합작위원회가 제시한 7원칙 중 위의 세 요소는 인정할 수 없는

---

46 『서울신문』 1946. 10. 31.

것이며, 오로지 대한민국 임시정부를 중심으로 정권을 세워야 한다는 것이었다. 김창숙은 이를 위해 민주의원에서 좌우합작 7원칙 통과를 저지하기 위해 노력하였으나 그러한 노력은 7원칙의 민주의원 통과로 빛이 바래고 말았다. 이에 김창숙은 자신의 노력이 '아무 撥亂反正의 공헌'이 없는 현실 속에서 더 이상 '공직'에 남아 있을 대의명분을 상실하고, '최후 독립운동의 정로를 찾기 위하여' 사퇴를 결심했던 것이다. 여기에는 오로지 대의명분을 목숨처럼 소중히 하면서도 정당활동을 통해서가 아니라 개인의 홀홀 단신으로 해방정국의 가시밭길을 걸어갔던 노독립투사의 비극이 담겨 있었다. 그러나 또한 이러한 비극의 길은 개인적 삶을 택했던 김창숙이 감수해야 하는 어쩔 수 없는 한계이기도 하였다.

　좌우합작 7원칙이 발표되자 미군정에서는 7원칙이 좌익에 편향되었다고 평가하였다. 또한 좌우익 간에는 7원칙을 둘러싸고 지지와 반대의 치열한 공방전이 벌어졌다. 우익의 경우 민주의원에서는 7원칙이 민주의원을 통과했으므로 이를 지지한다고 표명하였으나, 비상국민회의에서는 조소앙, 유림 등의 맹렬한 반대로 7원칙이 거부되었다. 그리고 이승만이 만든 민족통일총본부에서는 "아직 아무 것도 말할 수 없다"고 밝혀 부정적 반응을 보였다.

　이승만과 김구는 대조적인 반응을 보였다. 이승만은 처음에는 "당분간 침묵을 지키겠다"는 반응을 보였는데, 다음에는 공산파의 반대 때문에 효력이 의문이라고 피력하였다. 김구는 민주의원에서 7원칙을 통과시킬 때 그 자리에 있었다고 하면서, 확고히 지지의 뜻을 표명했다. 국민당이 포함되어 있는 한독당에서는 전면적으로 지지한다는 성명을 냈고, 신진당, 천도교보국당, 조선민주당, 조선기독교청년회전국연합회, 독촉애국부인회, 종교연합회 등에서도 지지의 뜻을 표명하였다. 11월 9일에 가서는 극우 성향의 우익청년단체에서도 지지 성명을 냈다.

그러나 한민당에서는 7원칙을 단호히 반대하는 성명을 냈다. 핵심 부분은 토지 분배 문제였다. 유상 매수한 토지를 무상 분배한다는 것은 국가의 재정적 파탄을 초래할 것이며, 무상 분여는 경작권만 인정하고 농민의 소유권을 부정하는 결과가 되고 말 것이라는 것이 반대의 주된 이유였다.[47] 한편 좌익에서는 인민당과 김성숙 등이 합작 7원칙을 지지한 것을 제외하고는 거의 다 반대를 표명하였다. 특히 박헌영은 철저한 반대의 입장이었다.[48]

이로써 미소에 의해 분할 점령된 해방 공간에서 민주주의임시정부를 수립하여 완전 독립을 이루기 위해, 먼저 남한의 좌우합작을 추진하고 동시에 남북을 통한 좌우합작을 가능하게 할 수 있는 방안으로 의정된 좌우합작 7원칙은 성과를 얻지 못하고 말았다.

1947년 이후 이승만의 단정 수립 운동과 김구의 임정 법통 고수 노력이 뚜렷하게 분화되는 가운데 정국은 점차 이승만이 추진하는 단정노선으로 옮아갔다. 김창숙은 1947년을 통하여 계속적으로 임시정부 국무위원의 직함은 가지고 있으면서도 이렇다 할 활동은 하지 않았다. 이것은 이미 김창숙 자신이 성명을 통하여 일체의 '공직'에서 사퇴한 데다가 심신이 지쳐 있었고, 그의 개인적인 노력을 통해서는 어찌할 수 없는 한계도 작용한 것으로 보인다. 이 때 그의 나이 69세였다.

---

[47] 한민당이 토지문제 등을 이유로 7원칙 반대성명을 내자 김병로, 원세훈, 박명환, 송남헌, 김약수, 이순탁 등 한민당에서 항일운동과 관계가 있거나 일제 때 지조를 지켰던 인사들이 대거 탈당하였다.

[48] 이상 서중석, 앞의 책, 473~476쪽, 1991 참조.

3. 반분단 활동과 50년대 반독재 투쟁

1947년 7월 김창숙의 예언대로 미소 공위는 결렬되고, 11월에는 한국 문제가 UN에 상정되어, 이른바 UN결의안이 채택·가결되고 이 안에 따라 UN한국위원단이 1948년 1월 내한하여 총선거 업무를 개시했다. 그러나 소련 측이 끝내 위원단의 월북을 거부하자 선거가 가능한 남한만이라도 총선거를 실시하는 방향으로 기울어졌다. 이 때 김구와 김규식을 중심으로 한 민족주의자들은 남한만의 총선거 실시는 남북 분단을 항구화하고 조국 통일을 불가능하게 만들 것이란 견지에서 이에 적극 반대했다. 그리고 남북 협상을 통하여 통일 정부를 수립하는 방향으로 나아갔다. 김창숙은 이 때 남북 협상 운동의 근본 취지에 동의하여 1948년 2월 아래의 내용을 발표하여 그의 견해를 표명했다.

1. UN朝鮮委員團 來朝와 委員諸氏가 負荷한 使命은 內政干涉이 아니라 남북통일 총선거로 통일정부 수립에 관하여 外力의 부당한 간섭을 감시함에 있다고 믿는다.
2. 單選 單政에 대하여 이것은 國土兩斷과 民族分裂을 助長함에 불과하니 북조선지방을 소련에 허락하려는 것이다.
3. 外軍의 주둔밑에서 자유로운 선거가 있을 수 없고 이에서 수립되는 정부는 傀儡政權일 것이다.
4. 남북 정치요인회담으로 통일정부를 수립하여야 할 것이다.[49]

여기에서 김창숙은 단독 선거 및 단독 정권 수립은 북한이 소련군의 지배 하에 들어가는 것을 의미하며, 외국군 즉 소련군의 주둔 밑

---
[49] 『서울신문』 1948. 2. 10.

에서 수립되는 북한 정권은 괴뢰 정권에 불과하다고 말하고 있다. 그리고 이것을 막기 위해서 남북 정치 요인 회담이 필요하며, 회담을 통해서 통일 정부 수립 방안을 마련해야 한다고 말하고 있다. 즉, 그는 일차적으로 소련과 공산당이 지배하는 북한을 소련의 괴뢰 정권으로 만들지 않기 위해 남북 요인 회담을 제기하고 있는 것이다. 그러나 이것은 당시의 북한 실정에서 보았을 때 매우 현실성이 희박한 것이기도 했다.

김창숙은 이후 48년 3월 12일 김구, 김규식, 조소앙, 조성환, 조완구, 홍명희 등과 함께 남한만의 총선거에 불참한다고 선언하고,[50] '7인 성명'을 발표하여 남북 협상에 임하는 입장을 명확히 표현하였다. 성명의 요지는 다음과 같다.

> 統一獨立은 우리 全民族의 갈망하는 바다. (중략)
> 미소 양국이 군사상 필요로 일시 發定한 소위 38선을 국경선으로 고정시키고 양 정부 또는 양 국가를 형성케 되면 남북의 우리 형제 자매가 미소전쟁의 전초전을 개시하여 총검으로 서로 대하게 될 것이 명약관화한 일이니 우리 민족의 慘禍가 이에서 더할 것이 없다. (중략)
> 우리의 보는 바로는 남북의 分裂 各立할 계획이 우리 민족에 百害있고 一利없다고 단정하지 않을 수 없다. 반쪽이나마 먼저 수립하고 그 다음이 반쪽에서 통일한다는 말은 一理가 있는 듯하되 실상은 반쪽 獨立과 나머지 반쪽 통일이다. 가능성이 없고 오직 同族相殘의 慘禍를 激成할 뿐일 것이다. (중략)
> 우리 몇 사람은 정치의 機變性, 進動의 屈伸性, 기타 여러가지 구실로 부득이한 채 現情勢에 追隱하는 것이 우리들 개인의 이익됨을 모르지 아니하나 개인의 이익을 도모하랴고 民族의 慘禍를 촉진하는 것은 민족적 양심이 허락치 아니하야 반쪽 疆土에 중앙정부 수립하랴는 가능한 지역선거에는 참가하지 아니한다. 그리고 統一

---

50 『동아일보』 1948. 3. 13.

獨立을 달성하기 위하여 여생을 바칠 것을 동포 앞에 굳게 盟誓한
다.51

　여기에는 일관되게 분단정부의 수립이 동족 상잔의 참화를 '激成'
시킬 것을 염려하는 정신이 흐르고 있었다. 그리고 김창숙은 4월 3일
남북 정치 협상에 대해 다시 한번 소신을 피력했다. 그는 이 성명에
서 "今般의 남북협상으로써 자율적 통일정부가 수립될 기운이 돌아
왔음을 확신한다"고 하고, "우리가 단결과 통일을 이루기 위하여는
남북 좌우가 서로 모든 숙원을 잊어버리고 서로 양보할 아량을 가져
야 한다"는 견해를 나타냈다. 이의 내용은 매우 원칙적인 것이지만
김창숙이 한층 적극적인 태도로 남북 협상 운동에 임하고 있음을 읽
을 수 있다.
　그렇지만 김창숙은 결국 남북 연석회의에 참가하지 않았다. 김창
숙은 4월 19일 김구가 북행길에 오르기 이틀 전인 17일까지도 홍명
희 등과 더불어 김구의 출발 일정 및 평양 회담에 관한 제반 문제에
대해 최종적 성안을 보는 등 마지막까지 남북 협상 운동에 관여했으
나52 그 자신은 가지 않았다. 김창숙이 평양으로 가지 않은 이유는
두 가지 측면에서 생각해 볼 수 있다. 즉 첫째는 남한의 우익 진영의
분열이라는 상황이며, 둘째는 좌익 진영의 대거 참가와 이와 관련된
유림 내부의 문제이다.
　김창숙은 남북 협상 운동에 이승만이 협조하지 않아 결국 남한의
우익 진영마저 총단결을 보지 못한 상태에서 김구·김규식의 노력이
결국 성공하지 못할 것이라고 생각하고 있었다. 그는 당시 "남한에서

---

51 心山記念事業準備委員會編, 『躄翁一代記』 太乙出版社, 301~303쪽, 1965.
52 『조선일보』 1948. 4. 18.

이승만의 협조도 못받으며 이북에 가서 김일성과 어떻게 무슨 타협을 볼 것인가"53하고 냉소적으로 형세를 바라보고 있었다. 이는 애초에 김창숙이 남북 협상 운동을 지지할 때 북한에 대해 매우 비판적으로 바라보고 있었던 것과 관련지어 이해할 수 있다.

김창숙이 남북연석회의에 참가하지 않은 또 하나의 이유는 좌익 진영의 대거 참가와 유림 내부의 사정을 들 수 있다. 당시 좌익은 북한의 남북 협상 제의에 호응하여 대거 참가를 결의하고 있었고 일부는 이미 출발한 상태였다. 그런데 유림 내부에서는 좌익과 우익 유림이 모두 다투어 평양 회담에 참가하려는 상태에 있었다. 때문에 유림 대표로서 김창숙은 이같은 사실에 실망했던 것 같다.

당시 유림의 명의로 평양 회담에 참가했었던 단체는 좌익 측에서는 전국유교동맹(김응섭)이 있었고, 우익 측에서는 민족대동회(김성규)가 있었다.54 유림의 대표로서의 김창숙에 있어 이와 같은 현실은 그가 평양 회담에 참가하는 것을 주저하게 만든 요인이 되지 않을 수 없었을 것이다.

이리하여 김창숙의 반분단・통일운동은 중도반단의 상태로 끝을 맺었다. 1946년 10월 정계를 사실상 은퇴한 뒤 나선 '대의'의 길이었지만 여기에서도 그는 좌절을 맛보지 않을 수 없었다. 거기에다가 설상가상으로 1949년 6월 김구의 죽음은 그를 절망에 빠뜨렸을 것이다.55 김창숙은 김구의 죽음 이후 1950년 5・30선거를 앞두고 민족

---

53 心山記念事業準備委員會編, 앞의 책, 303쪽, 1965.
54 도진순, 『한국민족주의와 남북관계-이승만・김구 시대의 정치사』, 서울대학교 출판부, 254, 260쪽, 1997 참조.
55 김창숙은 金九의 죽음을 슬퍼하면서 다음과 같이 詩를 읊었다. 白凡 金九 凶彈에 맞았으니/ 늙은 몸 다시는 同志없네/ 한 사람 자기 멋대로 政街를 횡행하며/ 나를 보기를 깊은 원수 보듯 하고/ 거동을 살펴 가는 곳마다 뒤따르니/ 한 발자욱 옮김

진영강화위원회(민강)에 상무위원으로 이름이 올랐지만56 구체적인 활동은 없었다.

분단 정부 수립을 저지하기 위한 남북 협상 운동을 끝으로 정치 활동을 중단했던 김창숙은 이후 성균관 일에 전념했다. 그러다가 그는 1950년 6월 '7거두 공동성명'의 경고대로 동족상잔의 비극을 경험해야 했다. 72세의 고령인 데다 하반신이 불편한 노인 김창숙은 이승만 정부의 '赤軍 격퇴설'에 속아 피난도 갈 수 없었다. 서울시 인민 위원장인 이승엽이 그를 찾아와 선전 방송에 협조할 것을 요청하였으나, 그는 완강히 거절했다. 김창숙은 그 일이 있은 후 9·28 서울 수복 때까지 을지로에 있던 某 한의원에 숨어 있어야 했다고 한다.57

1·4 후퇴 때 부산으로 내려간 김창숙은 1951년 봄 또다시 이승만에게 도전하기 시작하였다. 이승만의 권위주의적 독재에 도전이 일어나기 시작한 것은 1951년 제2대 국회 안에서였다. 그 해 이시영 부통령이 사임하자 국회는 당시 반이승만 세력의 지도자였던 김성수를 후임 부통령으로 선출했다. 이것은 바로 이승만의 권위주의에 대한 적극적인 저항을 의미했다.

이 무렵 김창숙은 단독으로 '이대통령 하야 경고문'을 제출했다. 이 하야경고문은 대통령의 실정과 독재에 대한 신랄한 비판 내지 준엄한 꾸짖음이 담겨 있었다. 이 때문에 김창숙은 이승만의 감정을 사고 말았다. 이 일로 김창숙은 체포되어 한동안 부산형무소에 수감되었으나 노령이라는 이유로 불기소처분으로 석방되었다.

1952년 1월 이승만은 국회의 간선으로는 재선 가능성이 희박해지

에도 自由가 없었네. 『心山遺稿』, 163쪽.
56 서중석, 『한국현대민족운동연구2』, 역사비평사, 302~304쪽, 1996 참조.
57 김재명, 앞의 글, 311쪽, 1985.

자 대통령직선제를 골자로 한 개헌안을 제출하였으나, 국회는 143대 19라는 압도적인 다수로 부결시키고 말았다. 뒤이어 야당계 의원들은 의원내각제 개헌안을 마련하여 재적의원 3분의 2에 해당하는 의원들의 서명까지 받아놓고 있었다. 그 해 4월로 접어들면서 의원내각제 개헌운동은 더욱 활기를 띠었고 김창숙과 이시영, 조병옥 등이 여기에 가담하였다.

1952년 6월 20일 김창숙을 비롯하여 이시영, 김성수, 장면, 조병옥, 서상일 등 60여 명이 부산국제구락부에서 '반독재 호헌 구국 선언 대회'를 개최했다. 김창숙은 부자유스러운 몸이었지만 이 날의 회의를 주재했다. 회의가 시작되자 일단의 정치깡패들이 몰려들어 난동을 부림으로써 회의장은 아수라장이 되었고, 김창숙을 비롯한 여러 인사들이 벽돌장에 맞아 부상을 당했다. 피를 흘리며 쓰러진 김창숙은 조병옥의 호위로 간신히 피할 수 있었지만, 이 사건으로 40일 간의 옥고를 치뤄야 했다. 이것이 이른바 '국제구락부 사건'이다.[58]

이후 이승만은 국회의원을 강제로 버스에 태워 국회의사당에 출석시켜 대통령직선제를 골자로 하는 발췌개헌안을 통과시키는 이른바 '부산정치파동'을 일으키고, 급기야 1954년 영구 집권의 길을 트기 위해 사사오입 개헌을 단행했다. 그러나 막상 1956년 정부통령 선거가 임박하자 이승만 정권으로부터 민심이 이탈해서 평화적인 정권교체의 가능성이 엿보이는 듯 했다. 당시 김창숙은 이러한 호기를 놓치지 않기 위해서는 무엇보다 야당 후보의 단일화가 급선무라고 생각하여, 민주당의 신익희 후보와 진보당의 조봉암 후보를 불러놓고 합작을 권유하기도 했다. 그리고 8월 17일 신익희가 급서하자 김창숙은 또다시 장면·조봉암의 합작을 위해 노력을 기울였다. 그러나 이

---

58 당시 김창숙의 피묻은 옷은 1973년 성주에 세워진 심산기념관에 보관되어 있다.

러한 김창숙의 노력은 자파의 이해 득실을 앞세우는 정치 풍토 속에서 결실을 맺을 수가 없었다.

이에 김창숙은 그 해 8월 15일 제1야당 대통령 후보의 뜻하지 않은 죽음에다가 관권·금권·협잡 등 온갖 부정 수단을 동원해 3선 고지에 오른 이승만을 겨냥하여 신랄한 비판을 담은 제언을 하였다. 다음은 그 요지이다.

> 大統領 三選就任에 一言을 進함
> (전략) 국가원수인 각하로서 국민의 여론을 전연 모르신다면 이는 각하의 聰明이 不及함이라 하겠으나 만일 알고도 모르신체 하신다면 이는 각하의 失德이 더욱 크다 않을 수 없습니다. 각하의 行政 前後 8년 동안에 많은 失德이 있었으나 과거는 모두 덮어두기로 하고 挽近 선거를 통하여 드러난 각하의 失德은 天下人의 耳目을 掩蔽치 못할 사실입니다.
> 5·15선거를 비롯하여 8·8 및 8·13선거는 이것을 選擧亡國이라 단언합니다. 5·15선거시에 강력한 官權發動으로써 民意를 造作하여 그 결과에 있어서 각하가 비록 대통령의 當選은 되었을지라도 그 반면에 각하의 무릅쓴 恥辱은 아마 千秋에 씻기 어려울 것입니다.
> 다음 8·8 및 8·13선거가 모다 5·15를 뒷받침한 官權强壓 造作民意의 선거였음은 만천하에 폭로된 실정이었는데 오직 서울특별시 한곳만이 그 圈外에 빠졌다는 것이 도리혀 경이적인 奇聞이었읍니다. 그러므로 일반 국민이 5·15 이후 수차 선거까지를 가르쳐 이구동성으로 選擧亡國이라 지적하는 바입니다. 우리 대한민국이 민주주의를 실행하려는 신흥국가가 아닙니까? 그런데 각하께서 민주주의를 口頭彈으로만 부르짖고 暴威的인 獨裁主義를 강행하려 하심은 그 어떠한 심경의 변화에서 出함인지 진실로 이해하기 곤란합니다. (중략)
> 이제 전국의 민심은 이미 각하에게 이탈되었나니 이 이탈된 민심을 收回하려면 각하께서 반드시 絕世의 大勇斷을 奮發하시라. 대통령의 권위로써 자유당 총재의 직권으로써 현재 각료 중 몇몇 趙

高輩를 卽日 斥逐하시고 造作民意의 주동체인 자유당을 嚴急 해산하는 동시에 今般 8·8 및 8·13 부정선거를 一切 無效로 宣言함에 따라서 全國的 再選擧를 특명 실행함이 각하의 대통령 三選 취임 初政의 급무 중 가장 급무이며, 각하의 大政治家的 才腕이 여기에 비로소 발휘되는 것이며, 民心 收回의 유일무이한 방법임을 주저치 않고 단언하는 바입니다.(하략)⁵⁹

전국의 민심이 이미 이승만에게서 이탈되었다고 본 김창숙은 각료 중 간신배에 해당하는 몇몇을 해임시키고, 민의 조작의 주동집단인 자유당을 해체하며, 부정 선거를 일체 무효로 선언하고 재선거를 실시할 것을 요구한 것이었다. 이는 당시 김창숙이 아니면 감히 하기 어려운 '혁명적인' 제언이었다.

김창숙은 또 1958년 12월 24일 이른바 '2·4보안법 파동'이 빚어지자 '여생을 민주주의를 위해 바치고자' 손자의 등에 업혀 상경하여,⁶⁰ 1959년 1월 8일 반독재 민권 쟁취 구국 운동을 위한 전국민총궐기연합체를 구성하자고 제창하는 호소문을 발표했다. 이 호소문에서 김창숙은 '3·1운동 당시 男婦老幼가 前覆復起하던 정신을 환기하여 최후의 일인까지 同心戮力할 것'을 강조하면서 7개항의 투쟁 방법을 제시했다.

첫째, 야당측이 현정권과 절대 굴욕적 타협은 아니할 것.
둘째, 張부통령은 현정권하에서 현직에 머물러 있지 않을 것을 국민 앞에서 성명하고 단연 사퇴할 것.

---

59 心山記念事業準備委員會編, 앞의 책, 312~315쪽, 1965.
60 그는 上京 一聲으로 "민주주의를 위해서 얼마남지 않은 여생을 바치려고 서울에 올라왔다. 자유당이 강도적으로 통과시킨 보안법은 무효다. 과거 5·26 부산정치파동 때 국제구락부에서의 民意 발로와 같이 반독재구국 범국민투쟁을 전개해야 할 것"이라고 말했다. 『동아일보』 1958. 12. 28.

셋째, 야당의원 전부가 총퇴진할 것.
넷째, 야당에 속한 각 도·시·읍·면 모든 의원들이 국회의원과
  동시 호응하여 일치 총퇴진할 것.
다섯째, 3·1운동정신을 고수하는 공무원 동지 제군은 순수한 국민
  운동에 총결속 호응하여 일체 총퇴진할 것.
여섯째, 보안법 개악조례가 실행될 때에는 제1착으로 先亡할 것이
  언론기관이니 자발적 폐쇄할 것.
일곱째, 국립경찰은 正常한 국민주권을 옹호하는 국민의 공복인 국
  립경찰이 될 것.61

 이와 같이 그는 자기가 옳다고 생각하는 대의명분과 원칙 앞에서는 조금도 자기 신념을 굽히지 않았다. 그러나 이러한 그의 극단적인 전략은 대중의 의식상의 준비 정도와 조직적인 준비 정도 등의 현실적인 방안에 입각해 있었던 것은 아니었다. 이것은 그의 개인주의적인 활동의 한계를 극명하게 보여주는 것이기도 하였다. 김창숙은 이 성명으로 인하여 장면·조병옥 등의 야당 지도자들과도 관계가 불편하게 되었다.

 그는 또 1월 16일에는 "보안법은 이 민족을 억압하는 亡國法이요, 이제 大韓民國은 民主共和國이 아니라 警察國이며, 따라서 李 대통령은 국민 앞에 사과하고 下野하라"는 장문의 성명서를 발표하기도 하였다.62 이승만 정권에 대한 끊임없는 견제와 추상같은 비판의 연속이었다. 결국 이승만 정권은 1960년 4·19혁명으로 종말을 고했다.63

---

61 『동아일보』 1959. 1. 9.
62 張乙炳, 앞의 논문, 143쪽, 1986.
63 당시 82세의 나이로 서울 중앙의료원에서 이승만의 하야와 하와이 망명 소식을 들은 자신의 소감을 다음과 같이 털어놓았다. "李承晩이와 싸워 온 사람도 많겠지만 나만큼 독하게 맞서 온 이도 드물거요! 그가 12년 간 집권하는 동안 내 세 차례에 걸쳐 공개로 대통령 下野 권고를 했지만, 그 스스로가 하야했더라면 지금쯤 하와이로 도망쳐 있지 않아도 되었을 거요!". 『동아일보』 1960. 10. 28.

이승만 독재 정권에 대한 불굴의 비판과 항거로 일관해 오던 김창숙의 소망은 드디어 햇빛을 보게 되었다. 50년대 전 기간에 걸쳐 전개한 김창숙의 반독재 투쟁은 개인적인 차원에 국한되었고 때때로 극단적인 방법론으로 제기되기도 했다. 하지만 그는 자신의 특유의 대의명분을 앞세워 언제나 독재 정권의 심장부를 압박하였으며 이승만 독재 정권의 권위주의성·비민주성을 날카롭게 비판할 수 있었던 것이다. 한마디로 김창숙은 50년대 한국의 정치사에서 '행동하는 양심' 그 자체였다고 할 수 있을 것이다.

4. 유도회의 결성 경위와 그 활동

1945년 조국이 광복되자 有志之士들은 조국의 재건 운동에 정력을 집중하였다. 그러나 오랫동안 일제의 압제에 억눌려 살아오다가 하루 아침에 자유를 누리게 되자, 사방에서 志士를 자처하는 이들이 저마다 일어나 각기 주의, 주장에 따라 정당 및 사회단체를 만들어, 채 1년도 되기 전에 그 수를 바로 파악하기 어려울 지경에 이르렀다. 우후죽순과도 같은 단체의 난립현상은 정계뿐 아니라 유림 사회에서도 예외가 아니었으니, 유교 이념을 주의로 내건 수 많은 유림 단체가 생겨났다. 더욱이 미군정청에서 "경학원은 유교의 자치기관이니만큼 군정이 상관할 바 아니다"고 하여 완전한 자치를 인정함으로써 그러한 상태가 확대되었다. 심지어 일제 때부터 경학원에 뿌리를 내려온 친일 유림마저 경학원을 자기들의 소굴로 만들어 날뛰기도 하였던 것이다. 광복 직후에 출현했던 대표적인 유림 단체를 소개하면 대개 다음과 같다.

① 과거 명륜전문학교를 졸업한 청년 유림을 중심으로 조직된 大

同會 - 독립운동가 金成圭를 위원장으로, 柳鎔相·尹炼東 등이 중심이 되어 유세·강연을 개최하였으며, 폐교된 명륜전문학교의 복원을 기치로 내걸었다. ② 상경한 영남 유림을 중심으로 하는 大同儒林會-李基元(1885~1982, 李承熙의 子)을 위원장으로 李基仁·宋友用·權重哲 등이 중심이 되어 사회 활동을 전개하였다. ③ 재경 유림을 중심으로 하는 儒林會 - 李載儀를 위원장으로 하여 활동하였다. ④ 황해·평안도 일부의 유림이 조직한 孔孟學會 ⑤ 경학원 시절의 유림을 중심으로 하는 大成會 - 曹國鉉(南里, 1895~1969)을 위원장으로 鄭鳳采 등 경학원 당시에 활동했던 인사들이 중심이 되어 사회 활동을 전개하였고, 나중에 정당 조직으로 발전하여 1948년 5·10 총선거에 참여, 위원장 조국현이 제헌국회의원(전남 화순)에 당선되었다. 이밖에도 유교회·유도회·硏政會 등이 있었고, 친일파가 중심이 된 단체까지 합하여 모두 16개에 달하는 단체가 서로 주도권 다툼을 벌였다.[64]

이와 같이 유림 사회가 여러 갈래로 나뉘어 서로 다툼으로써 유림의 장래가 여전히 암담하게 되자, 이를 자각한 각 단체에서는 유림의 대동단결을 위해 하나의 단체로 통합해야 한다는 공감대가 형성되기 시작하여, 마침내 청년 유림 측인 대동회의 주동으로 통합 운동이 무르익기에 이르렀다. 이에 1945년 11월 20일부터 6일간 성균관 명륜당에서 남북에서 온 유림 천 여 명이 모여 김성규의 사회로 전국유림대회를 개최하였다.

이어 12월 1일에는 다시 중앙집행위원회를 열고 '민족고유문화의 근간인 유도 교도의 혁신 향상을 위하여 성균관대학 설립재단 완성 등을 촉진할 것' 등을 결의하였다.[65] 이 때 위원장으로는 김창숙을 추

---

64 崔英成, 『韓國儒學思想史Ⅴ(근·현대편)』, 아세아문화사, 265~267쪽, 1997.

대키로 합의하였으며, 임원으로서 부위원장에는 김성규, 이기원이, 총무위원에는 권중철, 이우세, 서성달이, 책임상임비서에는 윤찬이 선임되었다.66

그리고 1946년 3월 말에는 조선유도회총본부에서 중앙위원 및 여러 부서와 지방의 간부를 선임67하였다. 이 때에도 역시 위원장에는 김창숙이 선임되었으며, 부위원장에는 안만수, 이기원, 김성규, 이재억, 정인보68가 선임되었다. 이밖에 총무, 의례, 교화, 경리, 외교, 기획, 선전, 후생, 심사, 도서 및 지방 간부를 두었고, 중앙위원은 180명이었다.69 이러한 준비 과정을 거쳐 6월 경에는 남북의 유림대표자 2,500여 명이 성균관 명륜당에 모여 통합을 위한 전국유림대회를 갖기에 이르렀다.

이 대회에서는 먼저 친일 황도유림을 숙청하기 위해, 과거 일제에 의해 경학원으로 격하되었던 성균관의 명칭을 정식으로 환원시키고,70 유자들의 총림이라 할 통합 유림 단체의 명칭을 '유도회'로 결

---

65 이즈음 김창숙은 다음과 같이 성균관대학 설립 의지를 표명하였다. "성균관은 곧 우리나라의 유학을 높이 장려하던 곳이다. 유교가 쇠퇴하면 국가도 따라서 망하고, 나라가 망하면 국학도 역시 폐한다. 지금 학생 몇몇 사람이 강개하여 유학을 부흥할 뜻이 있어 명륜전문학원을 사사로이 세웠으나, 재정이 궁핍하여 유지할 방법이 없어서 길가에서 호소하다가 장차 해산하게 되었으니, 어찌 우리 유교인의 수치가 아니겠는가? 진실로 건국의 대업에 헌신하고자 한다면 우리 유학문화의 확장에서 시작할 것이오, 진실로 우리 유교문화를 확장하고자 하면 마땅히 성균관대학의 확립으로써 급무로 삼을 일이다. (후략)". 『國譯 心山遺稿』, 820~821쪽.
66 『自由新聞』 1945. 12. 10.
67 이때의 '선임'은 정식 선임이 아니라 1946년 6월의 통합유림대회에서 선임할 정식간부를 미리 '내정'하였던 것으로 보인다.
68 『조선일보』 1946년 3월 30일자에는 鄭寅善으로 나와 있으나 鄭寅普의 착오로 보인다.
69 『조선일보』 1946. 3. 30.
70 全國儒林代表者大會가 열리기 이전인 1945년 10월 16일, 이미 미군정 법령 제15

정하였다. 그리고 유도회 총본부 위원장에 김창숙, 부위원장에 김성규·이기원·이재억·정인보를 선출하였으며, 중앙위원과 전형위원의 선임은 위원장단에 일임하였다.

이상과 같이 경학원이 성균관으로 환원되고, 또 성균관의 교화 사업 추진 기구인 유도회가 결성되어 중앙에는 총본부, 지방에는 향교 조직을 기반으로 한 지부·지회를 결성함으로써 과거 여러 단체로 분열되었던 유림 단체는 하나로 완전히 통합되었던 것이다.

대회 3일 뒤에 개최된 중앙위원회에서는 다음과 같은 사항이 결의되었다.

① 儒學精神을 건학이념으로 하는 成均館大學을 설립할 것.
② 儒道會 總本部 위원장과 부위원장이 성균관장 및 부관장을 겸임하고, 成均館의 직제 개정은 관장단에 一任키로 할 것.
③ 전국 각 市道로부터 향교재산을 접수하여 儒林의 자율적인 재단을 수립할 것.
④ 東西 兩廡에 從祀된 중국 儒賢(94위)의 위패를 埋安하고, 우리나라 十八賢을 陞奉從享하여, 孔子·四聖·宋朝二賢(程明道·朱晦菴)과 함께 大成殿에 모실 것.

①의 문제는 1945년 9월 대동회의 청년 유림을 중심으로 명륜전문학교(교장 金賢準)를 부활시킨 것과 맞물려 들어가는데, 이때 명륜전문에서는 학생을 모집, 1백여 명으로 학교 문을 열었다. 명륜전문이 과거 성균관의 전통을 계승한 것은 아니었지만, 장차 이를 '민족대학'으로 발전시키기 위해서는 어쩔 수 없이 이와 같은 형식상의 절차를 취할 수밖에 없었던 것이다. 그러나 명륜전문은 재원 부족으로 곧 운영난에 부딪쳤고, 청년 유림들은 이를 신생 유도회에 호소하였다.

호에 따라 經學院의 명칭을 成均館으로 변경할 수 있게 되었다.

이에 유도회에서는 전국 유림의 총의를 모아 빠른 시일 안에 성균관대학을 설립키로 하고, 김창숙·정인보·변영만 등 사계의 명망가 22명으로 성균관대학설립기성회를 발기, 전국적으로 유지자들의 찬조를 구하였으며, 일차적으로 재단의 설립에 박차를 가하였다. 이 때 동덕여고의 교주인 學峯 李錫九의 육영재단(재단법인 學隣社)이 희사에 나서,71 전국 향교재산을 모태로 하는 명륜연성소 재단과 통합, 재단법인 성균관대학의 설립이 본격적으로 추진되었다. 그리하여, 1946년 9월 25일 정규 단과대학으로 哲政科·經史科 2개 과를 둔 성균관대학이 인가가 나자 명륜전문은 발전적으로 해체되었고, 성균관대학(초대 학장 김창숙)은 실질적으로 유도회(위원장 김창숙)에서 운영하게 되었다.

이제 성균관대학은 조선조 이래 일제시기까지 계속되었던 국가 기관이 아니라 유림에 의해 운영되는 사립 교육기관의 하나일 뿐이었으며, 국가의 이념 내지 정책 수립에 있어 유교 사상이 하등의 관계도 갖지 못하는 상황을 맞이하였다. 이로써 유구한 전통을 가진 정통 국립대학으로서의 명맥이 완전히 단절되고, 과거 식민지시기의 대학으로서 민족 정통성과는 거리가 먼 경성대학(국립 서울대학교)에 제 자리를 내준 것이다.

이는 대개 한국의 교육 및 문화 정책을 자기들의 체제로 이식시켜 附庸化하려는 미국의 정책에서 비롯된 것으로서, '國大案'(국립서울대학교안)에 대해 지식층과 양심 세력의 맹렬한 반대가 있었으나 미군정은 이를 강행 실현시켰다.

---

71 이석구의 희사는 三南地方에 분포한 광대한 토지(畓 52만 9천여 평, 田 6천여 평)가 주를 이루었다. 그 밖에도 재단법인 善隣會(대표 : 利川의 李敏應)의 희사가 있었다.

유림은 육영 사업에 열의를 가지고 성균관대학 및 일부 대학에 대한 운영에 적극 참여하였다. 6·25전쟁의 와중인 1952년 12월, 재단법인 성균관대학 이사회에서는 재단을 확충하여 이를 기반으로 종합대학으로 승격시킬 것을 결의하였고, 이듬해 2월 문교부로부터 종합대학으로 인가를 받아 대학의 기구를 크게 증설함과 동시에, 3개 단과대학으로 개편하고 대학원을 설치하여 종합대학으로서의 교세를 확장시키게 되었다.

이어 1953년 6월 부산에서 전국유림대표자대회를 개최하여, 각 시도 향교재단의 기본자산 총액 가운데 3할을 재단법인 성균관에 지원함과 동시에, 미군정법령 제194호에 의거, 재단법인 성균관대학을 재단법인 성균관에 병합시켜 재단을 확충할 것을 결의함으로써, 마침내 명실공히 유림이 성균관대학을 운영하게 되었다.

또 한편으로, 중앙의 성균관대학 설립과 함께 지방에서도 유림 사업의 하나로 몇 개의 대학을 설립하게 되었으니, 전남의 大成大學(뒤에 전남대학교에 병합), 전북의 全州明倫大學(전북대학교에 병합), 경북의 대구대학(영남대학교 전신의 하나) 등이 육영 사업의 행렬을 가다듬게 되었다.

② 과거 경학원 당시 大提學·提學·副提學·司成·祭酒 및 講士·直員 등으로 구성되었던 직제를 재정비하여, 館長·副館長·典儀·典學·司儀 등으로 정하였으며, 지방 향교에는 典校·掌儀를 두기로 하였다.

③ 종래 일제가 유림 탄압 정책의 일환으로 '향교재산관리법'을 만들어, 부윤·군수 등이 관장토록 하였던 향교 재산을 환원하기 위해, 유도회 총본부 위원장 김창숙이 미군정청 문교부장 유억겸과 수 차 회동하였던 바, 향교 재산을 환수하기 위해 각도에 향교재단을 설립

하여 마침내 각 시도에서 관장하던 재산을 환수하게 되었다. 그러나 1949년에 입법되고 이듬해에 단행된 농지개혁으로 향교에 소속된 많은 토지가 개인 소유로 넘어가게 됨으로 말미암아 유교인의 재산권 행사가 제대로 이루어지지 못했다.72

④ 東國十八賢의 陞奉從享과 중국 儒賢의 위패 매안 문제는 김창숙 등의 주도로 마침내 1949년 6월 전국유림대표자대회의 결의로 통과되었다. 이것은 신생 대한민국의 민족적 자주 의식과도 연관되는 문제였다. 그러나 적지 않은 유림이 이를 충격적인 것으로 받아들였으며, 일부 지방에서는 반대가 있었다. 특히 간재 전우 계열에서 반발이 심하여 그들의 본거지라 할 수 있는 전주향교 및 강릉향교 등에서는 이 결의에 따르지 않았고, 주도자인 김창숙을 성토하기도 하였다. 그러나 시일이 경과함에 따라 전국 대다수의 향교에서 실행에 옮겨지기에 이르렀다. 또 이 날의 결의에서는 종래 음력 2·8월 上丁日에 거행해 오던 연 2회의 석전73을 1회로 줄여 孔夫子誕降日인 음력 8월 27일에 거행하기로 하였다. 이는 재정상의 문제가 주된 이유였다.74

이상과 같이 성균관과 유도회의 정비가 이루어지고 유교계의 재편이 일단락된 뒤, 성균관·유도회에서는 대외적으로 유림 운동을 전개하기 위해 20여 차에 걸쳐 유림 연습생을 선발, 연수를 하기도 하였으며,75 장차 활발한 활동을 전개할 것으로 기대를 모았다. 그러나

---

72 유림의 활동 기반인 향교재산의 관리와 운용에 대한 법적 뒷받침은 1962년 1월 10일 법률 제958호로 '향교재산법'이 제정됨으로써 가능해졌다.
73 음력으로 매년 2·8월 上丁日에 奉行하던 석전이 일제시기인 1937년부터 양력 4·10월의 15일로 변경하여 봉행해오다가 광복 이후 다시 환원한 바 있다.
74 이후 1961년 2월 23일, 전국유림대회의 결의에 의하여 종전과 같이 춘추 2회의 석전을 거행하기로 하고, 같은 해 3월 25일(음력 2월 上丁日)부터 시행하였다.
75 전국에서 우수한 자질을 갖춘 儒學 青年을 선발, 성균관 내 東·西齋에 기거케 하면서 3개월 간의 강습을 거쳐 '儒道敎導員'으로 양성함으로써, 유도 발전을 위한

1950년 6·25전쟁으로 유림 운동은 일차적으로 크나큰 좌절을 맞게 되었고, 이어 1952년 김창숙 위원장이 이승만 대통령에 대한 하야 권고 성명을 발표한 뒤, 성균관과 유도회는 정치적인 소용돌이에 말려들어 점차로 분규에 휩싸이게 되었다. 휴전이 된 뒤 1955년부터는 유도회와 성균관에 정치 세력이 개입하여 전국 유림은 갈피를 못잡고, 수 년에 걸쳐 유림의 고질적인 분열상을 여지없이 드러내고 말았다.[76]

이와 같이 김창숙의 유림계 재편과 성균관대학의 설립은 마지막까지 그 성과를 맺지 못하고 말았다. 그러나 그가 해방 직후의 어수선한 분위기 속에서 유도회를 설립하고 성균관을 정비하는 한편, 유학 교육의 중심지로서 성균관대학을 설립한 것이 그가 유림계 내에서 항일운동의 중심으로서 백절불굴의 투쟁을 전개한 소산이었다.

유림 운동의 핵심적 역할을 담당하게 하였다.
76 崔英成, 앞의 책, 267~271쪽, 1997. 1950년대 유림계의 분규 과정에 대해서는 崔英成, 위의 책, 279~292쪽, 1997이 참조가 된다.

결 론

한국 근현대사는 반봉건·반제국주의의 과제 달성을 통해 통일민족국가를 건설하기 위한 지난한 과정이었다. 개항에서 대한제국의 멸망에 이르는 시기의 근대화운동, 국권회복운동, 일제 강점기의 민족독립운동, 해방 이후의 민족국가 수립 운동, 민족 통일·민주화운동으로 이어지는 일련의 과정은 이러한 과제를 달성하기 위한 긴 여정이었다고 할 수 있겠다.

그런데 이러한 여러 운동은 단일한 사상과 노선에 입각해 전개된 것이 아니라, 주지하듯이 조선조 이래 서로 다른 계급과 정치노선, 사상에 따라 분기하면서 발전하였고, 결국 분단체제로 귀결되었다. 따라서 우리 근현대 사상사와 민족운동사 연구에서 기본 과제가 되는 것은 이러한 여러 운동의 기반이 되는 각 정치 노선의 사상적, 인식론적 기반, 민족 현실과 외세에 대한 인식, 국가 건설 방침 등을 검토하고 각 노선간의 사상적 대립점 및 연합 가능성, 그리고 그 정치경제적 본질을 해명함으로써 분단 형성 과정의 내면적 측면을 밝히고, 민족 통일과 민주화를 전망하는 데 있다고 할 수 있다.

이 때 우리에게 주목되는 것 중의 하나는 조선 왕조의 지배이념이었던 유교가 근대 이후 다기하게 분화되어 나가는 각 사상과 정치 노선의 흐름 속에서, 실제로 어떠한 역할을 수행할 수 있었으며, 또 어떻게 재편, 분해 내지 극복되어 갔는가 하는 점이다.

필자는 이러한 명제에 접근하기 위해 유학적 삶을 견지하였던 김창숙의 항일 민족운동과 정치 역정을 통해, 일본 제국주의 침략에 대응하였던 유교 세력의 시대 인식과 반일 민족운동의 성격, 그리고 해방 이후 정치 활동과 그 논리, 인식 내용을 규명하고자 하였다.

필자는 김창숙의 생애를 통하여 각 장에서 다음의 내용을 해명함으로써 기존 연구의 미비점을 보완하고자 하였다.

제1장에서는 김창숙의 민족의식과 사상의 형성 과정을 살펴보았다. 지금까지 김창숙에 대한 연구에서 제대로 해명이 되지 않고 있었던 문제는 그의 민족의식과 사상의 형성 과정에 대한 것이었다. 기왕의 연구에서는 주로 그의 '일관된', 따라서 거의 바뀌지 않는 사상과 의식, 행동주의를 그의 사상과 행동의 특성으로 거론해 왔다. 그러나 이는 그의 구체적인 사상과 행동 속에서 귀납적으로 '검출'된 결과라기보다, 그의 유학적 자세 내지 태도에서 '발굴'한 것에 가까웠다.

김창숙의 민족의식과 사상의 형성 과정은 대체로 세 갈래에서 연유하는 것이었다. 그것은 첫째, 성주지방에서 독특한 학풍으로 전수되고 있던 한주 이진상에서 비롯하는 한주학파의 사상, 둘째, 그의 13대조인 동강 김우옹으로부터 이어지는 가학적인 전통과 부친의 영향, 셋째 1910년 경술국치 이후 자신이 독학으로 정립한 유학 사상이다.

성주 지방을 중심으로 전개되던 한주학파의 사상은 김창숙에게 깊은 영향을 주었다. 즉 김창숙은 같은 성주지방의 한주학파, 그 중에서도 곽종석과 이승희와의 직접적인 만남을 통해 유교적인 입장을 명확히 견지하면서도 그 속에서 서양 문물과 만국공법을 수용하고, 외교적인 방략을 통해 국권을 회복시킬 수 있다는 사상과 방도를 갖춰 나갈 수 있었다. 그러나 이러한 한주학파와의 만남이 그의 사상 체계 형성에 영향을 준 전부는 아니었으며, 김창숙 자신이 한주학파의 사상을 모두 그대로 수용한 것도 아니었다.

그는 먼저 한주학파 사상의 중요한 특징이라고 볼 수 있는 '心卽理' 이론을 성리학의 난해한 체계 속에서 밀도 있게 수용하지는 않았다. 또한 한주학파가 제시하고 있는 토지 문제와 조세 제도 등에 대한 제반의 강구책에도 깊은 관심을 드러내는 경우도 거의 없었다. 김창숙의 스승들이 재지사족의 입장에서 신분제의 제약이라는 고식적인 틀 안에서 단지 유교 경전의 재해석을 통해 당시 사회의 모순점을 해결하려 하였음에 반해, 그는 부친의 영향 하에서 오히려 신분제의 타파를 통한 현실적인 해결책을 강구해 갔다. 김창숙의 부친 김호림은 갑오농민전쟁에 대해 지지를 보내는 등 농민의 입장을 이해하고 있었다. 이러한 면모는 당시 사족으로서는 매우 드문 사례였다. 또한 그는 신분과 계급 타파에 대한 진보적인 인식도 가지고 있었고, 당시 실학자와 교류하면서 허식이 아닌 실질을 숭상하는 기풍을 지니고 있었다. 김창숙이 대한협회 성주지부를 설치하고, 사립 성명학교를 세우는 데에는 이같은 부친의 영향이 크게 작용하였다고 할 수 있다.

부친의 영향과 함께 김창숙의 사상에 영향을 미친 또다른 요소는 동강 김우옹으로부터 이어져 오던 가학적인 전통이었다. 남명 조식을 사사한 김우옹은 "학문의 도는 고원한 것을 담론하는 데 있지 않고, 일용지사에 유용한 것이어야 한다"는 생각에서, 형이상학보다는 형이하학을 강조하였다. 김창숙이 허학과 쓸데없는 형식을 비판하고 실학을 강조하였던 데에는 부친의 영향과 더불어 이러한 가학적인 전통이 일조하였다고 하겠다.

때문에 그는 은둔이라는 소극적 저항방식을 떨쳐버리고, 반일 국권 수호 운동에의 참여라는 적극적인 행동방식을 선택할 수 있었다. 그리고 현실 모순에의 정면 대응을 통해 자신의 '至善'을 완성하려 한 그의 유교적 가치관은 강화되는 일제의 침략에 맞서면서 한층 진보적인 모습으로 다듬어지게 되는 것이다. 김창숙이 자기 나름의 민족의식과 사상을 갖추게 되는 것은 국권 피탈이라는 역사적 조건에 대응하기 위한 논리를 자신의 현실 인식 위에서 체계화시킨 결과라고 할 수 있을 것이다.

제2장에서는 국권 회복 운동과 파리장서 활동을 살펴보았다. 1905년의 을사늑약 이후 국권 침탈에 대항해야 한다는 과제가 최우선으로 강조되면서, 김창숙을 위시한 유림 세력들은 화이관의 부분적 변화를 통해 국권 회복을 위한 새로운 방안을 모색하게 되었다. 그 결과 이들은 외교론의 강조라는 측면에서 종래 백안시하였던 개화파의 문명개화운동에 참여하게 되었다. 당시 애국계몽세력은 사회적·대중적 기반 구축이라는 측면에서 교육과 식산 흥업을 통한 실력 양성을 주장하였으며, 지방사회에서의 지지층 확보에 노력하였다. 이는 개신적 방법을 통해 새로운 시대적 요구에 부응하고자 하는 보수적인 유생층에게 '국권 회복'이라는 명제 하에 동참할 수 있는 계기를 제공해 주었다.

김창숙은 1905년 스승 이승희를 따라 상경, 을사오적의 처단과 조약의 폐기를 주장하는 請誅賊臣罷勒約疏를 올렸다. 그러나 이것이 받아들여지지 않자, 이를 계기로 그의 시국 대처 논리도 변화의 계기를 맞이하게 된다. 이미 절대적인 가치로서의 국왕의 존재가 퇴영을 거듭하던 역사적 조건에 직면하면서 그의 충군애국사상도 변모하기 시작하였다. 그는 '충군' 대신에 '위민'을 통해 그의 유교적 소신을 견지하였고, 그 결과는 1908년 대한협회 성주지부를 결성하는 것으로 구체화되었다. 이에 이르러 김창숙은 구습과 신분, 계급의 타파를 천명하면서 혁신적 사고로 국권 회복을 꾀하게 되었으며, 이로 인해 수구유생들과의 대립을 야기하기도 하였다.

또한 그는 1909년 일진회가 한일합방론을 주창할 때는 일진회 성토 건의서를 중추원에 제출하고자 서명 작업을 주도하였으며, 이 일로 성주 헌병분견소에 8개월 간 구금되기도 하였다. 그리고 김창숙은 국채보상운동으로 모금된 단연금을 기반으로 청천서원에 사립 성명학교를 세워, 보수유림과의 대립에도 불구하고 근대적 교육체계로 무장한 인재를 길러 내겠다는 의지를 피력하였다.

그러나 국권 피탈은 그로 하여금 깊은 좌절에 빠지게 하였고, 유교적 인생관과 근대 문명론의 간극에서 학문 정진을 위안으로 삼고 있던 김창숙에게 3·1운동은 새로운 시간을 여는 계기가 되었다. 그는 일제가 친일유림을 동원하여 조작한 '독립불원서 사건'과 3·1 독립선언서에 유림 대표가 빠졌다는 사실에 크게 실망하였다. 그리하여 그는 파리강화회의에 독립을 청원하는 파리장서의 작성 및 전달 과정에서 주도적인 역할을 수행하였다. 파리장서의 내용을 살펴보면, 화이론적 세계관 대신 만국공법적 국제정세관이 수용되었고, 왕정복고의 정치이념이 약화되고 민주공화제를 대세로서 수용하였다. 이는 전통적인 신분과 계급 질서를 타파하고 만국공법과 외교론을 수용하고 있었던 김창숙의 영향을 살필 수 있는 것이었다.

제3장에서는 김창숙이 중국으로 망명한 후에 전개한 민족독립운동

에 대해 살펴보았다. 1919년 망명 이후 1927년 일제에 의해 체포되기까지의 이 시기는 그가 항일독립운동가로서 독립운동사에서 일정한 위치를 확보하게 되는 시기이다.

김창숙은 상해 망명 초기 임시의정원에 관계하는 등 임정 활동에 능동적으로 참여하였다. 그는 민주공화정의 국가 체제를 선포한 임정에 기꺼이 참여하였다. 이렇듯 그는 더 이상 근왕사상의 복벽론자는 아니었던 것이다. 그러나 그는 이승만의 위임통치 청원 사실이 공개되자 신채호·박은식과 더불어 이승만을 성토하는 한편, 그를 비호하는 임정 각료와 의정원을 비판하였다. 그에게 있어 이승만의 외세의존적인 행동은 반민족적·굴욕적 행위로 인식되었고, 이는 그의 유교적 가치에 용납될 수 없는 邪道에 지나지 않았다. 이러한 과정을 통해 임시정부의 대안 모색 속에서 1923년 국민대표회의 소집에 동의하고 임시정부에 대한 비판적 태도를 확립하게 된다. 이후 그의 독립운동 노선은 신채호를 중심으로 한 북경 지역 한인 세력과 궤를 같이 하였다. 그가 상해 임정의 대체 기구 내지는 대안으로서의 존재가치를 명확히 한 普合團의 재무부서 책임자로 선임되었던 사실은 이러한 정황을 말해준다.

한편 김창숙은 언론을 통한 한인 독립운동의 선전 활동에도 주력하였다. 그는 1920년 박은식과 함께 『四民日報』를 운영하였으며, 신채호·박숭병 등과 함께 잡지 『天鼓』의 간행에 참여하였다. 또한 '이승만 탄핵' 이후 동아일보 불매운동을 벌이기도 하였다.

또한 그는 학문적 교양과 유림이라는 배경 아래 대 중국 외교 활동을 활발히 전개하였다. 중국의 정치지도자인 손문 등과 교류하면서, 김창숙은 중한호조회·한국독립후원회 등의 결성을 이루어냈다.

임시정부 활동에서 떠나 독립운동의 전환을 모색하고 있던 김창숙은 독립운동 기지 건설을 위한 계획을 세웠다. 그는 중국 정부로부터 독립운동 기지의 임차를 승인받고 소요 자금을 마련하기 위해 국내로 잠입하였다. 김창숙은 1925년 8월부터 1926년 3월까지 약 8개월에 걸쳐 유림과 부호를 대상으로 군자금 모집 활동을 전개하였다. 하지만 소기의 성과를 거두지 못하고 다시 상해로 돌아가야 했다.

이 때 김창숙의 민족운동은 한 차례 전환의 계기를 맞이하였다. 독립운동기지 건설 계획이 수포로 돌아가자 김창숙은 일제 식민기관의 파괴라는 의열 투쟁으로 방향을 전환시킨 것이었다. 1926년 나석주 의거가 바로 김창숙의 자금 지원으로 감행된 의열 투쟁이었다. 김창숙의 의열 투쟁은 일제 밀정 김달하의 처단과 나석주 의거로 대표되는데, 이 단계에 이르러 김창숙의 민족운동 방향은 폭력·파괴·살해 등 적극적 투쟁을 통해 민중 직접 혁명을 목표로 하는 의열단 활동과 연결될 만큼 뚜렷해져 갔다.

그의 독립운동 방략의 전환에는 대체로 두 가지의 계기가 작용하였다. 첫째, 임정 중심의 소극적인 독립운동 노선에 실망하여 그 대안으로서 독립운동 기지 건설 계획 하에 추진된 국내 모금 운동의 실패, 그리고 '제2차 유림단 사건' 등을 통해 자신의 국내 기반이 파괴되어 가는 절망적 현실이 그로 하여금 적극적인 의열 투쟁의 방향으로 나아가게 하였다. 둘째, 신채호·김원봉·유자명 등 혁명적 무장 투쟁론자들과의 교류를 통해 그의 실천적 투쟁 정신이 확고하게 진전되어 갔다는 점이다. 이처럼 그의 직접 행동 방식에 의한 독립 투쟁의 성과는 두드러진 것이었으나, 김창숙은 일제의 집요한 추적의 결과 일제 밀정의 밀고로 체포되었다.

그러나 그는 옥중 투쟁을 통해 불구의 몸이 되면서까지도 일제의 집요한 회유와 협박에 굴하지 않고 불굴의 항일 의지를 과시하였다.

그는 '포로'를 자임하면서 변호인단의 변호를 거부하였을 뿐만 아니라, 일제의 간수나 전옥에게 결코 허리를 굽혀 절하지 않았다. 또한 병보석으로 가석방되어 나온 이후에도 일제의 창씨개명 강요를 모두 거부하는 등 백절불굴의 기개를 드러내었다. 또한 그는 일제 말기의 가혹한 탄압과 단속 속에서도 불구의 몸을 이끌고 해방을 대비하여 건국동맹의 남한책임자로 추대되기도 하였다.

제4장에서는 해방 후 김창숙이 행한 정치 활동과 유림의 정비 및 성균관대학 설립 과정을 살펴보았다. 김창숙은 1945년에 이미 67세의 고령이었지만 해방 정국의 격동 속에서 비교적 활발한 정치 활동을 벌였다. 해방 이후 그의 정치 활동은 한마디로 반탁 투쟁과 임시정부 봉대 활동, 반분단, 반독재 투쟁의 과정이었다.

비록 수립 초기 임시정부에 대해 비판적이기는 했지만, 그는 임시정부를 중심축으로 삼아 독립운동을 전개해야 한다고 생각했고, 해방 후에도 임시정부를 중심으로 민족국가를 건설해야 한다고 생각하였다. 이러한 그의 국가 건설 구상의 이면에는 일제시대에 같이 활동했던 신채호·박은식 등이 이미 사망하였고, 그 자신 정당 활동에 깊이 참여한 경험이 없었던 점과 함께, 대한민국임시정부가 해방 정국의 정당 난립 속에서 구심적인 역할을 해야 되리라는 기대도 깔려 있었다.

그는 정당들의 난립과 대립상을 목도하면서 일제시대부터 견지해 오던 당파와 파벌 투쟁에 대한 혐오감을 한층 강화하였으며, 이러한 인식의 연장선상에서 임시정부를 중심으로 민족국가가 건설되어야 한다는 신념 하에 특히 좌익 세력의 인민공화국 조직에 대해 매우 비판적인 입장을 견지하였다.

해방 후 김창숙이 활발한 정치 활동을 벌이는 것은 신탁통치 파동을 계기로 해서였다. 그런데 1945년 말부터 전개된 당시의 반탁 투쟁은 우익의 정부 수립 방안이었던 중경임시정부 추대 운동과 밀접히 관련되어 있었다. 당시 반탁 투쟁은 중경임정 추대 운동이었고, 동시에 반소 반공 투쟁으로서의 성격을 가지고 있었다. 김창숙이 1946년 1월 반탁담화문을 발표하게 되는 것은 이러한 정황에서였다. 김창숙은 미소의 신탁통치를 일제의 식민통치와 같이 이민족에 의한 민족 자주권의 박탈로 인식하고, 쓸데없는 파벌적 투쟁을 청산하고 임시정부를 중심으로 '한 뭉치'가 되어 '義血'로써 싸우기를 호소하였다. 이렇게 신탁통치에 대한 절대 반대의 입장에서 김창숙은 당시 모스크바3상회의 결정의 '총체적 지지'를 내걸고 탁치를 감수해야 한다는 입장을 보이고 있던 공산당 세력을 '매국'과 '반역행위'라고 질타하면서 가차 없이 비판하였다.

김창숙은 이러한 철저한 반탁운동을 통하여 스스로가 임정의 국무위원이 되어 임시정부 봉대 운동에 매진하였다. 이 결과 1946년 2월 중경임정의 법통을 계승하여 의회로서 기능할 것을 자임한 비상국민회의가 미군정의 자문기관인 민주의원으로 하룻밤 사이에 바뀌자 이것을 주도한 이승만에 대해 격렬하게 공격하기도 하였다.

그러나 결국 김구 중심의 임정 봉대 운동이 실패로 끝나고 정국은 분단 정부가 수립되는 방향으로 나아갔다. 이에 김창숙은 김구 및 김규식과 함께 분단 정부의 수립을 막기 위하여 최후까지 노력하였지만 이것 또한 실패로 돌아갔다.

김창숙은 1949년 김구의 암살로 한 때 절망하기도 했지만 1950년대 들어 이승만의 권위주의적인 독재 정치가 강화되고 장기 집권 음모가 노골화되자 다시 노구를 이끌고 반독재 투쟁의 전선에 나섰다. 50년대를 통하여 세 번 씩이나 이승만의 하야를 요구하며 불굴의 의지로 이승만에게 맞섰던 김창숙은 이승만 정권으로부터 테러를 당하기도 하였고, 성균관에서도 축출당하는 수모를 맛보기도 했지만, 끝내 신념을 굽히지 않고 최후까지 저항을 계속하였다. 아울러 그는 해방 후 친일유림의 척결과 유학을 통한 새로운 건국 사업에 이바지하기 위해 유도회를 결성하였으며, 성균관대학의 건립에도 중추적인 역할을 수행하였다.

이상에서 검토한 바와 같이, 金昌淑은 실천적 志士 精神으로써 민족 독립과 자주적인 국가 건설에 일생을 바친 민족혁명가였으며, 민족독립운동의 매 단계에서 자신의 사상과 실천 노선을 민족운동의 변화에 능동적으로 구체화해갔던 항일독립투쟁가였다. 김창숙의 생애에는 항일독립운동과 해방 후 정치 과정 자체의 변천상이 농축되어 있으며, 그의 행로에는 민족운동 전체의 성과와 한계가 동시에 자리하고 있었다.

또한 김창숙은 한국 근현대사에서 하나의 독특한 인간의 전형을 보여주고 있기도 하다. 한 시대가 극단으로 흐를 때 그 시대의 가장 중요한 과제에 자신을 붙박고 언제나 민족과 국가에 대한 대의에 기초하여 실천 중심의 생애를 살아간 그의 일생은 진정한 대의란 무엇인가라는 질문에 대한 해답을 제시하고 있다 하겠다. 결론적으로 김창숙은 국권 피탈 이전에는 국권 회복을 위해 노력한 애국계몽운동가였고, 일제 강점 이후에는 항일독립운동가였으며, 해방 이후에는 독재와 투쟁한 민주주의자였다. 또한 그 누구보다도 민족의 통일을 염원했던 민족운동가였다. 김창숙은 민족적 양심을 끝까지 지키면서 불의에 항거하는 항일독립운동, 반독재 투쟁, 반분단 노선의 정신적 중심 인물로 남았다.

김창숙은 '항구적 소수파'로서 언제나 불의에 대한 비판자의 입장에 섬으로써 국가와 민족이 나아가야 할 대의명분과 올바른 방향을 제시하는 데 노력하였다. 이로 인하여 그는 외롭고 고난에 찬 일생을 자초하기도 하였다. 그러나 그는 침략과 불의와 독재라는 한국 근현대사의 왜곡된 물줄기에 떠내려가는 것을 거부했다. 그리고 이같은 그의 고집스러움과 불굴의 기개를 지켜준 것이 권위에 저항하는 정의와 자유의 수호 의지였다. 그는 한국 역사에서 역사의 암류가 요동칠 때마다 대의의 햇불로 언제나 빛날 것이다.

심산 김창숙 연보

- 1879(1세) : 음력 7월 10일 慶尙北道 성주군 대가면 칠봉동 사월리(사도실)에서 조선 선조 때의 명현 東岡 金宇顒의 13대 종손으로 부친 下岡 金護林과 모친 인동장씨의 외아들로 출생.
- 1884(6세) : 글을 배우기 시작. 종일토록 책을 펴보지 않아도 능히 오래도록 기억하였다고 함.
- 1886(8세) : 小學 공부. 灑掃應對의 일은 귀찮게 여겼다고 함.
- 1888(10세) : 부친의 뜻에 따라 동리 鄭恩錫에게 글을 배움.
- 1891(13세) : 四書 통독. 부친이 韓溪 李承熙선생에게 자식의 지도를 부탁했으나 김창숙은 경전에 대한 공부와 성리설에 별로 관심이 없었기 때문에 결국 이승희 문하에 들어가지 못함.
- 1896년(18세) : 부친 金護林 별세.
- 1898년(20세) : 李鍾杞, 郭鍾錫, 李承熙, 張錫英 등 大學者들의 문하에 두루 찾아 공부, 특히 李承熙를 따랐음.
- 1905년(27세) : 李承熙와 함께 을사오적의 처단을 상소함.
- 1908년(30세) : 장남 환기 출생
- 1909년(31세) : '일진회 성토 건의서' 발표. 이 문제로 체포되어 8개월간 옥고를 치름.
- 1910년(32세) : '全國斷煙同盟' 성주 대표로 활약함.
  - 사립 星明學校를 설립함.
  - 8월. 나라가 망하자 술과 통곡으로 한동안 광인처럼 지냄.
- 1913년(35세) : 모친의 엄한 견책을 받고 비로소 독서에 전념, 이후 몇 년간 학문에 정진함.
- 1915년(37세) : 차남 찬기 출생
- 1916년(38세) : 朝鮮은 일본인들이 부르는 칭호이며, 大韓은 우리 황제가 조칙으로 명명한 것이기 때문에 '大韓'이란 부르는 것이 옳다고 주장함.
- 1918년(40세) : 삼남 형기 출생
- 1919년(41세) : 나라가 망한 것은 儒教가 망한 데에 그 원인이 있다 하겠는데 儒教 代表가 독립선언서에 참여치 않았다는 것은 참으로 통탄할 일이 아

늘수 없다고 한탄함. 이 때 해사 金丁鎬와 상의하여 파리 평화회의에 장서를 보낼 것을 모의했음. 起岩 李中業, 金丁鎬, 碧棲 成泰英, 柳濬根, 劉鎭泰, 尹中洙 등과 더불어 전국을 분담하여 儒林들로부터 서명과 더불어 협조를 얻었음.
  · 金昌淑은 경남북지방을 맡았고, 또 張錫英으로부터 장서초고를 얻어 郭鍾錫에게 이를 개고하여 확정함.
  · 장서를 휴대하여 3월 23일 밤 10시 출국, 중국 안동현을 거쳐 奉天에 도착, 비로소 삭발하고 화복으로 변장.
· 3월 27일. 상해에 도착, 李始榮, 曹成煥, 申采浩, 趙琬九, 申圭植 등과 만나 파리에 가려는 뜻을 알렸으나 이 때는 이미 임정기관에서 金奎植을 민족대표로 파견한 뒤였으므로 뜻을 이루지 못했음. 따라서 파리행은 포기하고 장서는 영역하여 우송하기로 함.
· 4월 30일. 한인거류 민단사무소에서 개최된 임시의정원 4차 회의에서 경상도 의원에 선임됨.
· 7월. 孫文과 회견, 韓國獨立運動에 대한 확고한 지지를 얻음.
· 8월. 香港에 도착했고, 5~6일 뒤에는 광주에 도착. 李文治를 만나 그의 집에 머물면서 참의원 의장 林森, 중의원 의장 吳景濂과 만남. 이 때 그곳에서 軍·政·敎·商 각계의 인사들과 접촉하였고, 그들로 하여금 사적으로 韓國獨立後援會를 결성하여 의연금을 모금함.
  · 金昌淑은 그 창립대회에 초대되어 강연을 했음. 거기서 韓國獨立運動의 개략과 중한 양국의 공동의 원수를 함께 갚아야 할 대의를 열변하여 만장의 박수갈채를 받음.
· 9월. 공교회관을 관람하고, 난잡한 석존제일의 모습을 보고 힐책, 석존일에 참례하고, 그곳에서는 청례에 따르고 있음을 확인.
· 10월. 그믐께는 상해로부터 김상덕, 장필석, 김제민, 강대곤, 김주 등 약 50명의 韓國 留學生을 불러와서 그들에게 중어와 영어를 강습시키고, 그 비용은 韓國獨立後援會에서 부담하도록 조처했음.
· 1920년(42세) : 정월 7일. 모친 별세
  · 2월 말. 임시의정원 경상북도 의원으로 再任.
  · 8월. 李文治에 배신당하고 학생 50여명을 데리고 상해로 돌아옴.(이 때 李文治와 그의 사위 이완이 몇몇 우리 학생을 매수하여 선생을 암살할 흉계를 꾸미고 모아진 의연금을 횡령코자 하다가 사실이 밝혀짐)

- 4월. 위장병으로 누워서 조리하고 있었음.
- 6월. 중순 민병위, 김공집을 데리고 의연금의 행방을 추심하러 광주로 갔으나 勢不利하여 신변의 위협만 느낀 채 뜻을 이루지 못함.
- 8월. 하순 광주서 상해로 와서 白岩 朴殷植과 그의 아들 박시창이 사는 후덕리에 얼마간 함께 살았음.
  - 그후 林福成, 朴炳彊이 광주에서 왔으므로 林福成을 설득하여 『四民日報』를 창간하고, 임을 사장으로 삼고, 선생은 백암선생과 더불어 편술원이 되었음. 매일 3만여 부를 찍어 그 중 2천여 부는 국내로 우송함.(이때 李承晩이 미국에서 민족대표의 이름으로 미국 윌슨 대통령에게 미국정부가 韓國에 위임 통치를 실시해 줄 것을 청원한 사실이 그곳에 전해짐.) 金昌淑은 白岩, 丹齋 등과 같이 李承晩을 성토함.
- 10월에 吳山이 香港에 왔고, 徐謙(외교 총장)이 파리에서 상해로 왔으므로 그를 임정요인들에게 소개했음.
  - 金昌淑은 이들을 움직여 中韓互助會를 결성하고 창립총회를 개최하니 한·중 각계인사 1,000여명이 참석했음.
- 11월. 북경으로 갔는데 이는 북경이 본국과 연락을 취하기에 편리하기 때문이었음. 거기서 尹中洙가 묵고 있는 집으로 가서 丹齋 申采浩, 김창돈과 함께 지내게 되었는데 이때 丹齋를 도와 『天鼓』를 편찬함.
  - 이때 이기일을 국내로 보내 동지들에게 편지를 부쳤고, 한 달 남짓 있다가 상해로 내려왔음. 이때 박시창을 경남지방으로 또 白岩, 白凡과 상의하여 사람을 기호지방으로 각각 보내 동지들에게 獨立運動資金을 청구했음.
- 1921년(43세) : 2월. 다시 북경에 도착. 이기일이 국내에서 돌아와 동지들의 소식을 알게 됨.
  - 3월. 孫永穆, 金振宇가 상해에서 오고 이호태, 鄭守基가 국내에 와서 함께 있게 되었으며, 이 때 천도교 대표 신숙, 박용만이 군사통일회를 북경에서 소집하고 金昌淑에게 함께 일할 것을 요청했으나 그들의 사람됨을 미리 알고 거절함.
  - 4월 19일. 金元鳳·李克老·申采浩 등 54인의 이름으로 이승만의 위임통치안 성토문 발표.
    - 북경을 중심으로 한 한인독립운동가 50여명으로 구성된 普合團 재무부서 책임자로 선임됨.

- 1922년(44세) : 일본의 밀정 金達河의 매수 유혹을 뿌리쳤는데 그후 김달하는 의열단원에게 피살되었음.
    - 이 때, 一家 한 사람을 통해 조선총독부 경무국에서 감언으로 金昌淑을 매수하려 했으나 뿌리침. 이런 일로 격분한 나머지 술, 담배를 과용하여 결핵 증세가 심해짐.
- 1923년(45세) : 5월. 아들 환기에게 죽기 전에 한번 보고 싶으니 일차 북경으로 오라고 편지를 냄.
    - 여름 치질로 보행조차 불편하여 미국인의 협화병원에 입원, 수술을 받았으나 몇 달이 못가 병이 再發, 다시 그 해 가을 입원 치료함.
    - 이때 4~5년 동안 뜻을 함께 하며 동행했던 孫永稷이 배신하고 국내로 돌아갔으나 끝내 만류하지 못했음을 안타까워 했음(이때 국민대회가 상해에서 소집되었고 여기서 개조와 창조 두파로 나뉘어져 논란을 벌였으나 결국 창조파 쪽으로 대세가 기울어졌다). 이윽고 국민회의를 조직하였는데 이때 김동삼, 安昌浩 등 30인과 더불어 김창숙도 대의원으로 선출되었음.
    - 그러나 金昌淑은 본래 창조파를 지지하지 않았고 거기에 또 국민회의를 장차 해삼위에서 개최하고 거기에다 臨時政府를 세운다고 하여 金昌淑은 이에 반대하고 불참했음.
- 1924년(46세) : 북경으로 돌아왔음. 이때 우당 李會榮은 북경에서 가족들을 데리고 몹시 가난하게 살고 있었는데 金昌淑은 그의 인품을 존경하고 경제적으로 도와주기도 했으며, 우의가 날로 두터워졌음.
    - 겨울. 友堂, 丹齋와 상의하여 김상호를 영남지방으로 보내 동지들에게 자금을 모금함.
- 1925년(47세) : 봄. 獨立運動資金 마련차 본국에 보냈던 김상호가 아들 환기와 함께 북경에 왔음. 이때 환기로부터 가족 상황과 국내 인심 등에 관해 자세히 들었음. 환기는 중국어와 영어를 강습시켜 북경중학에 공부시킬 계획이었음.
    - 이 때 徐謙을 통하여 북방 군벌 풍옥상에게 부탁, 綏遠・包頭 등지의 3만 정보의 개간 가능지를 독립운동의 영구적인 기지로 얻는 데 성공.
    - 8월 초에는 개간 자금을 마련코자 국내로 잠입하기 위해 먼저 길림성 하얼빈으로 가 거기서 10여일 머물면서 만주 각지 동포들의 상황을 파악.
    - 국내에 잠입하여 선발대로 입국시킨 宋英祐, 金華植을 불러 곧 곽종석집

간소로 보내 郭奫과 金槐을 불러 이들을 각각 경북과 경남으로 파견하여 재산을 많이 가진 친척들과 연통하도록 지시함.
- 그러나 이때도 큰일이 누설될까 두려워 가족과는 일절 연락을 끊고 있었음. 숙소는 적선동 외딴집이었고, 金槐, 郭奫, 宋英祐, 金華植을 때로 만나는 일 외에는 아무에게도 알리지 않았음.
- 하루는 왜경의 불심검문을 받았으나 무사했고, 그 다음날 곧 다동으로 옮겨 지내다가 동지들과 상의하여 휴양을 가장하여 원산으로 떠나고 각지의 연락은 金華植과 宋英祐가 맡도록 함.
- 8월 중순. 고성 온정리로 갔는데 안면있는 사람을 혹 만날까 염려하여 두문불출했더니 왜경으로부터 수상히 여김을 당해 하는 수 없이 바로 서울로 다시 돌아왔음.
- 서울에서 宋英祐, 金華植에게 각지 연락상황을 물었더니 아주 좋지 않으므로 다시 허장환, 鄭守基 등을 경기, 충남북, 경남북, 전남북, 강원 등지로 파견하였고, 金昌淑은 관서·관북지방과는 본래 기맥이 닿지 않아 소통할 길이 없어 매우 안타까워했음.
- 10월. 鄭守基와 함께 충남 진잠으로 가서 李源泰의 집에서 10여일을 묵었으며, 이 때 사돈 이제락을 만나 獨立運動資金을 내놓도록 권고했음.
  - 10여일 후. 宋英祐의 전보를 받고 서울로 왔음.
  - 각 지방으로 나갔던 인사들이 돌아와서 이구동성으로 하는 말이 국민의 기운이 다 죽어 모금이 여의치 않다는 것이었으므로 金昌淑은 마지막으로 직접 가능성이 보이는 영남지방으로 가서 한번 시도해 보기로 했음.
- 11월. 宋英祐와 金華植을 데리고 대구로 내려가 남산동 박인동 노파 집에 은거하면서 영남일대에서 모금활동을 전개했음.
- 12월. 金華植이 진주·밀양지방으로부터 돌아와 불응자가 10중 8~9라는 절망적인 이야기를 했고, 이때 또 불시에 왜경의 검문을 당했으나 요행히도 신분이 탄로되지 않았음.
  - 할 수 없이 李東欽의 소개로 칠곡 관음동 배석하의 집으로 숙소를 옮겨 10여일 묵은 뒤 주위의 사정이 불리하여 다시 울산으로 떠났음. 중도에 언양에서 버스가 낭떠러지 아래로 굴러 허리에 중상을 입고 간신히 울산 입암의 손진수 부자의 마중을 받으며, 그의 집에 도착하여 거기서 수십일을 묵으면서 치료함.
- **1926년(48세)** : 3월. 부족한 모금액을 가지고 다시 중국으로 탈출.

· 羅錫疇를 국내에 밀파, 東拓, 殖産銀行을 폭파하게 함.
· 募金運動 탄로, 儒林 600여명 체포됨(第2次 儒林團事件)
· 臨時政府 의정원 부의장에 선출(의장 李東寧), 통일독립당의 조직 규약을 마련함.
· 1927년(49세) : 장남 환기, 국내에서 체포되어 고문 끝에 사망.
상해 공동조계 병원에서 日警에 체포되어 대구로 압송됨.
· 1928년(50세) : 14년 확정. 대전형무소로 이감. 극렬한 옥중 투쟁을 전개함.
· 1929년(51세) : 지병이 악화되어 일시 가출옥, 재수감됨.
· 1934년(56세) : 병이 위독하여 다시 가출옥.
· 1939년(61세) : 백양사에서 요양중 회갑을 맞음.
· 1940년(62세) : 일제의 '창씨개명' 강요를 끝내 거부함.
· 모친 별세 21년 만에 고향 집에 돌아와 묘막에서 시묘함.
· 1943년(65세) : 차남 찬기를 중경 臨時政府로 밀파.
· 1944년(66세) : 建國同盟 남한책임자로 추대됨.
· 1945년(67세) : 일제의 검속으로 일경에 피검. 해방을 맞아 출감. 곧 상경함. 民衆黨 당수에 추대되었으나 거절함. 朝鮮人民共和國을 비판하고 大韓民國臨時政府를 중심으로 단결할 것을 촉구.
· 大韓民國臨時政府 환국 환영대회 부회장에 선출됨.
· 10월. 無名會에 관계함.
· 차남, 사망하여 유해로 돌아옴.
· 12월. 3.1동지회 고문. (재건)光復會 고문.
· 1946년(68세) : 1월 2일. 「반탁담화문」을 발표하며 信託統治 반대투쟁 전개. 임시정부를 중심으로 싸울 것을 호소.
· 大韓民國臨時政府 국무위원으로 선출됨.
· 1월 6일. 『동아일보』 지상을 통해 모스크바3상회의 결정을 지지하는 朝鮮共産黨에 警告文을 발표하여 공산당의 행위를 賣國 민족반역행위라고 비판. 직접 공산당 간부들을 불러 설전을 벌임.
· 2월. 大韓獨立促成國民會 고문.
· 2월 18일. 民主議院 회의석상에서 최고정무위원회를 민주의원으로 하룻밤 사이에 아무 상의 없이 바꾼 것에 대해 이승만을 심하게 질책하며 대립.
· 4월. 韓獨黨 고문.
· 5월. 3.1건국동지회 발기인.

· 난립된 유도회 조직을 통합, 儒道會 總本部로 개편하고 위원장으로 추대됨.
· '정부수립을 위한 28인 최고정무위원'에 뽑혔으나 李承晚과 대립.
· 成均館大學 設立, 初代 學長으로 취임함.
· 10월 30일. 좌우합작위원회의 '좌우합작 7원칙' 발표와 이것이 민주의원에서 통과된 것을 계기로 모든 '公職'에서 사퇴할 것을 聲明.
· **1948년(70세)** : 1월. 태평양동지회 고문.
· 2월. 남북협상운동에 대한 견해 발표
· 3월 12일. 김구, 김규식, 조소앙, 조성환, 조완구, 홍명희 등과 함께 남한만의 총선거에 불참한다고 선언하는 '7거두 공동성명'을 발표.
· **1949년(71세)** : 民族陣營强化委員會 상무위원.
· **1950년(72세)** : 6.25전쟁 때 서울시인민위원회 위원장 이승엽의 인민군에 대한 협조 요청 거절. 이후 1.4후퇴 때까지 을지로 한의원에 은거.
· **1951년(73세)** : 1.4후퇴로 釜山 피난. '李承晚大統領 하야경고문' 사건으로 釜山刑務所에 투옥됨.
· **1952년(74세)** : 6월 20일 이른바 '釜山政治波動' 때 李始榮, 申翼熙 등과 釜山국제구락부에서 '反獨裁護憲救國宣言大會'를 주도하여 40일간 옥고를 치름.
· **1953년(75세)** : 成均館大學이 綜合大學으로 승격, 초대 총장에 취임함.
· **1956년(78세)** : 成均館大學 총장직 사임. '효창공원 칠열사묘이장 반대투쟁 위원장'으로 이장반대투쟁에 성공함.
· 이승만의 '대통령 삼선취임에 一言을 進함'이라는 성명을 발표하여 각료 가운데 몇몇 간신배를 해임시키고, 민의 조작의 주동집단인 자유당을 해체하며, 부정선거를 일체 무효로 선언하고 재선거를 실시할 것을 요구함.
· **1957년(79세)** : 成均館長, 儒道會 總本部長 등 일체의 공직에서 물러남.
· **1958년(80세)** : 12월 24일 이른바 2·4보안법 파동이 벌어지자 손자의 등에 업혀 상경.
· **1959년(81세)** : 1월 8일. 반독재 민권쟁취 구국운동을 위한 전국민총궐기연합체를 구성하자고 제창하는 호소문 발표.
· 1월 16일. 보안법은 "이 민족을 억압하는 망국법이요, 이제 대한민국은 민주공화국이 아니라 경찰국이며, 따라서 李대통령은 국민 앞에 사과하고 下野하라"는 장문의 성명서 발표.
· 成均館, 儒道會가 '정·부통령 선거대책위원회'란 간판을 걸자 자유당의 불법을 성토하는 성명서를 신문지상에 발표.

· **1960년(82세)** : 4.19혁명 이후 '민족자주통일중앙협의회' 대표로 추대됨.
  · '白凡 金九 선생 기념사업회' 회장에 선출됨.
  · '일성 이준 열사 기념사업회' 회장으로 추대됨.
  · '안중근 의사 기념사업회' 회장으로 선출됨.
  · '金九 선생 살해 진상규명 투쟁위원회' 위원장으로 활동, '金九선생 살해 내막'이란 성명서 발표.
· **1962년(84세)** : 3.1절에 건국공로훈장 중장을 받음.
  · 5월 10일 서울중앙의료원에서 84세로 서거.
  · 5월 18일 사회장으로 수유리 산 127-4 묘지에 안장.

참고문헌

1. 자료

金昌淑, 『心山遺稿』(國史編纂委員會, 1973)
姜德相, 『現代史資料』 25(東京: みすず書房, 1966)
金正明編, 『朝鮮獨立運動』(東京: 原書房, 1967)
慶尙北道警察局, 『高等警察要史』(서울: 고려대 민족문화연구소 복간본, 1971)
宋相燾, 『騎驢隨筆』(國史編纂委員會, 1955)
鄭喬, 『大韓季年史』(國史編纂委員會, 1971)
黃玹, 『梅泉野錄』(國史編纂委員會, 1971)
郭鐘錫, 『俛宇集』 1~4(서울: 아세아문화사, 1984)
金允植, 『續陰晴史』 上·下(國史編纂委員會, 1971)
金福漢, 『志山先生文集』(서울: 景仁文化社, 1990)
李承熙, 『韓溪遺稿』(國史編纂委員會, 1981)
＿＿＿, 『大溪先生文集』 1~6(서울: 景仁文化社, 1994)
國史編纂委員會, 『日帝侵略下韓國 三十六年史』 1~13(서울: 탐구당, 1970)
獨立運動史編纂委員會, 『獨立運動史資料集』 1~14(서울:독립유공자기금운용위원회, 1970~78)
金九, 『白凡逸志』(서울: 교문사, 1979)
國家報勳處, 『獨立有功者功勳錄』 4~8(1987~90)
國會圖書館, 『臨時政府 議政院文書』(서울, 1974)
國會圖書館, 『韓國民族運動史料(중국편)』(서울, 1976)
國會圖書館, 『韓國民族運動史料(3·1運動篇)』(서울, 1977)
在上海日本總領事館 警察部 第二課, 『朝鮮民族運動年鑑』(東文社書店, 1946)
秋憲樹, 『資料韓國獨立運動史』 1~5권(서울: 연세대 출판부, 1975)
獨立運動史編纂委員會, 『獨立運動史 자료집』(1~17권)
國史編纂委員會, 『韓國獨立運動史資料』
國家報勳處, 『大韓民國 獨立有功者人物錄』(1949~1992年度 褒賞者)
『義城金氏世系譜』
단재신채호선생기념사업회, 『丹齋申采浩全集』 별집, 螢雪出版社, 1977

南富熙編譯, 『獨立運動資料集』, 도서출판 불휘, 1992

〈잡지 및 신문〉

『思想月報』　『思想彙報』　『大韓協會會報』　『新天地』
『東亞日報』　『朝鮮日報』　『大韓每日申報』　『獨立新聞』　『每日新報』
『중앙신문』　『서울신문』　『경향신문』　『韓國日報』　『自由新聞』

2. 저서와 논문

〈저서〉

姜萬吉, 『韓國民族運動史論』, 한길사, 1985
慶尙北道史編纂委員會, 『慶尙北道史』, 대구: 경북인쇄사, 1983
國史編纂委員會, 『韓國獨立運動史』 1~5(서울: 同委員會), 1979
琴章泰·高光稙, 『儒學近百年』, 서울: 박영사, 1984
琴章泰, 『韓國近代의 儒敎思想』, 서울대 출판부, 1990
_____, 『韓國儒學史의 理解』, 민족문화사, 1994
金基承, 『한국근현대사회사상사』, 신서원, 1994
金度亨, 『大韓帝國期의 政治思想硏究』, 지식산업사, 1994
김삼웅, 『심산 김창숙 평전』, 서울: 시대의 창, 2006
金相德, 『朝鮮獨立運動史』, 서울: 서울인쇄사, 1946
金錫營, 『李東寧一代記』, 서울: 을유문화사, 1946
金　邦, 『李東輝 硏究』, 서울: 국학자료원, 1998
金容燮, 『韓國近現代農業史硏究』, 一潮閣, 1992
金俊燁·金昌順, 『韓國共産主義運動史(1)』, 서울: 고려대 아세아문제연구소, 1967
金鎭和, 『日帝下 大邱의 言論硏究』, 禾多出版社, 1979
金昌洙, 『한국근대의 민족의식 연구』, 동화출판공사, 1997
_____, 『(개정증보) 한국민족운동사연구』, 교문사, 1998
南富熙, 『儒林의 獨立運動史 硏究』, 범조사, 1994
도진순, 『한국민족주의와 남북관계-이승만·김구시대의 정치사』, 서울대 출판부, 1997

朴永錫, 『韓民族獨立運動史硏究』, 서울: 일조각, 1982
_____, 『日帝下 獨立運動史硏究韓』, 서울: 일조각, 1984
_____, 『在滿韓人獨立運動史硏究』, 서울: 일조각, 1988
朴殷植, 『韓國獨立運動之血史』, 서울: 서울신문사출판국, 1946
박찬승, 『한국근대 정치사상사연구』, 역사비평사, 1992
박태원, 『若山과 義烈團』 백양당, 1947
方基中, 『韓國近現代思想史硏究』, 역사비평사, 1992
裵宗鎬, 『韓國儒學史』 연세대 출판부, 1974
卞志燮, 『慶南獨立運動小史』 경남: 삼협인쇄사, 1966
서중석, 『한국현대민족운동연구』, 역사비평사, 1991
_____, 『한국현대민족운동연구2』, 역사비평사, 1996
宋南憲, 『해방 30년사1』 성문각, 1985; 『解放三年史 I 』, 까치, 1976
愼鏞廈, 『韓國民族獨立運動史硏究』, 서울: 을유문화사, 1985
心山記念事業準備委員會, 『躄翁一代記-心山金昌淑先生鬪爭史』, 서울:태을출판사, 1965
심산김창숙선생추모사업회, 『민족정기-애국지사 심산 김창숙선생의 생애』, 同事業會, 1990
心山思想硏究會編, 『金昌淑』 서울: 한길사, 1981
心山思想硏究會編, 『心山金昌淑의 思想과 行動』, 서울: 成均館大學校 大東文化硏究院, 1986
心山思想硏究會編, 『金昌淑文存』 성균관대 대동문화연구원, 1994
呂運弘, 『夢陽 呂運亨』, 서울: 청하각, 1967
劉準基, 『한국근대유교개혁운동사』, 서울: 삼문, 1994
尹絲淳, 『韓國儒學硏究』, 서울: 현암사, 1980
李萬珪, 『呂運亨鬪爭史』, 민주문화사, 1946
李炳憲, 『3.1運動秘史』, 시사일보사출판국, 1959
李延馥, 『大韓民國臨時政府30年史』, 서울: 國學資料院, 1999
李恩淑, 『民族運動家 아내의 수기-西間島始終記-』, 서울: 정음사, 1975
이종률, 『민족혁명론』, 들샘, 1989
정범진, 『백번 꺾어도 꺾이지 않은 민족의 자존 : 김창숙의 생애와 선비 정신』 성균관대출판부, 1995
정병준, 『몽양 여운형평전』, 한울, 1995

정화암,『어느 아나키스트의 몸으로 쓴 근세사』, 자유문고, 1992
趙芝薰,『韓國民族運動史』, 高麗大 民族文化硏究所, 1964
蔡根植,『武裝獨立運動秘史』, 서울: 대한민국공보처, 1949
崔根德,『韓國儒學思想硏究』, 서울: 철학과 현실사, 1992
崔英成,『韓國儒學思想史』 1-5, 서울: 亞細亞文化社, 1994-97
平江汕二,『(改訂增補) 朝鮮民族獨立運動秘史』, 서울: 高麗書林, 1986
韓國儒林獨立運動巴里長書碑建立委員會,『韓國儒林獨立運動巴里長書略史』, 서울: 남산인쇄주식회사, 1973
한상도,『韓國獨立運動과 中國軍官學校』 서울: 문학과 지성사, 1994
胡春惠 著, 辛勝夏 譯,『中國안의 韓國獨立運動』 서울: 단국대학교출판부, 1978

⟨논문⟩
姜求津,「心山 金昌淑의 生涯와 詩世界」,『동방한문학』 13, 1997
姜萬吉,「心山 金昌淑의 해방후 정치활동」,『心山 金昌淑先生의 선비정신과 民族運動』 5월의 문화인물 김창숙선생 기념 학술발표회 발표집, 1999
權奇勳,「心山 金昌淑의 民族獨立運動」, 건국대학교 석사논문, 1989
_____,「金昌淑의 民族獨立運動硏究」,『建大史學』 9집, 1997
權仁浩,「동강 김우옹의 학문과 사상 연구-생애와 경세사상을 중심으로」, 남명학연구원,『南冥學硏究論叢』 2집, 1992
琴章泰,「韓溪 李承熙의 生涯와 思想(Ⅰ)」,『大東文化硏究』 19호, 1985
_____,「근대 유교개혁사상의 유형과 사상사적 전개」,『국사관논총』 3집, 1989
金基承,「韓末 儒敎知識人의 思想轉換과 그 論理-石洲 李相龍의 境遇」,『민족문화』 4집, 한성대 민족문화연구소, 1989
_____,「丹齋의 思想的 變化와 儒敎-단재사상 형성의 유교적 기초」,『大東文化硏究』, 성균관대학교 대동문화연구원, 1994
金度亨,「韓末啓蒙運動의 地方支會」,『손보기선생정년기념 한국사학논총』, 1988
_____,「한국근대 지배세력의 민족문제 인식과 대응」,『역사와 현실』 창간호, 한국역사연구회, 1989
_____,「개항 이후 보수유림의 정치・사상적 동향」, 한국역사연구회,『1894년 농민전쟁연구3』, 역사비평사, 1993
_____,「한말・일제초기의 변혁운동과 성주지방 지배층의 동향」,『한국학논집』 18집, 계명대 한국학연구소, 1991

金龍基,「3・1運動과 巴里長書事件에 대하여」,『釜山大學校文理大學報』2집, 釜山大學校, 1959
김시업,「心山의 交友關係를 통해 본 民族運動의 方向」,『大東文化研究』19호; 心山思想研究會編, 1986 ;『심산 김창숙의 사상과 행동』성균관대 대동문화연구원, 1985
김영호,「丹齋의 生涯와 活動」, 외솔회,『나라사랑』3집, 1971
金在明,「强骨의 野人精神 心山 金昌淑」,『정경문화』8, 서울: 京鄕新聞社, 1985
金昌洙,「民族運動으로서의 義烈團의 活動」,『3・1운동 50주년기념논문집』서울: 동아일보사, 1969
＿＿＿,「1920년대에 있어서 民族運動의 一樣相: 民族運動으로서의 義烈團의 活動 補遺」,『亞細亞學報』12집, 서울: 아세아학술연구회, 1976
＿＿＿,「義烈團의 成立과 鬪爭」『한민족독립운동사』4, 국사편찬위원회, 1988
金昌淑,「독립운동비화: 이승만대통령 파면결의 당시의 丹齋」,『경향신문』3월 2일, 1962
金喆洙,「心山의 文學과 生活底邊」,『成均』39호, 1986 ; 心山思想研究會編,『심산 김창숙의 사상과 행동』, 성균관대 대동문화연구원, 1981
羅應瑞,「羅錫疇義士의 東拓投彈」,『新東亞』7월, 서울: 東亞日報社, 1969
南富熙,「儒敎界의 巴里長書事件과 3・1運動」,『韓國의 철학』12, 대구: 慶北大學校 退溪研究所, 1984
宋建鎬,「난세를 儒敎的 대의로 산 金昌淑」『마당』12, 1982
朴永錫,「大韓民國臨時政府와 國民代表會議」『韓國史論』10, 國史編 纂委員會, 1981
申一之,「心山 金昌淑의 思想과 獨立運動研究」영남대 교육대학원 석사학위논문, 1993
宋恒龍,「心山과 儒學精神」『大東文化研究』19호, 1985; 心山思想研究會編,『심산 김창숙의 사상과 행동』성균관대 대동문화연구원, 1986 ;『韓國人物儒學史』4, 서울: 한길사, 1996
愼鏞廈,「3・1독립운동 발발의 경위」,『한국근대사론Ⅱ』, 지식산업사, 1977
유준기,「한계 이승희의 정치사상」,『총신대논문집』3, 1983
＿＿＿,「韓溪 李承熙의 民族意識과 獨立運動」,『윤병석교수화갑기념한국근대사논총』, 1990
李光麟,「舊韓末 新學과 舊學과의 논쟁」,『東方學志』23・24합집, 1980

李大珪, 「日帝下 金昌淑의 民族運動에 관한 연구」, 수원대학교 교육대학원 석사학위논문, 2000
李樹健, 「南冥 曺植과 南冥學派」, 영남대 민족문화연구소, 『民族文化論叢』 2·3집, 1982
李延馥, 「대한민국임시정부의 교통국와 연통제」, 『韓國史論』 10, 國史編纂委員會, 1981
_____, 「대한민국임시정부와 사회문화운동—독립신문의 사설분석」, 『史學研究』 37, 1983
李英浩, 「心山의 民族統一理念」, 『成均』 39호, 1981; 心山思想研究會編, 『심산 김창숙의 사상과 행동』, 성균관대 대동문화연구원, 1986
李佑成, 「心山의 民族獨立運動」, 『창작과 비평』 겨울호, 1979 ; 心山思想研究會編, 『심산 김창숙의 사상과 행동』, 성균관대 대동문화연구원, 1986
_____, 「心山의 儒學思想과 行動主義」, 『成均』 39호, 1981 ; 心山思想研究會編, 『심산 김창숙의 사상과 행동』, 성균관대 대동문화연구원, 1986
李雲九, 「心山의 敎育理念과 大學設立」, 『成均』 39호1981 ; 心山思想研究會編, 『심산 김창숙의 사상과 행동』, 성균관대 대동문화연구원, 1986
李源鈞, 「3·1運動 당시 영남유림의 활동」, 『釜山史學』 4집, 釜山: 釜山大學校, 1980
李潤甲, 「19세기 후반 경상도 성주지방의 농민운동」, 『손보기박사정년기념 한국사학논총』, 지식산업사, 1988
李鉉淙, 「大韓協會에 관한 硏究」, 『亞細亞研究』 13-3, 서울:高麗大學校, 1970
_____, 「大韓自强會에 대하여」, 『震檀學報』 29·30合倂號, 1966
이호형, 「心山과 韓國儒林」, 『창작과 비평』 겨울호, 1979 ; 心山思想研究會編, 『심산 김창숙의 사상과 행동』, 성균관대 대동문화연구원, 1986
임경석, 「유교지식인의 독립운동-1919년 파리장서 채택 경위와 서명자 분석을 중심으로」, 『유교문화와 한국사회』, 성균관대 대동문화연구원 학술회의 발표집, 1999
林海植, 「心山 金昌淑의 敎育思想」, 경성대학교 교육대학원 석사학위논문, 2003
임형택, 「상해신문장항일민족시 해제」, 『대동문화연구』 14, 1981
劉準基, 「韓國近代儒教改革運動研究」, 건국대학교 박사학위논문, 1993
장을병, 「心山의 改革思想」, 『창작과 비평』 겨울호, 1979 ; 心山思想研究會編, 『심산 김창숙의 사상과 행동』, 성균관대 대동문화연구원, 1986

_____, 「心山의 民主主義 理念」, 『成均』 39호, 1981 ; 心山思想研究會編, 『심산 김창숙의 사상과 행동』, 성균관대 대동문화연구원, 1986
丁範鎭, 「心山의 愛國的 抗日文學」, 『창작과 비평』 겨울호, 1979 ; 心山思想研究會編, 『심산 김창숙의 사상과 행동』, 성균관대 대동문화연구원, 1986
_____, 「心山 金昌淑先生 年譜」, 『大東文化研究』 19집, 1985 ; 心山思想研究會編, 『심산 김창숙의 사상과 행동』, 성균관대 대동문화연구원, 1986
정병준, 「朝鮮建國同盟의 조직과 활동」, 『韓國史研究』 80, 1993
趙東杰, 「安東儒林의 渡滿經緯와 獨立運動上의 性向」, 『大邱史學』 15·16합집, 1979
_____, 「心山 金昌淑의 獨立運動과 遺志」, 『心山 金昌淑先生의 선비정신과 民族運動』 5월의 문화인물 김창숙선생 기념 학술발표회 발표집, 1999
崔珍源, 「心山의 선비精神」, 『창작과 비평』 겨울호1979 ; 心山思想研究會編, 『심산 김창숙의 사상과 행동』 성균관대 대동문화연구원, 1986
한상규, 「동강 김우옹」, 『한국인물유학사2』, 한길사, 1996
許善道, 「3·1運動과 儒敎界」, 『3·1運動 50주년기념논문집』, 서울: 동아일보사, 1969
_____, 「金昌淑」, 『韓國近代人物百人選』, 『新東亞』 1월호 부록, 1970

찾아보기

ㄱ

艮齋學派　46
갑오농민전쟁　39
姜龜相　54
강만길　30
건국동맹　30, 150, 198
건국준비위원회　31, 150
경학원　183
고석진　98
孔孟學會　184
곽윤　100, 123, 124
곽종석　48, 50, 51, 52, 53, 55, 70,
　　　　75, 78, 79, 80, 81, 85, 87,
　　　　93, 98, 99, 193
郭鍾錫　45, 46, 47
국민대표회의　106, 109
國譯 心山遺稿　26
국채보상운동　75
權世淵　53
權重哲　184
권중철　185
기호학파　46, 48
金觀濟　152
金道和　53
金東植　134
金福漢　86, 98
金成圭　184
金元熙　72
金丁鎬　84
金振宇　30, 152, 154
金鎭祐　46
金鎭和　152
金昌鐸　127, 134
金平黙　46
金賢準　186
金護林　37, 38, 42
金華植　119, 120, 123, 134
金興洛　47
奇宇萬　46
奇正鎭　46
김 위　7
김 창　7
김구　25, 137, 165, 166, 172, 175,
　　　177
김규식　86, 165, 166, 175
김달하　135, 136
김복한　78, 87, 91, 92, 99
김성규　177, 185
김성수　179
김시엽　29, 30, 32
김완변　141
김용무　140
김우웅　34, 37, 38, 47, 56, 57, 59,
　　　60, 63, 192

김원봉 139
김원회 74, 76
김윤식 82
김응섭 86, 177
김호림 39, 63, 64, 65, 70, 193
김화식 124
김황 80, 91, 100, 124

72, 193, 195
대한협회 73
도갑모 72, 76
독립불원서 사건 82, 195
독립선언서 78
독립운동 기지 35, 118, 197
동양척식주식회사 139

나석주 의거 24, 35, 137, 197
나석주 135, 137
남명학파 58, 63
남북 연석회의 176
남북 협상 25, 30, 174
南朝鮮大韓國民代表 民主議院 164
內修論 50
老江幀當 41
노론정권 41
노사학파 46, 47

陵鉞 113, 115, 116

만국공법 51, 52, 54, 55, 56, 70
명륜전문학교 186
無名會 25
민족대동회 177
민족진영강화위원회 25, 177
민주의원 25, 164
민중당 155

단발령 65
斷煙同盟會 76
대구대학 188
大同儒林會-李基元 184
大同會 183
大成大學 188
大成會 184
대한민국임시정부 및 연합군 환영준
　　　비위원회 157
대한민국임시정부 25
대한협회 성주지부 23, 35, 65, 66,

박병강 115
박숭병 110
박열 142
박용만 107
박은식 104, 110, 196
朴儀東 72
반독재 호헌 구국 선언 대회 179
반분단, 반독재 투쟁 149, 198
반탁 투쟁 149, 198
반탁담화문 160

반탁선서식　168
방향 전환 성명서　143
裵相洛　72
백관형　98
백남운　21, 22
백정기　135
보안법　182
普合團　107, 196
부산정치파동　179
비상정치회의　163
躄翁　141
躄翁一代記　26

四民日報　110, 196
사사오입 개헌　179
서상일　179
서성달　185
성균관　26, 178
성균관대학　26, 60, 187, 200
성균관대학설립기성회　187
성대식　99
성명학교　193, 195, 23, 35, 66, 76, 77
성주　37, 40, 42, 47
성태영　82, 84, 1100
손문　114
손병희　80
손영직　112, 115, 137
손응교　7, 153
손진형　112
손후익　34, 43, 123, 124
宋秉璿　47

宋秉珣　47
宋時烈　46
송영우　119, 120, 123, 124, 131, 134
宋友用　184
송주헌　98
송준필　51, 99
송진우　153, 158
송항룡　29
송회근　99
식산은행　139
신건동맹단　123
신익희　179
신채호　21, 30, 86, 104, 110, 139, 196
신탁통치반대국민총동원위원회　159
심산 김창숙의 사상과 행동　27
心山遺稿　26
心卽理說　48
3·1 독립선언서　195

안동　47
안만수　185
안병찬　98
안재홍　166
여운형　129, 153, 154, 155, 165
淵齋學派　47
硏政會　184
영남만인소　49
영남학파　46, 47
吳山　116
위임통치　104
유교　21, 22, 62, 63

유교사상   21
유교회   184
유도회 총본부   188
유도회   183, 184, 185, 187
유림   188
儒林團   121
儒林會   184
柳萬植   84
柳鎔相   184
柳麟錫   46
유인식   67
유자명   138, 139
柳潚根   84
유준근   98
柳重教   46
兪鎭泰   84
劉鎭泰   85
柳致明   47
유필영   98
윤주훈   70
尹中洙   84
윤찬   185
尹冑夏   46, 54
윤충하   80, 81
윤현진   87
尹炳東   184
을미사변   65
을사오적   66, 71
의열 투쟁 활동   135
의열단   30
의열투쟁 노선   34
의열투쟁   35
李基錫   154
李基元   184

이기원   185
李基仁   184
이대통령 사퇴 권고   25
이대통령 하야 경고문   178
李德厚   72
이동녕   86, 137
이동휘   86
이동흠   125
李斗勳   46, 54
이두훈   53, 70, 71
李得年   85
이만규   98
李夢庚   119
이문치   85, 113, 116
理發氣發說   48
李鳳魯   119, 120, 134
이상룡   67, 73
李相薰   152
李錫玖   154
李錫九   187
李善長   152
이승만   104, 165, 166, 172
이승춘   137
이승희   44, 48, 49, 51, 53, 54, 55,
          70, 71, 75, 193, 194
李承熙   23, 45, 46, 47
이시영   86, 179
이영로   126
李泳魯   134
이영호   30
李宇洛   134
이우성   28, 29
이우세   185
이운구   31

이운상 49
李源祚 47
李源泰 126, 134
이을규 135
이이 39
李仁哉 152
이인좌란 41
李宇根 123
李在洛 43, 134
이재억 185
李載儀 184
이정규 135
李正模 46
李鍾杞 45
이종률 154
이종흠 125
李棕欽 134
이중업 100
李中業 84
이진상 23, 34, 37, 46, 47, 48, 51, 192
李晉錫 72
이진석 74
李恒老 46
李恒柱 72
이현덕 85
이황 39, 57
李厚本 115
仁同張氏 38
林敬鎬 86
임복성 110, 115
임시의정원 102, 196
임시정부 봉대 운동 149, 198
임시정부 35, 198

임한주 98
任憲晦 46
2·4보안법 파동 181
2차 유림단 의거 122

ㅈ

자금모집 35
字書綜要 142
장면 179, 182
張錫英 45, 46
장석영 48, 54, 71, 85, 91, 99
張完相 54
장을병 30
장지필 112
재단법인 성균관 188
재단법인 성균관대학 188
재단법인 學隣社 187
전국단연동맹회 76
전국유교동맹 177
전국유림대표자대회 188, 189
전국유림대회 184
전우 46, 84
全州明倫大學 188
정구 39, 47
鄭鳳采 184
정수기 124, 125
정영식 112
鄭雲海 152
鄭恩錫 44
정인보 145, 165, 166, 185
定齋學派 47
정화암 135
제1차 유림단 사건 24, 78, 99

제2차 유림단 사건　24, 130, 197
曹國鉉　184
曺晩植　154
조병옥　179, 182
조봉암　179
조선유도회총본부　185
조선인민공화국　156
조선책략　49
조성환　86, 175
조소앙　165, 166, 175
조식　39, 56, 57, 59
조완구　86, 175
좌우합작 7원칙　168, 172
좌우합작위원회　169
主理論　48
중경임시정부 추대 운동　199, 157, 163
中韓互助會　24, 118, 196

燦基　43, 145
창씨개명　144
蔡忠植　152
天鼓　110, 196
청천서원　39, 76
최고정무위원회　164
최남선의 일선융화론　143
崔文植　152
최우동　72, 74
崔益鉉　46
최진원　29
7인 성명　175

파리강화회의　24
파리장서 운동　37, 69, 77, 194
파리장서　35, 55, 78
평화회의　71
풍옥상　119

하야 경고문　25
河章煥　123
하지　165
한국독립후원회　24, 115, 196
한봉근　138
한용운　80, 145
寒洲文集　48
한주학파　23, 34, 37, 44, 45, 47, 48, 55, 56, 57, 192
향교재단　188
향교재산관리법　188
許愈　46
許傳　66
玄又玄　154
홍명희　145, 175
홍묵　125
洪淳喆　134
洪直弼　46
홍진　112
화서학파　47
煥基　42
황진남　165